总顾问　安作璋

总 主 编　王兆成　刘秋增

副总主编　金明善　刘　娟

# 齐鲁诸子名家志·墨子志

# 墨子志

齐鲁诸子名家志

主编 张知寒
副主编（按姓氏笔画排列） 马士生 龙琳洲 刘正厚 李广星 张希宇 程海涛
编辑 陈兴周 褚延静
撰稿 张希宇 马士生
摄影 马昭民

山东人民出版社

滕州墨子纪念馆墨子讲学石雕塑像

墨翟
约公元前480年～公元前390年

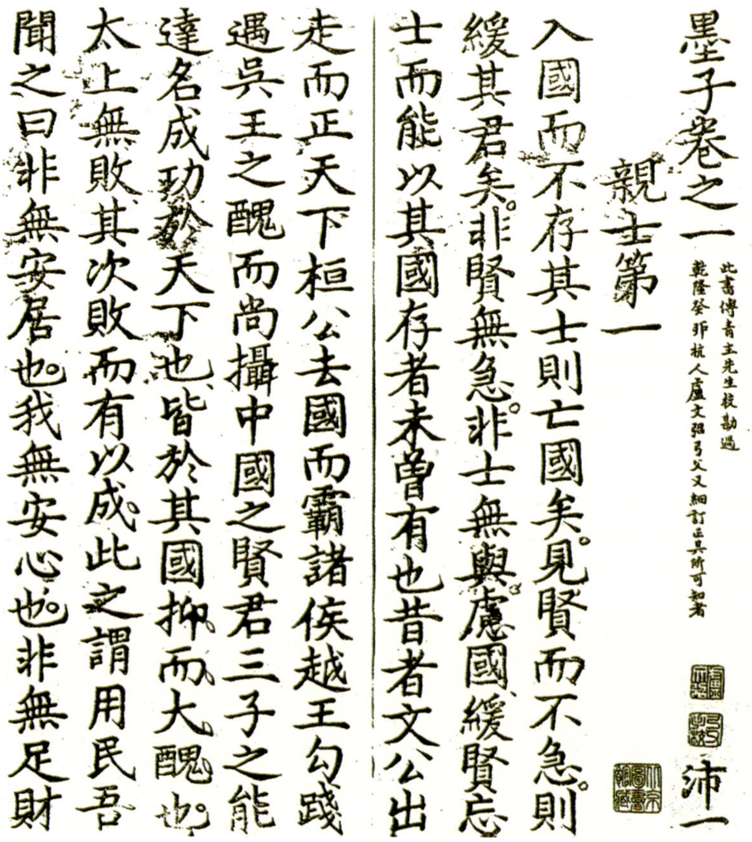

墨子卷之一

親士第一

此書傅青主先生校勘過
乾隆癸卯杭人盧文弨弓父又細訂正其所可知者

入國而不存其士則亡國矣見賢而不急則緩其君矣非賢無急非士無與慮國緩賢忘士而能以其國存者未曾有也昔者文公出走而正天下桓公去國而霸諸侯越王勾踐遇吳王之醜而尚攝中國之賢君三子之能達名成功於天下也皆於其國抑而大醜也太上無敗其次敗而有以成此之謂用民吾聞之曰非無安居也我無安心也非無足財

墨翟所撰《墨子》（明道藏本）

墨子纪念邮票

墨子纪念封

渠答：守城器械，把麻布悬挂于城墙之上，回收利用敌方攻城箭矢

火烽：守城器械，也叫火擂木，其上捆绑大量柴草，用火点燃，砍断绳索，砸伤或烧伤攻城敌人

悬脾：守城器械，内藏勇士，手持火把，由辘轳牵引，刺伤或烧伤敌人

巧置罂听：罂是大陶罐，利用声音振动传播原理侦听敌人坑道攻城趋向，或做传声器之用

撞车：又叫冲车、炮车，撞击城门所用，广泛应用于古代攻城战中

临车：防御武器，瞭望所用，下端由辘轳牵引，把木房子提高，居高临下观察敌方军情

云梯：攻城器械，攻城士兵攀爬城墙之用

连弩之车：墨家发明的最有力的守城器械，可连续发射弓箭，并回收弓箭，极具杀伤力

石磨称推圆盘：用来演示圆的定义

抛石机：守城器械，利用墨家总结的杠杆原理而发明制造的

桔槔：利用杠杆平衡原理，主要用于生产生活当中

风箱：在墨子那个年代被称做窑灶鼓索

滑轮：以牵引升降重物的装置，可以改变力的方向

天穹：也叫夏日星空图，用来表示墨子提出来的时空观，同时也用来演示声音的传播原理

齐鲁诸子名家志

# 总 序

齐鲁,山东古国名,世称山东为齐鲁文明礼仪之邦,历史悠久,文化灿烂,名人名家辈出,他们在政治、经济、军事、思想、文化等多个领域都作出了重大贡献,其思想、言行和业绩对中国乃至世界都产生了广泛而深远的影响,已成为全人类共同的精神财富。

山东人民出版社出版的《齐鲁诸子名家志》丛书,共20卷,收集了山东历史上28位最杰出的代表人物的生平、业绩、影响和后人的研究状况。这套丛书的出版,将进一步推动对齐鲁文化的研究,更加全面地继承和弘扬中国优秀传统文化,为社会主义和谐社会建设服务。同时,也有利于人们更加全面地了解和深入认识山东的历史和文化,激励人们热爱山东,建设山东,进一步扩大山东在国内及海外的影响。

《齐鲁诸子名家志》所收录的人物均为中国历史上著名的思想家、政治家、军事家、科学家、发明家、文学家和艺术家。他们是:姜尚、管仲、晏婴、司马穰苴、孔子、曾参、孙武、吴起、墨子、孟子、孙膑、扁鹊、徐福、淳于意(仓公)、郑玄、诸葛亮、王叔和、王羲之、王献之、刘勰、贾思勰、颜真卿、李清照、辛弃疾、戚继光、王士禛、蒲松龄、孔尚任。

姜尚，字子牙，世称姜太公，曾辅佐周武王灭商，因大功封于齐，为齐国开创者。他在齐国除继承周的“重农”传统外，又“通商工之业，便渔盐之利”，“尊贤而尚功”，于是“人民多归齐，齐为大国”，奠定了日后齐国东方霸主的地位。

管仲，春秋时期著名政治家，齐国相。他在齐国执政40余年，审时度势、因地制宜，改革政治、经济、军事制度，收到富国强兵的效果。在他辅佐下，齐桓公首建霸业。

晏婴，春秋时期著名政治家、思想家。他在齐国参政50余年，以节俭力行名重于齐。他能礼贤下士，改良政治，省刑薄敛；并且能言善辩，巧于辞令，出使楚国不辱使命。他提出重人事而远鬼神、和而不同的对立统一思想，继承发展了古代朴素的唯物辩证法。

司马穰苴，春秋时期著名军事家，齐国大夫。他的《司马穰苴兵法》以“仁、义、礼、让”为本，论述了军事制度和作战指挥的经验，是我国早期著名兵法之一。

孔子，春秋时期伟大的思想家、教育家，儒家学派的创始人，后世尊为“至圣”。他继承了中国古代优秀的思想文化传统，建立了一个“以仁为中心内容、以礼为表现形式、以中庸为思想方法、以大同为远大理想”的思想体系。他的思想不仅支配了封建时代的中国，而且也给予东亚乃至全世界以重大影响，其中某些思想在今天仍有其积极的现实意义。《论语》一书是现存的研究孔子思想学说的主要依据。

曾参，孔子弟子。他倡导“忠恕”、“孝道”，注重自身修养，一生不懈地实践孔子学说，著有《孝经》和《大学》，是孔子思想的重要继承者之一，被后人尊为“宗圣”。

孙武，春秋时期伟大的军事家，后人尊为“兵圣”。所著《孙子兵法》是我国最早最杰出的兵书，后人称为“兵学圣典”。书中对战略战术、军队指挥与作战、战争规律和战争观都提出了精辟见解，闪耀着哲理和智慧的光辉。不仅在世界军事史上享有崇高的地位，而且在其他领域也受到重视并得到推广与应用。

吴起，战国时期著名军事家。他曾在楚国实行变法，“明法审令”、“废公族疏远者”、“捐不急之官”，堵塞私门请托，加强军队建设，使楚国富强。著有《吴子》兵法，是战国时期兵家学派代表作之一。

墨子，战国时期著名思想家、科学家，墨家学派创始人。他以“兴天下之利，除天下之害”为己任，主张兼相爱、交相利，强调非攻，反对战争；强调节俭，反对奢侈；主张尚贤、尚同，反对贵族世袭制，要求提高劳动者地位。其学说在当时思想界影响很大，与儒家并称“显学”。此外，他在自然科学如数学、力学、几何学、光学以及工艺学等方面，也都有很高的成就，后人称为“科圣”。

孟子，战国时期著名思想家、教育家，儒家学派代表人物之一。他将孔子的“仁”发展为仁政，强调“民为贵，社稷次之，君为轻”。他从性善论出发，为仁政学说提供论证。他将儒学理论发展为一个完整的体系，是孔子学说的继承人，对后世有很大影响，被尊为“亚圣”。

孙膑，战国时期杰出的军事家，兵家代表人物之一。他在齐魏战争中指挥齐军取得著名的桂陵之战与马陵之战的胜利。他的《孙膑兵法》继承发展了孙武的军事思想，重视战争客观规律，主张“内得民心，外知敌情”，强调战法创新，出奇制胜，赏罚分明，是古代军事学说的重要著作。

扁鹊，战国时期著名医学家。他精通各种医学，反对以巫术治病，采用望、闻、问、切四诊方法诊断疾病，并用针灸、汤药、按摩等方法治病，2000多年来一直为中医传统的治疗方法。所著有《扁鹊内经》、《扁鹊外经》，是中国早期医学名篇。

徐福，秦代齐方士，是中日韩早期友好交流的先驱者。他率领数千童男女、百工等以为秦始皇求仙名义东渡海外，足迹遍及朝鲜半岛与日本列岛，把先进的中国传统文化和生产技术传入东邻，为朝鲜半岛和日本列岛社会进步作出了重要贡献。

淳于意，西汉著名医学家，曾任齐太仓令，故又称仓公。他能辨证审脉，治病灵验。《史记》载其25例治病医案，称为“诊籍”，是我国现存最早的病史记录。

郑玄，东汉著名经学家。他数十年潜心研究经学，成为古文经学派集大成者。他遍注群经，杂糅今古文经学，自成一家，号称“郑学”，对后世经学影响极大。

诸葛亮，三国时期杰出的政治家、军事家。他协助刘备，建立了蜀汉政权，与曹操、孙权形成三国鼎立局面。他在执政期间，实行法治，赏罚分明，抑制豪强，任人唯贤。对西南各族安抚和好，促进边疆开发。他善计谋、通兵法、多巧思，被后人推崇为智慧与谋略的化身。

王叔和，魏晋时期著名医学家，所著《脉经》是我国历史上第一部系统的脉学著作，从理论上分析了生理、病理变化和疾病的关系，便利了临床治疗，其“寸关尺三部切脉法”，至今仍被中医广泛使用。

王羲之，东晋著名书法家，他的书法博采众长，自成一体，草、隶、正、行皆精，尤擅长正书、行书，其书法“飘若浮云，矫若惊龙”，“为古今之冠”，有“书圣”之称，其代表作有《兰亭序》、《丧乱帖》等。

王献之，东晋著名书法家，王羲之之子。他的书法汇集各派之长，尤擅行草，与其父共称“二王”。其代表作有《洛神赋十三行》、《鸭头丸帖》等。

刘勰，南朝齐梁时著名文艺理论批评家。他撰写的《文心雕龙》是我国历史上第一部文学评论巨著，对有史以来各种体裁文章与作家进行了分析研究，阐述了文学创作的规律和文学批评的标准，对后来的文学评论有重大影响。

贾思勰，北魏著名农业科学家。他的农学名著《齐民要术》系统总结前人农业生产和农学成就，如栽培耕作、畜牧兽医、食品加工等，是我国现存最早的一部完整农书，对后世农学有很大影响。

颜真卿，唐代书法家。他在平定安史之乱中立有大功，被封为鲁郡公。他的书法端庄雄伟，气势恢宏，开创了我国古代书法新风格，人称“颜体”，有多种墨迹、碑文流传，对后世有很大影响。

李清照，南宋著名文学家、词人。她的词作语言清丽，重视音律典雅，前期多写闲情逸致，风光景物，后期感叹身世，怀念故国，为婉约派代表，有《漱玉集》。

辛弃疾，南宋著名爱国词人。一生以抗金收复失地为志，并积极投入抗金斗争。他的词豪情奔放、壮怀激烈，为豪放派代表，著有《稼轩长短句》。

戚继光，明代著名军事家，抗倭民族英雄。他率领戚家军与倭寇数百战，为彻底平定倭乱、保卫人民群众生命财产安全，作出了巨大贡献。其后防守蓟门，使北部边疆安然无事。他的军事著作《纪效新书》、《练兵实纪》是中国古代军事理论史上的重要文献。

王士禛，清代著名文学家、诗人，官至刑部尚书。他为官清正廉洁，多有政绩，以诗文蜚声文坛。他的诗清新蕴藉，刻画工整，首创神韵诗派。又善古文、工词。门生众多，著作宏富，多达500余种，近人编有《王士禛全集》。

蒲松龄，清代著名文学家。他一生怀才不遇，经历坎坷，对政治腐败、社会黑暗有深刻认识，为文学创作提供了有利条件。他一生著述丰富。其代表作《聊斋志异》，为文言文短篇小说集，借写鬼狐花妖，奇人异事，广泛而深刻地影射并抨击现实社会，成为中国历史上有代表性的文学名著，现已有20多种外文译本，流传世界各地。

孔尚任，清代著名戏剧家。他为官多年，对当时官场黑暗和民众疾苦有清醒认识，对南明灭亡有切身感受。他历经10余年，完成揭示南明灭亡的历史悲剧《桃花扇》。上演后，轰动京城，誉满文坛。另有多部诗文集问世。

本丛书所收录的28位齐鲁历史名人，都是他们那个时代的顶尖人物，代表了他们生活的那个时代最先进的思想文化、科学技术和文学艺术。他们为丰富、发展和创造光辉灿烂的齐鲁文化与中华文明都作出了突出的贡献。“见贤思齐”，齐鲁先贤们的思想和精神至今仍有其超时空的普世价值。这里我只想说明几点：

一是这些齐鲁先贤都是爱国主义的杰出代表人物。他们热爱自己的祖国，“忧患不忘国”，“苟利国家，不求富贵”，用毕生的智慧和能力报效祖国。有的为了国家富强而锐意改革，甚至不惜献出自己的生命；有的尽忠报国，“鞠躬尽瘁，死而后已”；有的为了保卫祖国，终生奋战沙场，“封侯非吾意，但愿海波平”。这些都表达了齐鲁先贤的爱国情怀，是永远值得后人学习和纪念的。

二是他们都十分关注民生，关注民间疾苦；反对战乱，反对苛政；主张社会公平，追求社会和谐。如“仁者爱人”，“己欲立而立人，己欲达而达人”，“摩顶放踵，利于天下”的博爱思想；“乐民之乐者，民亦乐其乐；忧民之忧者，民亦忧其忧”的民本思想；以和为贵，和而不同的辩证思想；“天下为公”与“大同”、“小康”的社会理想等等。这些思想影响深远，对于我们今天建设社会主义和谐社会仍有着现实意义。

三是他们对自己所从事的事业都有执著的追求和创新精神，“苟日新，日日新，又日新”。如上述的一些科学家、文学家和艺术家，他们大都历经人生几十年的坎坷，上下求索，排除困难，不断创新，在各自研究的领域，终于登上了一个又一个高峰，在思想文化史上留下了光辉的篇章。这种精神是永远值得后人学习与发扬光大的。

四是他们都重视自身的思想修养，追求道德的最高境界。如“富贵不能淫，贫贱不能移，威武不能屈”的高尚气节，惩恶扬善、见利思义、恪守诚信的社会美德,“海纳百川、有容乃大”的兼容并包的开放意识和博大胸怀等等。这种品格也是永远值得后人崇敬和学习的。

古人云:“金无足赤,人无完人。”上述齐鲁先贤虽然各自成家,彪炳史册,但却并不一定都是完人。他们如同一方方光华夺目的美玉,由于历史的局限,也不免有其微瑕。这和从整体上看待中国传统文化是一样的。还是那句老话:“取其精华,去其糟粕”,我们对待齐鲁先贤也应取这样的态度。

盛世修史,继往开来。上世纪末,我们省、地、市、县都先后编辑出版了一批大型地方史志,对于存史、资政、育人都起到很重要的作用。但由于时间上限截自1840年鸦片战争以后,这样山东古代的先贤圣哲、名家名人以及优秀的传统文化基本上付之阙如。《齐鲁诸子名家志》的编辑出版,弥补了这一重大空白,其学术价值和现实意义是不言而喻的。

最后,请允许我代表广大读者,感谢各位主编、作者和编辑同志为此丛书付出的辛勤劳动,感谢山东人民出版社和山东省地方史志办公室为我们编辑出版了一套高质量、高品位的好书。祝愿这套丛书在社会主义政治文明、物质文明、精神文明、社会文明的建设中能起到应有的作用。同时,也希望总结经验,再接再厉,编撰出版更好更多的名人名家志书。

是为序。

**安作璋**

2009年3月于山东师范大学

# 编纂说明

一、本志编纂以辩证唯物主义和历史唯物主义为指导，全面真实地记述墨子的生平、著作及其影响。特别是其代表作《墨子》，从题材来源到作品内涵、版本流变及国内外影响，均予以记述。

二、本志设家世与生平，著作，墨子哲学和人文思想，自然科学知识及实用工艺成就，墨学流传、研究和影响，遗存、纪念物诸篇，力求图文并茂。

三、本志上限始于墨子的诞生（约公元前470年），适当追溯其家世，下限为2008年底。

四、本志采用记述体、语体文。入志资料凡涉及历史地名、人名、官职、计量单位等，均据历史资料实录。

五、本志所据资料来源：一是史书、碑刻，二是已出版的学术研究论著，三是实地考察、采访资料。凡属引文均注明出处。

六、本志引文注释只在第一次引用时注明出版社和版次，以后不再重复注明。

# 目 录

## 第二篇　著　作



## 第三篇　哲学思想和人文思想



## 第四篇　自然科学知识及实用工艺成就

## 第五篇　墨学流传、研究和影响

## 第六篇　遗存　纪念物

# 概 述

墨子，姓墨名翟，生于公元前470年左右，卒于公元前382年左右，春秋末战国初鲁国所属小郑国滥邑（今山东省滕州市）人，是中国古代伟大的思想家、教育家、军事家和著名的社会活动家。

墨子为契的后裔，家世血缘传承关系是：契——商汤——微子——目夷——墨子。墨子的直系祖先目夷为宋国贵族，并被宋襄公任命为辅政的“左师”；但是到鲁成公十五年（公元前576年），目夷的后代鱼石因宋国发生内乱，遂率家族投奔楚国，先被安顿到楚地彭城，后又逃到小郑国定居下来，经几代繁衍，沦落为平民。所以，墨子从小就参加生产劳动，在手工业技艺方面受过十分严格的

墨子故里目夷沟

训练，故能在青年时期就成为享有盛名的“大巧”工匠。

墨子能独创墨家学派，与他特殊的出身、经历、追求以及当时的社会环境有直接关系。墨子的家乡“三郕地区”，是当时农业、手工业都高度发达的“郕娄百工之乡”；与小郕国毗邻、并作为小郕国宗主国的鲁国，是当时中国文化和儒学的中心。这种得天独厚的条件使墨子有可能精研中国古代学术经典和儒家文化，并从生产实践活动中总结归纳出自然科学知识和逻辑学知识。墨子勤于观察思考，并亲身体会和了解“农与工肆之人”的深切感受和思想感情，所以自年轻时就立志效法圣贤，救世救民。他在全面批判儒家思想并继承儒家某些主张的基础上，提出了十大救世主张，创立了不同于儒家的墨家学派。

墨家学派有共同信仰和宗旨，有着严格的管理和控制系统。墨子通过大力兴办教育，广收门徒，严格训练，培养了一大批墨门勇士，并把他们分派到各国做官从政，直接实践墨家主张。墨子本人更是一个勤于实践、身体力行、甘于布衣蔬食、严于律己的社会活动家。为了壮大墨家学派和实现他的救世主张，墨子“摩顶放踵利天下”，先后游历过鲁、齐、宋、卫、楚等国，上说王公大臣，下教普通百姓，富贵不淫，威武不屈，得到了许多国君大臣的尊重，壮年时即获得“北方贤圣人”的赞誉。发生在公元前444年的著名的“止楚攻宋”事件，是墨子推行他的“兼爱非攻”主张的成功范例。据专家考证，墨子生于鲁，长于鲁，成名于鲁，老而至楚，在他晚年离开人世时，墨家已可与儒家分庭抗礼，成为“天下显学”。

墨子的基本思想和墨家学说的主要部分，现存于流传至今的《墨子》五十三篇中。据《汉书·艺文志》记载，《墨子》原有七十一篇，到北宋以后就只剩下五十三篇，亡佚了其中不知确切篇名的十八篇。

对于墨子各篇的作者及撰写年代，国内学术界一般认为，《尚贤》、《尚同》等“十论”二十四篇，是墨子本人讲学时使用的讲义，因门下弟子记录不同而出现了语言表达和文字繁简的差异，但基本思想在实质上没有很大区别。《亲士》、《修身》等七篇，由墨子自著，可看做是墨学概说，主要是对“十论”的补充和发挥。《备城门》等“城守”十一篇，是墨子弟子记录墨子的谈兵记录，主要反映了墨子的军事思想，其中几篇可能经过墨家后学的补充和改写。《耕柱》、《鲁问》等“墨语”五篇，是墨子弟子记录墨子的言论和活动的，不属于墨子本人的著作，但对于理解墨家学说具有重要意义。对于广义《墨经》六篇，学术界分歧较大，一般意见认为，《经》上、下两篇，主要由墨子本人撰写，不排除墨家后学对某些条目增删的可能。《经说》上、下以及《大取》、《小取》四篇，系由墨子弟子和墨家后学依据祖师墨子宗旨扩充发挥而撰成，前后撰写时间可能经历了近百年。

墨家学说是一个完整的体系，大致可分为三大部分：一是以政治学说为核心的人文思想，包括政治、经济、军事、教育、哲学、历史、宗教诸种思想，主要反映在“十论”二十四篇、“城守”十一篇、“墨语”五篇和“概说”七篇中。二是逻辑学，主要包含在广义《墨经》六篇中，《墨子》的其他篇章特别是“十论”都自觉地运用了逻辑学知识。三是数学、力学、光学等自然科学知识，主要包含在广义《墨经》六篇和“城守”十一篇中。墨家学说的根本宗旨是“为义”。“义”是“十论”的中心和根据，即“兴天下之利，除天下之害”，“兼相爱，交相利”。又因为“为义”是“天志”（上天的意愿），天志即是墨学的总纲。为贯彻上天之志，就必须“兼爱”、“非攻”、“尚贤”、“尚同”，这是“用义为政于国”在政治、军事、人事、道德方面的要求；而“节用”、“节葬”、“非乐” 则是在物质、经济和生活方面的主张；“非命”、

"天志"、"明鬼"是推行"义事"之必需，是墨家在宗教信仰方面提出的理论。自然科学知识是墨子对墨门弟子提出的为实现"为义"的主张所必须具备的知识素养。墨家逻辑学是墨家全部学说的基本思想方法和理论依据，也是墨家学派区别于先秦诸子的最鲜明的特点所在。

墨家学说自产生至今，2400年间，兴衰沉浮，大起大落，其历史命运的坎坷多变罕有其匹。自战国初年到秦王朝建立之前，墨家学说由于准确表达了由奴隶上升为自耕农和手工业者的普通劳动者的愿望，也由于在一定程度上反映了处于上升时期的新兴地主阶级的某些政治要求，受到了广泛而持久的欢迎。墨家弟子及后学弥众，遍布各诸侯国。墨家学说的影响也日益扩大，以至孟子惊呼："天下之言，不归杨，则归墨。"战国中后期，墨学作为"天下显学"大有压倒儒学的势头。及至秦汉封建大一统王朝的建立，墨学由于从根本上背离封建宗法社会的政治需要，开始衰落。到汉武帝"罢黜百家，独尊儒术"，墨家学说完全退出了官方学术讲坛。在其后两千多年中，墨学遭到了历代封建统治者的鄙视和冷落，沦落为民间私学，渐不为人知，几成绝学。

鸦片战争以后，国内民族危机日益严重。在救亡图存、不断寻找救世良方的过程中，一些社会有识之士以及资产阶级的改良派和革命家，陆续把目光投向沉埋千年之久的《墨子》，开始发现和挖掘墨学自身存在的价值。20世纪前30年，在梁启超、胡适等的大力倡导和推动下，墨学研究蔚然成风，对《墨子》的朴学工作和《墨辩》研究，都作出了卓著的成绩，墨学开始复兴。

20世纪的最后10年，墨学研究进入了全新时期。一方面，以墨子里籍的研究取得突破性进展为契机，成立了山东省墨子学会、山东省墨子基金会和中国墨子学会，建立了大型国际墨学研究中心和墨子纪念馆，先后召开三次全国墨子讨论会和七次国际墨学研讨会，从而使墨学研究得到各级政府的大力支持，进入了有组织、有领导、有基金、有研究基地、海内外墨学专家合作共进的新阶段。另一方面，墨学研究在指导思想、研究目的、研究方法和手段上都与以往有着根本不同，研究的深度和广度足以迈越前贤。这一时期，不仅对墨学所包含的内容进行了系统研究，而且发表了一大批高水平论文，出版了几十种学术专著和数种墨学大型丛书。墨学开始走向世界。墨学在20世纪的再度复兴，最深厚的经济社会根源在于中国社会主义市场经济的建立和完善，在于中国经济政治体制的改革强烈呼唤民主与科学，而中国学术界正是从古老的墨学中再次发现了它所包含的现代精神和现代价值。这充分说明，墨学作为中国传统文化的重要组成部分，它所包含的民主与科学精神是具有永恒价值的。墨学不仅属于中国，而且属于全世界。

# 第一篇　家世与生平

墨子，姓墨，名翟，是中国春秋战国时期伟大的思想家、教育家、军事家、社会活动家。他早年学于儒家，学习、继承了中国古代优秀的思想文化遗产，后创立墨家学派，提出完整系统的学说，与儒家分庭抗礼。战国初期，墨家异军突起，大有席卷天下之势，以至天下之言，不归杨朱则归墨。只是自孟子、荀子大批杨、墨之后，其势才稍稍见衰。到战国末期，墨学仍然与儒学并称“天下显学”。到秦汉时，它才逐步衰落下去，几成绝学。在此之后两千多年的封建社会里，墨学一直被封建统治者视为异端，遭到敌视和排斥。时至近代，墨学适应社会发展的需要，其合理成分渐渐被志士仁人重新认识，墨学进入复兴时期。随着中国改革开放事业的发展和社会主义市场经济体制的建立，墨学本身具有的“民主思想”和“科学精神”，进一步得到学术界和社会的公认。

# 第一章 家 世

墨子，姓墨，名翟①，约生于周元王六年（公元前470年），卒于周

---

①关于墨子姓名，古无异说。《尸子》、《孟子》、《庄子》、《荀子》、《韩非子》、《吕氏春秋》、《淮南子》、《史记》都载"墨子"、"墨氏"或"墨翟"。考《墨子》全书以及《吕氏春秋·高义》所载，墨子自称均曰翟。（唐）林宝《元和姓纂》、《通志·氏族略》、《广韵》卷五"墨"字注，均言姓墨。

（元）伊世珍始云：墨子"姓翟名乌"（《嫏嬛记》卷下，引《贾子说林》），（清）周亮工从之。近人江瑔也主墨非墨子之姓，共列八证，主要证据有五条：（1）"凡古人系姓而称，必曰某子，或曰某氏；则称家而不能系姓。若墨既为姓而复称曰墨家，则孔子可称孔家、庄子可称庄家乎？"（2）"所谓九家者，墨家而外，若儒、若道、若名、若法、若阴阳、若纵横、若杂、若农，莫不各举其学术之宗旨，以名其家，即九家外之小说家亦然，并无以姓称者"。（3）"墨子之学出于史佚、史角。……未有墨子之前，已有墨家之学"。（4）"墨之为姓，墨子一人外，更无所见……"（5）"墨者之义，指学墨子之人言之。学墨子之人非必姓墨，何以系其师之姓"。（《读子卮言》卷二）

同意江瑔者有陈柱、钱穆、冯友兰、杨宽、李石岑等，反对者有刘汝霖、伍非佰、方授楚、吴毓江、杨俊光等。

杨俊光在《墨子新论》（江苏教育出版社1992年版）中对江瑔的五条主要证据进行了逐条批驳："第一证所谓'系姓而称，必曰某家'和第二证所谓'莫不各以举其学术之宗旨，以名'，实际上是指出了墨子和墨家命名（既以墨称子，又以之名家）中的一个特殊而矛盾的现象，即不符合以姓称子、以术名家（子之称与家之名当有不同）的常例……墨果为术而非姓，为什么又以术称'墨子'？如果真是'墨家诸人无一称姓'或因'其学适深合墨字之义'而'以墨名其家，人亦咸以墨子称之'，则墨家诸子就该全都称为'墨子'？又为什么只用以称墨翟一人？其实，'墨子'、'墨家'既俱见于古籍，为什么不能信'墨子'？而疑'墨家'，或把以'墨'名家作为特例而寻求一定的解释？……就常理言，总是先有人名而后有学名；某子在创立某学之前，早就已经姓某了。因此，当其创立学派之时，或即移其姓为学派之名，完全顺理成章；借学派之名以称其人，则为情理所不许。"（第5页）"关于'未有墨子之前，已有墨家之学'（第三证），因而不能以'墨'之姓称其学派之说，亦不难答复。史佚、史角充其量（即不计其中的依托成分）也只是墨子之先师，思想或者亦略有继承关系；但佚、角之时绝未形成后来墨翟的思想体系。因此，墨学还是墨子之所创；'未有墨子之前'，实并无墨家之学"。（第6页）第四证"墨之为姓，墨子一人外，更无所见"，杨氏引用刘汝霖《周秦诸子考》："明代有高陵人墨麟以及《世本》、《路史》、《通志·氏族略》、《姓考》、庄季裕《鸡肋篇》载《论语音注》引《春秋少阳篇》记载之'墨夷'、'墨台'、'墨'诸姓氏"，"春秋战国时代已有墨姓者，则无可疑"（下卷，第7—8页）。"'学墨子之人非必姓墨，何以系其师之姓'（第八证）更问得离奇。墨子姓墨而名'墨子'（人名，仅止于称墨翟一人）、又借其姓氏而称'墨家'（学名，称派）之说，并未要求墨家之人都'系其师之姓'而称'墨子'，只是标其派系而亦称'墨家'、'墨者'而已。"（第6页）

安王二十年（公元前382年）前后[1]，战国前期鲁国所属小邾国人[2]（今山东省滕州市木石镇一带）。

考究墨子世系，其祖先可以追溯到契。

契是商族的祖先。商族是由一个古老的游牧部落发展而来的，以鸟作为本部落的图腾。到契时，商族部落由游牧迁徙而固定下来，建都城于蕃（今滕州市境内）。后来，契“佐禹治水有功”，帝舜令其“为司徒而敬敷五教”，“封于商”[3]，推动了商族大发展。契的孙子相土曾在泰山脚下建东都。到契的第十三世孙商汤即位后，与山东西部的莘氏通婚，又与担任夏朝车正的薛族结为同盟，积极发展商族势力，形成了与夏朝对峙的局面，最后终于灭掉夏朝，建立商朝。

从商汤到太戊王的五代九王都把亳（今山东曹县附近）作为政治统治中心。后来，商汤六世孙祖乙在庇（今山东鱼台县境内）建都，到南庚为王时，又把国都东移至奄（今山东曲阜一带）。九世孙盘庚迁都殷（今河南西南）。到商汤第十世孙武丁为王时，“得说（即

---

❶墨子生卒年代，古无确考。司马迁云：“或曰并孔子时，或曰在其后。”（《史记·孟子荀卿列传》）班固云：“在孔子后。”（《汉书·艺文志》自注）张衡云：“当子思时。”（《后汉书》本传，引《张衡集》）

后世治墨者有以下诸说：(1)（清）汪中说，胡适从之。定墨子生年为公元前500—前490年间，卒年为公元前425—前416年间（参见汪中：《墨子序》、胡适：《中国哲学史大纲》，第145—147页）。(2)（清）毕沅说。《墨子注·序》云：“六国时人，至周末犹存。”(3)（清）孙诒让说。“当生于周贞定王之初年，而卒于安王之季”。（《墨子年表》）梁启超据此考定墨子生年为前公元468—前459年间，卒年为公元前309—前328年间。今人孙以楷《墨子年里考辨》（见《墨子研究论丛》第一辑，山东大学出版社1991年版）采纳孙诒让、梁启超的基本结论，有所更改。本志主此说。孙以楷文见本编附录。

❷墨子出生地，主要有四说：(1)宋人说。（晋）葛洪（《神仙传》卷四）、林宝（《元和姓纂》；《通志·氏族略》引）、（唐）杨倞（《荀子·修身注》）主之。(2)鲁人说。高诱（《淮南子·修务训》注）、孙诒让（《墨子传略》）、梁启超（《子墨子学说》、《墨子学案》）、陈柱（《墨学十论》）以及章太炎、钱穆、方授楚、张纯一、鲁迅、郭沫若、范文澜、詹剑峰、栾调甫、高亨、蔡尚思、任继愈、杨向奎、张知寒均主此说。(3)楚人说。（清）毕沅（《墨子注·叙》）、（清）武亿（《授堂文钞》卷三《跋墨子》）主之。(4)外国人说。胡怀琛认为墨子为印度人（《墨子为印度人辨》，见《东方杂志》第25卷第8号）；卫聚贤认为墨子为阿拉伯人（《墨子小传》，见《古史研究》第二集下册）。张知寒《墨子里籍就在今之滕州》见本编附录。另可参看张知寒主编《墨子里籍考论》一书，山东人民出版社1996年版。

❸《史记·殷本纪》，《史记》，中华书局1982年11月第2版。

傅说，商汤之贤相）于傅险（岩）中”，“举以为相，殷国大治”[1]，商朝达到鼎盛时期，成为当时世界上最大的国家之一。

商汤第十七世孙纣王登位后，沉于酒色，宠幸妲己，听信谗言，其叔比干因苦谏而遭剖胸挖心，其庶兄微子启也屡谏未果，于是与太师、少师一同离开国都。后来，殷为周所灭，微子乃“持其祭器，造于军门”[2]，臣服于周。

武王灭商后，命纣王之子武庚禄父统殷余民，要他继承商朝宗嗣，又派其三弟管叔、五弟蔡叔辅佐和监察武庚。武王死后，年幼的成王继位，武王之弟周公唯恐诸侯叛乱，于是亲自摄理朝政。管叔、蔡叔对周公甚为不满，疑其有篡位之心，于是策动武庚叛乱。周公奉命出师征伐，平定“武庚之乱”，杀武庚、管叔，流放蔡叔。为安抚商朝遗民，成王把商朝旧都周围的地区分封给微子，取名宋国，建都商丘（今河南商丘市以南），领有今河南东部和山东、江苏、安徽三省毗邻的大片土地。

微子及其后代世代在宋国，到春秋时，已传至第十七代，宋公子目夷为其第十七代孙。目夷是宋桓公子、宋襄公兹父的庶兄。《左传》僖公八年载，宋太子兹父与公子目夷互相以仁义让国，兹父说：“目夷长且仁。”目夷则说兹父“能以国让，仁孰大焉！”[3]后来，兹父继承王位，称襄公，任命目夷“为左师以听政”[4]，目夷辅佐襄公治理国政，国势日渐强盛。待齐桓公一死，宋襄公便有图谋称霸之心。

周襄王十四年（公元前638年），宋襄公伐郑，与前来救郑的楚军战于泓水（今河南柘城），目夷为随军主将。由于襄公不听目夷的劝告，结果宋军大败，襄公也受重伤，并于第二年死去。成公继位后，宋国国力日渐衰微。这时目夷的事迹就没有记载了，但其子公

❶《史记·殷本纪》。
❷《史记·宋微子世家》。
❸《左传》，岳麓书社1998年12月第1版，第57页。
❹《左传》，第59页。

孙友的情况在《左传》中还是有所反映的。据载公孙友仍在宋国，并在鲁文公七年（公元前620年）“为左师”①。到鲁成公十五年（公元前576年），宋司马荡泽发动叛乱，为华元所杀，左师鱼石等宋桓公的后代“遂出奔楚”②。公元前573年，楚王又让鱼石等移居彭城（今江苏徐州以北）。第二年，宋军围攻彭城，彭城投降，鱼石等桓公后裔又逃到离彭城不远的小邾国，并在陶山漷水一带定居下来，繁衍生息，沦为平民。③

山东滕州木石镇墨子纪念馆

小邾国原为邾娄国的一部分，是东夷族的后裔。邾娄国先人曾以雄蜘蛛作为图腾，于是建国后便以“蛛”为国名，“邾”即由“蛛”演化而来。邾国人的祖先为陆终氏，与周王朝无亲缘关系，所以被称为夷。周灭商后，对邾娄国采取分而治之的办法，把面积仅次于鲁的邾娄国一分为三，分成邾国、小邾国和滥国三个小国。小邾国都城即在今山东省滕州城东南50里处的木石镇一带。《左传》襄公七年（公元前566年）载：“小邾穆公来朝，亦始朝公也”④，说明在春秋后期，小邾国沦为鲁国附属国。到周显王四十四年（公元前325年），鲁国灭小邾国。由墨子的生卒年代可以推知，墨子应为鲁国附属的

①《左传》，第100页。
②《左传》，第167页。
③童书业说：“墨子实为目夷子后裔，以目夷为氏，省为墨也。”（《春秋左传研究》，上海人民出版社1980年版）顾颉刚说：“墨确是他的真姓氏，而且从这个姓上看，可知他（指墨子——作者注）是公子目夷之后，原是宋国的宗族。”（《禅让传说起于墨家考》，见《古史辨》第七册下编，上海古籍出版社1982年版）张知寒说：“公子目夷为第一代目夷子，而墨子可能就是出生于小郳国的末代目夷子。”（《再谈墨子里籍就在今之滕州》，见《墨子里籍考论》，山东人民出版社1996年版）
④《左传》，第187页。

小郑国人。

宋襄公在公元前650年至公元前637年为宋国国君，在位14年，他约生于公元前680年到公元前670年间。目夷稍长于襄公，泓水之战时尚能为主将，所以生于公元前680年前后。从此至公元前470年前后，墨子出生，其间约210年。商朝历时629年，传三十王十七世，平均37年传一代，这是商族血统的大致传代年限。按一般人30年传一代计，墨子可能是目夷的第七世孙（目夷应为第一世）。

据此，墨子为目夷的第七世孙，目夷为微子的第十七世孙，微子又为商汤的第十七世孙，商汤为契的第十三世孙。因此，墨子为契的后裔，其家世血缘传承为契——商汤——微子——目夷——墨子。[1]

---

[1] 墨子为孤竹国之后说。

蒙文通1938年作《论墨学源流与儒墨汇合》（收入《古学甄微》，巴蜀书社1987年版），提出墨子乃孤竹国之后说。舒大刚又列五证，列举的典籍主要有：

《国语·齐语》载，齐桓公“北伐山戎、刜（攻击）令支，斩孤竹而南归”。

《元和姓纂》、《史记·伯夷叔齐列传》索隐引应劭：“孤竹，伯夷之国也，其君墨胎氏。”

《路史·国名纪》一云：“怡，一曰墨怡，即墨台。禹师墨如，或云墨台。”（墨台为大禹之师）

《史记》索隐谓禹封炎帝后姜姓于台，是为墨台。又云：成汤元年正月三日丙寅析封孤竹。姜姓华夷同奉炎帝为始祖，孤竹当是姜姓之戎所建，姜为姓，墨台为其氏也。

考《逸周书·王会》，有孤竹朝贺周成王记载；《尔雅·释地》：“孤竹、北户、西王母、日下谓之四荒。”

又：1973年于辽宁省喀左县北洞发现商晚期铜器，上有“孤竹”铭文。据此，舒大刚认为，齐桓公时“孤竹逸民被掠，居于齐鲁，晏婴、墨翟以东夷孤竹之后而治斯学，固不足为奇”。推论是：“墨学根本都源自‘东夷孤竹之旧俗’，是墨氏一族数千年心传之家学。”言外之意，墨子并非殷后，乃为更古老的孤竹国之后也。孤竹国乃从夏初墨国中分离而来。此说言之有据，缀此存考。

# 第二章 生 平

墨子生活在春秋末年、战国前期，当时正是中国社会急剧变革的时代。由于墨子立志高远、好学深思、勤于修身、勇于实践，因此他能顺应时代，开创墨家学派。

## 第一节 为 学

墨子的学识主要来自两个方面：一是生产活动，二是各种经典(其中包括儒家经典)。直接从生产活动中取得知识，这是墨子不同于先秦诸子的一个显著特点。

墨子出生于一个木工世家，他的家乡所在的三郳地区，后人称为"郳娄百工之乡"[1]，是当时科学技术最先进的地区，农业、手工业都相当发达。墨子自幼聪慧，勤奋，为人热情，善于交往，并喜好与人交谈、辩论，再加上家庭出身的影响和周围环境的熏陶，使他在青年时代就熟悉和掌握了当时社会上的各种手工业工艺。他以极大的兴趣进行专门研究，成为当时著名的工匠。他的木工技术，甚至与当时一代名匠公输般(鲁班)不相上下。"墨子为木鸢(鹰)，三年而成，非(飞)一日……"[2]名家代表人物惠施说："墨子大巧，巧为輗。"[3]輗是大车上的一种关键部件，说明墨子精于制造大车的

❶王献唐：《炎黄氏族文化考》，齐鲁书社1985年7月第1版。
❷《韩非子·外储说左上》，《韩非子》，山东友谊出版社1993年12月第1版。
❸《韩非子·外储说左上》。

技术。

墨子本人从不否认自己出身贫贱。“止楚攻宋”时，他在楚惠王面前说：“臣北方之鄙人也。”[1]后来献书惠王时，墨子在楚国大臣穆贺面前承认自己是“贱人”，自己的学说是“贱人之所为”[2]。墨子的劳动者身份和参加生产的经历，在很大程度上决定了他的学说和知识体系的特点。墨子如果不是出身于劳动者家庭，不从事生产劳动，就不可能深切地了解“农与工（手工作坊）肆（商铺）之人”的思想感情以及所受的深重苦难，也不可能总结和发现光学、力学、几何学等方面的科学知识。亲身参加生产活动成为墨子主要的知识来源之一。

墨子从小受到儒家文化的熏陶。小邾国的宗主国鲁国是当时中国文化和儒学的中心。公元前540年，晋国韩宣子访鲁，惊叹：“周礼尽在鲁矣！”[3]可知鲁国文化十分发达。加之从小邾国到鲁国都城曲阜又不过百里之遥，这为墨子学习儒家文化提供了方便条件。据《吕氏春秋》记载，周桓王曾派礼官史角去鲁国传授周礼，（鲁）“惠公止之，其后在于鲁。墨子学焉”[4]。墨子师从史角之后，主要学习了儒家六艺：礼、乐、射（射箭）、御（驾车）、书（书法文字）、数（数学计算），深入钻研了儒家经典《诗》、《书》、《礼》、《易》、《春秋》等。此外，他还广泛阅读了当时能看到的其他圣贤的经典和各国的史书。他自述曾遍读百国春秋，在著述和平时的讲话中经常引经据典。

随着阅历和学识的增多，青年墨子萌生了积极救世的思想。这一时期，他把学习求知与修身、救世联系起来，认为“守道不笃，遍物不博（认识事物不广博）、辨是非不察者（分辨是非不能明察），不足与游”[5]。他曾劝一青年人随他学习：“今子为义，我亦为义，岂独我义也哉？子不学则人将笑子，故劝子于学”[6]，明确认为学习就是

❶《吕氏春秋·爱类》，《吕氏春秋》，上海古籍出版社1989年3月第1版。
❷《墨子·贵义》，《墨子》，上海古籍出版社1989年3月第1版。
❸《左传·昭公二年》。
❹《吕氏春秋·当染》。
❺《墨子·修身》。
❻《墨子·公孟》。

"为义"。"义"就是有利于上天、鬼神和老百姓的言论和行动。"为义"要终生,学习也要终生。墨子南游卫国时,已成为一代宗师,弟子众多,但他仍在车中载很多书,不辍于学。他给弟子弦唐子解释说:"昔者周公旦朝读书百篇,夕见漆(七)十士,故周公旦佐相天子,其修(美德)至于今。翟上无君长之事,下无耕农之难,吾安敢废此?"[1]

墨子不仅刻苦好学,而且学风优良。他主张对古人和经典要加以分析,不要做只会搬弄古人教条的书呆子。有一次,儒家信徒公孟子对墨子说:"君子不作,术(述)而已。"[2]墨子反驳他说:"吾以为古之善者则术(述)之,今之善者则作之,欲善之益多也。"[3]就是在这种既继承又创新的原则下,墨子既称引孔子学说中的真理成分,又不盲从孔子的学说,提出了自己一整套学说,创立了墨家学派。考之仅存的53篇《墨子》全书,墨子称得上是中国古代学识渊博的学问家,这不仅因为他终生好学,更由于他善于学习,勇于创新。

## 第二节 修 身

墨子出身于平民家庭,后来上升为士阶层的一员,终生未仕。[4]尽管他"无爵位以显人,无赏禄以利人"[5],但墨子还在壮年时,就博得了圣贤的美誉。楚惠王五十年(公元前439年),墨子30岁左右,楚国封君鲁阳文君就向楚惠王称赞说:"墨子北方贤圣人。"[6]许多诸侯王、大臣都以结识墨子为荣,对他礼遇有加。比如楚王、越王都曾许诺以五百里土地封墨子。他的弟子更是由衷尊崇、拥戴墨子,对墨子和墨家事业忠贞不二。《淮南子·泰族训》说:"墨子服役者百八十人,皆可使赴火蹈刃,死不旋踵。"这不仅由于墨子学识渊博,其

❶《墨子·贵义》。
❷❸《墨子·耕柱》。
❹司马迁在《史记·孟子荀卿列传》中写道:"盖墨翟宋之大夫。"《汉书·艺文志》、孙诒让《墨子间诂·墨子传略》均认为墨子曾仕宋。梁启超则反对此说:"查本书(指《墨子》,作者注)绝无曾经仕宋的痕迹。太史公或因墨子曾经救宋难,所以说他仕宋,其实墨子救宋,专为实行他的兼爱非攻主义,哪里论做官不做官?墨子曾说:'道不行不受其赏,义不听不处其朝。'(《贵义》)当时的宋国,就会行其道听其义吗?墨子是言行一致的人,如何肯立宋之朝?所以我想,墨子始终是个平民,没有做过官的。"(《墨子学案》,第2页)

〔作者案〕梁说基本正确,但也有偏颇。墨子为推行他的主张,曾派众多弟子到各国做官,如果有机会,他是不会拒绝出仕的。然而《史记》所载墨子事迹仅有24字,"盖墨翟宋之大夫"是不能肯定的推测语气,考之《墨子》全书及先秦文献,又无墨子仕宋的记载;成书早于《史记》的《吕氏春秋·顺说》曰:"孔丘墨翟,无地为君,无官为长,天下丈夫女子莫不延颈举踵而愿安利之。"本志故主张墨子并未担任过正式官职。
❺《吕氏春秋·当染》。
❻《渚宫旧事》,上海古籍出版社1989年3月第1版。

学说有征服人心的力量，也由于墨子品格高尚，具有强大的人格力量。

墨子与孔子一样非常重视品德，认为"士虽有学，而行(品行)为本焉"[1]。君子的做人之道，是"贫则见廉，富则见义，生则见爱，死则见哀"[2]，这四种行为不可虚假，要通过反躬自问、不断加强自身修养才能做到。圣人能把这种修养贯彻终身，所以他们的事业日益强劲，志向日益远大，功业日益兴盛。反之，善良的品性如果不能在内心起主导作用，那就不能保持；好的品行如果自身不能审辨，那就不能树立。只有勇气而不能修身，他后来必定懈怠。谋利之心很重，对名誉看得又很淡，就不可能成为天下的贤士。这就是"原(源)浊者流不清，行不信者名必耗"[3]。

墨子修身做人首先讲求立志，人无志不立，认为"志不强者志不达"[4]。墨子之志，就是"饱天下之饥者"，"暖天下之寒者"，"救诸侯之患"，解除民之三患："饥者不得食，寒者不得衣，劳者不得息"[5]。这就是"兼相爱，交相利"，积极救世。

墨子为"兴万民之利"，"损己而益所为"[6](牺牲自己，使自己的所作所为有益于他人)，达到了很高的道德境界。墨子对自己、对弟子提出近乎苛刻的要求：工作上要不怕艰险、劳累，甚至牺牲，要以吃苦为荣，为"行义"可以日夜不休，即使身子憔悴得像枯草也不放弃；生活上"短褐之衣，藜藿之羹"，"量腹而食，度身而衣"[7]；居住方面，"室高足以避润湿，边足以御风寒，上足以御霜雪雨露，墙高足以别男女之礼，谨此而止"[8]，"其生也勤，其死也薄"[9]，具有有福不去享、有难敢先上的精神。

墨子见义勇为，言必信，行必果，有着坚定的救世热忱和奋斗精神。在他看来，"言不信者行不果"，"务言而缓行，虽辨必不

❶❷❸❹《墨子·修身》。
❺《墨子·非乐上》。
❻《墨子·经上19》，《墨子大全》第74册，北京图书馆出版社2004年版。
❼《墨子·鲁问》。
❽《墨子·辞过》。
❾《庄子·天下》，《庄子》，上海古籍出版社1989年3月第1版。

听”。[1]所以他栖栖遑遑，周游各国，欲行其道，以至有“墨子无暖席”[2]、“墨突不黔”[3]之说。儒家信徒巫马子嘲讽墨子：“子之为义也”，“有狂疾（疯病）”[4]，墨子坚决予以驳斥。齐国故人劝说墨子：“今天下莫为义，子独自苦而为义，子不若已（停止）。”[5]墨子则认为，正因为天下行义的人少，所以更应该积极行义。当墨子听说公输般为楚国造好云梯、楚将攻宋时，“自鲁往”，“裂裳裹足，日夜不休，十日十夜而至于郢”[6]。经过一番舌战和攻防演示，折服楚国君臣，制止了一场即将爆发的侵略战争，成功实践了他的“非攻”主张。墨家弟子所以能做到“赴火蹈刃，死不旋踵”[7]，关键是作为领袖的墨子“以身戴行”[8]，作出了榜样。

墨子的可贵品质还在于不把功名利禄置于道义之上。墨子游说各国，除寄希望于各国君主采纳他的学说以外，当然也希望出仕为官，以推行他的主张，但他有一个不可动摇的原则，就是“道不行不受其赏，义不听不处其朝”[9]。在他看来，功名利禄是个人之“利”，推行他的救世学说才是天下之“义”。当墨子认为楚王、越王不能实行他的主张时，就毫不犹豫地拒绝楚王和越王许诺封赠予他的五百里土地。他当面称赞弟子高石子辞官不做而离开卫国是“倍（背）禄而乡（向）义者”[10]，严厉批评追随齐将项子牛三次侵犯鲁国的弟子胜绰：嘴里讲仁义却不去实行，把俸禄看得比义还重，所以“使高孙子请而退之”[11]（派高孙子请求项子牛辞退胜绰）。

墨子的高尚品德和伟大人格，两千年来，几乎受到了广泛一致的赞誉。孟子说：“墨子兼爱，摩顶放踵利天下，为之。”[12]庄子说：“墨子真天下之好（好汉）也，将求之不得也，虽枯槁不舍也，才士（有才智的好汉）也夫！”[13]荀子也说：“墨子之言，昭昭然，为天下忧不足。”[14]孟、庄、荀三人都是反对墨子学说的，独对墨子的人格称

❶❽《墨子·修身》。
❷《淮南子·修务训》，《淮南子》，上海古籍出版社1989年3月第1版。
❸班固《答宾戏》，《文选》，（唐）李善注，会文堂影胡刻本。
❹❿《墨子·耕柱》。
❺❾《墨子·贵义》。
❻《吕氏春秋·爱类》。
❼《淮南子·泰族训》。
⓫《墨子·鲁问》。
⓬《孟子·尽心上》，《孟子》，山东友谊出版社1993年12月第1版。
⓭《庄子·天下》。
⓮《荀子·富国》，《荀子》，上海古籍出版社1989年3月第1版。

颂不已。

《吕氏春秋·顺说》称颂孔子、墨子“无地为君，无官为长，天下丈夫女子莫不延颈举踵而愿安利之”（希望孔墨安于尊荣、享受利益）。《淮南子·修务训》则说：“孔子无黔突，墨子无暖席。是以圣人不高山，不广河，蒙耻辱以干世主，非以贪禄慕位，欲事起天下利而除万民之害。”两部著作把孔子、墨子并列对待。

韩愈认为“儒墨同是尧舜”[1]。孙诒让评价墨子：“有吴起商君之才，而济以仁厚；节操似鲁连，而质实亦过之，彼韩（非）、吕（不韦）、苏（苏秦）、张（张仪）辈复何足算哉！”[2] 章太炎甚至认为：“墨子之道德，非孔老所敢窥视。”[3] 意思是说在人格上，连儒道两家的祖师也不能与墨子相比。梁启超称赞墨子是“劳动人民的圣人”[4]。毛泽东称赞墨子“是比孔子高明的圣人”[5]。

## 第三节 创立墨家学派

墨子少年时代就学于儒门，深受儒家思想的熏陶。但他的平民出身决定了他要代表“农与工肆之人”的利益，强烈的社会责任感孕育了他的积极救世的精神。《淮南子·要略》说：“墨子学儒者之业，受孔子之术，以为其礼烦扰而不说（简易），厚葬靡财而贫民，久服伤生而害事，故背周道而用夏政。”由此可以看出，墨子之所以反对儒家，是因为“其礼烦扰”、“厚葬靡财”和“久服伤生”。《墨子·公孟》记载，墨子告诉儒家弟子程繁，儒道有四种主张足以丧天下：(1)“儒以天为不明，以鬼为不神，天鬼不说（悦）”。(2)“厚葬久丧，重为棺椁，多为衣衾，送死若徙（搬家），三年哭泣，扶后起，杖而行，耳无闻，目无见”。(3)“弦歌鼓舞，习为声乐”。(4)“以命为有。贫富

❶《韩昌黎集·读墨子》，《韩昌黎集》卷十一，北京商务印书馆1957年第1版。
❷《墨子间诂·通记第五》，《墨子间诂》，上海商务印书馆1935年第1版。
❸章太炎：《诸子略论》，《章太炎全集》第1卷，上海人民出版社1986年第1版。
❹《墨子学案》，上海中华书局1936年第1版。
❺《毛泽东文化性格》，中国青年出版社1991年第1版，第157页。

寿夭治乱安危有极(常)矣,不可损益也。为上者行之,必不听治矣;为下者行之,必不从事矣"。由此可知,儒家的"以天鬼为不神明"、"厚葬久丧"、"习为声乐"和"以命为有",都是墨子所反对的。

墨子认为批评和反对别人的学说,一定要拿出可以替代的理论和主张:"非人者必有以易之,若非人而无以易之,譬之犹以水投水,以火救火也,其说将必无可焉。"[1] 基于这一理念,墨子在抨击儒家学说的同时,提出了自己的主张。他反对"以天为不明",所以提出"天志";反对"以鬼为不神",所以提出"明鬼";反对"厚葬久丧",所以提出"节葬"、"节用";反对"弦歌鼓舞,习为声乐",所以提出"非乐";反对"以命为有",所以提出"非命"。

在针锋相对地反对儒家某些主张的同时,墨子对儒家学说采取了批判继承的态度,对某些方面作了一些修正和补充。

(1)尚贤。孔、墨都尚贤,但有所不同:儒家尚贤偏重道德修养,并且未能打破贵族和平民的界限;墨子认为贤者要"厚乎德行,辩乎言谈,博乎道术"[2],德才兼备。同时,主张做官不应是贵族的专利,"虽在农与工肆之人,有能则举之……故官无常贵,而民无终贱"[3]。这是针对儒家"尊尊"所作的修正。

(2)孔子有反战思想,他称赞管仲"如其仁,如其仁",就是因为管仲"不以兵车",能使桓公九合诸侯[4]。可是孔子尝闻"俎豆之事",不学"军旅之事"[5]。而墨子主张"非攻",不仅积极宣传反侵略思想,而且教导各国国君要充实军备,作好防御;他还积极研究防御之术,研制守城器械。

可见,墨子的非儒,体现了他所说的"古之善者则述之,今之善者则作之"的精神。正是在反对儒家某些思想,修正和补充儒家某些思想的基础上,他系统地推出了"兴天下之利,除天下之害"的十

❶《墨子·兼爱下》。
❷❸《墨子·尚贤上》。
❹《论语·宪问》,《论语译注》,杨伯峻著,中华书局1980年12月第2版。
❺《论语·卫灵公》。

大救世主张：尚贤、尚同、兼爱、非攻、节用、节葬、天志、明鬼、非乐、非命，创立了具有鲜明特色的墨家学派。

墨子和他的弟子及其后学（墨者）所组成的学派，世称墨家。墨家既是一个学术流派，同时又是一个具有共同信仰和宗旨、共同执行一定政治任务、组织严密的民间社团。在止楚攻宋活动中，墨子向楚王透露："臣之弟子禽滑釐等三百人，已持臣守圉之器，在宋城上而待楚寇矣"[1]，即可为证。墨家社团有以下几个鲜明的特点：

（1）有共同的信仰和宗旨。墨家的信仰就是墨子的学说，其宗旨就是"为义"，也就是孟子所说的"利天下"[2]，庄子所说的"备世之急"[3]。"为义"的内容，是以墨子学说为基本标准，"兴天下之利"，"除天下之害"。

（2）有一个具有绝对权威的领袖。墨家的领袖有至高无上的地位和绝对的权威，凡墨家成员，对其领袖都有绝对服从的义务。墨子生前，即是这样的领袖；墨子身后，墨家的领袖称为钜子[4]，钜子为终身职务，前任钜子选拔后任钜子。墨家"以钜子为圣人，皆愿为之尸，冀得为其后世"[5]。今可考见的钜子有三：孟胜、田襄子[6]、腹䵍[7]。所谓"墨子服役者百八十人，皆可使赴火蹈刃，死不旋踵"[8]，说的就是墨家成员对墨子的绝对服从和忠诚。到了后世钜子，甚至对其成员拥有生杀予夺之权。《吕氏春秋·上德》记载，墨家钜子孟胜因不能为楚国阳城君守其封国而以死报之，"弟子死之者百八十三人"。孟胜派出两名弟子传钜子之位于田襄子，"已致令于田襄子，欲反死孟胜于荆，田襄子止之曰：'孟子已传钜子于我矣。'不听，遂反死之。墨者以为不听钜子"。此二人即因不服从新钜子之命令，而得到"不听钜子"的恶名。

（3）有严密的管理控制系统。墨家领袖通过遍布各国的组织体

❶《墨子·公输》。
❷《孟子·尽心上》。
❸《庄子·天下》。
❹关于钜子制度成立的时间，孙诒让认为在墨子生前（《墨学传授考》），梁启超认为在"墨子死后一二年"（《墨子学案》，第81页），钱穆认为在"墨子死后不久"（《墨子》）。杨俊光均不同意诸说，他认为："从《墨子》书中对墨子专称'子墨子'者，其实还无钜子之称。至于始于'墨子死后不久'甚至'一二年'之说，亦颇可商。以墨家这样一个组织严密的团体，实不可一日而无领袖。据此可认为，第一任钜子宜为墨子临终时所指定，以后遂成为制度。"（《墨子新论》，第21页）。此说颇宜，故本志用之。
❺《庄子·天下》。关于"尸"，《淮南子·泰族训》说："齐明盛服，渊默而不言，神之所依者，尸也。"《仪礼·士虞》说："祝迎尸"。郑玄注："尸主也，不见亲之形象，心无所系，立尸而主意焉。"洪兴祖《补注》："尸，神像也，以人为之。"可见"尸"就是挑选出来扮成（钜子）神像的那个人。前任钜子死，墨者"皆愿为之尸"，谁当上了钜子"尸"，谁就有可能接任钜子之职。
❻《吕氏春秋·去私》。
❼《吕氏春秋·上德》。
❽《淮南子·泰族训》。

系和“墨者之法”，对墨家成员进行严格管理和严密控制。墨家成员的政治、经济活动都受领袖的安排和限制、监督。领袖根据需要，安排弟子到各国出仕，如墨子推荐耕柱子到楚国，高石子到卫国[1]，公尚过到越国，曹公子到宋国，胜绰到齐国为官从政[2]，均可为证。如果出仕弟子违背墨家主张，错误严重者就要被罢免：胜绰三次追随项子牛侵鲁，“子墨子闻之，使高孙子请而退之”[3]。墨家成员的仕宦收入也不能全部据为己有，必须分出一部分供墨家团体当做活动经费。耕柱子从楚回来，即交“十金”（二百两黄金）给墨子，受到墨子称赞。墨家还有“墨者之法”，而且在内部执法如山，不能徇私，即使钜子本身也不例外。墨家钜子腹䵍（公元前385—前315）的儿子在秦国杀了人，秦惠王顾念腹䵍年老且唯有此子，就赦免了其子所犯之罪，但腹䵍却回答：“墨者之法曰：‘杀人者死，伤人者刑’……王虽为之赐，而令吏弗诛，腹䵍不可不行墨子之法。”[4]终于把儿子处死了。

（4）有严格的训练和要求。为了贯彻“为义”、“利天下”的活动宗旨，就需要对成员进行训练，使他们能胜任工作，墨子编制了完整的训练方法和课程，并对弟子的工作做了明确分工：“能谈辩者谈辩，能说书者说书，能从事者从事。”他根据弟子的性向和能力，把他们分成谈辩、说书、从事三组，分别加以训练。能谈辩的要精于宗教哲学的研究，能说书的应具备丰富的社会政治知识，能从事的则熟练地掌握军事防御技能。就现存《墨子》53篇看，《经》上、下，《经说》上、下，《大小取》以及《法仪》、《天志》等篇应是谈辩者的教材；自《尚贤》以至《非命》23篇，则为说书者的教材；而《备城门》以下各篇，应是从事者的教材。教材虽然不同，训练方法也各异，但有一点是共同的，就是有所利，有所用。墨子说：“为文学，出言谈”，是

[1]《墨子·耕柱》。
[2][3]《墨子·鲁问》。
[4]《吕氏春秋·去私》。

为了“治理万民刑政”，为了“国家百姓人民之利”[1]。而训练的目标，墨子则要求弟子必去心中六种偏执的情绪，做到“默者思，言则诲，动则事……手足口鼻耳目，从事于义”[2]，人人成为“言必信，行必果”[3]的“兼士”。墨子就是带领这样一个有信仰、有宗旨、有训练、有纪律的墨家社团，到处宣传呼号，积极参与救世的社会活动，终于使墨学与儒学并列为“世之显学”[4]。

## 第四节　游说列国

墨子把他所从事的事业叫做“为义”，“为义” 的核心内容就是“兴天下之利，而除天下之害”[5]。在这种指导思想的基础上，他提出了“尚贤”、“尚同”、“兼爱”、“非攻”等十大政治主张，提出了积极救世的系统改革方案。考墨子一生，栖栖遑遑，坐无暖席，一面聚徒讲学，传授其思想，一面奔走于列国之间，积极游说，期望在全社会实现其政治理想。在游说过程中，他“凡入国，必择务而从事焉”[6]，即根据各国的具体情况，有针对性地提出他的主张：“国家昏乱，则语之尚贤、尚同；国家贫则语之节用、节葬；国家憙音湛湎，则语之非乐、非命；国家淫僻无礼，则语之尊天、事鬼；国家务夺侵凌，则语之兼爱……”[7] 墨子的游说活动主要在楚国、宋国、齐国和卫国进行，主要游说对象是各国国君和掌握重权的王公大臣。他还推荐不少弟子到这些国家出仕为官，在一定程度上实现了他的某些政治主张。

### 一、在鲁国

墨子的祖国——小邾国，在墨子出生时即已成为鲁国的附属

[1]《墨子·非命》。
[2]《墨子·贵义》。
[3]《墨子·兼爱下》。
[4]《韩非子·显学》。
[5]《墨子·尚同中》。
[6][7]《墨子·鲁问》。

国。墨子生于斯，长于斯，在鲁国求学修身，创立墨家学派，建立起墨家领袖的地位，因而对鲁国怀有深厚的眷恋之情，很想为鲁国的强大贡献力量。然而鲁国毕竟是儒家学派的大本营，有许多儒家弟子在鲁为官，墨家的发展就不能不受到很大限制。尽管如此，墨子还是尽可能通过游说鲁君，宣传自己的主张。

有一次，鲁穆公[1]急切询问墨子说：我很担心齐国要来攻打我国，不知鲁国可否有救？墨子十分肯定地回答，只要采取措施，鲁国的危难是完全可以解救的。他要穆公以史为鉴，列举出夏禹、商汤、周文王、周武王三代圣君之所以从百里诸侯成为天下共主，是因为他们“说忠行义”；夏桀、殷纣、周幽王、周厉王等三代暴王则“仇怨行暴失天下”[2]。然后他恳切地希望穆公“上者尊天事鬼，下者爱利百姓，厚为皮币，卑辞令，亟遍礼四邻诸侯，驱国而以事齐”[3]。只有这样，鲁国才能免于衰亡。

有一次，鲁穆公把墨子请到宫中，向他请教自己遇到的一个大难题：他有两个儿子，一个好学，一个好分财物给人，立哪一个做太子更好呢？墨子并没有直接回答穆公的问题，而是给予分析。他认为好学和好分财物予人者可能是表面现象，也可能仅仅是为了得到更多的赏赐和取得别人的赞誉。墨子意味深长地说：“钓者之恭，非为鱼赐也；饵鼠以虫，非爱之也”[4]，希望穆公把他两个儿子做事的动机和效果联系起来全面考察，不要轻易做出谁优谁劣的判断。

居鲁时，墨子曾推荐弟子公尚过到越国做官。越王听到公尚过对墨子主张的阐述后很高兴，表示愿意“裂故吴之地五百里以封子墨子”[5]，并为公尚过“束车五十乘，以迎墨子于鲁”[6]。当墨子得知越王并不打算采纳他的主张后，严厉批评公尚过“不唯越王不知翟之意，虽子亦不知翟之意”。并明确告诉公尚过，如果越王采纳其主

❶孙诒让在《墨子间诂·墨子传略第一》中认为，《鲁问》中所谈的鲁君很可能是鲁穆公。本志采用此说。

❷❸❹❺❻《墨子·鲁问》。

张,“翟将往,量腹而食,度身而衣,自比于群臣,奚能以封为哉!”[1]如果越王不用其主张,还去做他的臣属,那就是出卖了墨家的道义,因而决不可为。

### 二、在楚国

墨子认为,“今天下好战之国,齐、晋、楚、越”[2]。

为了实行“兼爱”、“非攻”的主张,墨子曾多次游楚,希望楚惠王(公元前488—前432年在位)能够采纳自己的建议,放弃对外侵略扩张的政策。

约在墨子壮年时期,鲁国的著名工匠公输般受楚国之邀,为楚国造成了攻城的重要器械——云梯,楚王打算使用这种新式器械攻打宋国。“子墨子闻之,起于齐,行十日十夜而至于郢,见公输般”[3]。墨子质问公输般:“宋何罪之有?荆国有余于地,而不足于民,杀所不足,而争所有余,不可谓智。宋无罪而攻之,不可谓仁。知而不争,不可谓忠。争而不得,不可谓强。义不杀少而杀众,不可谓知类。”[4]公输般被说服后就带墨子见楚惠王。墨子对楚王说,楚国方圆五千里,物产富饶,却去攻打一个无罪的穷国、弱国。就好比是富人“舍其文轩”,窃邻人“敝舆”;“舍其锦绣”,窃邻人“短褐”;“舍其梁肉”,窃邻人的“糠糟”,是十分不明智的行为,并断定楚之攻宋“必伤义而不得”。惠王虽然佩服墨子的道理讲得精妙,但仍然迷信云梯威力,不肯放弃攻宋的企图。

于是墨子“解带为城,以牒为械,公输般九设攻城之机变,子墨子九距之。公输般之攻械尽,子墨子之守圉有余”[5]。楚王既见攻守演习的胜败,又得知墨子已派出禽滑釐等三百人,持守圉之器在宋城上等待楚军进攻,只好取消攻宋的计划。“止楚攻宋”是墨子以其

[1]《墨子·鲁问》。
[2]《墨子·非攻下》。
[3][4][5]《墨子·公输》。

非凡智慧与胆识，成功地推行他的“非攻”主张的范例。

楚惠王五十年（公元前439年），墨子又来到楚都郢城，向惠王献上自己的著作。惠王读后口头上称赞墨子著作是“良书”，但并不打算采纳墨子的主张，只是希望墨子留在左右，博一个“乐养贤人”的美名。墨子则回答说：“道不行不受其赏，义不听不处其朝”[1]，既然楚王不采纳其主张，随即告辞。后来鲁阳文君追上墨子，传达楚王旨意，要封墨子“书社五百里”，墨子“不受而去”[2]，表现了墨子坚定的做人处事原则：不把功名利禄置于道义之上。他所关心的只是墨家之义能否实现，而绝非其他。

### 三、在宋国

宋国乃是殷纣王之庶兄微子启（开）的封国[3]，春秋末年已降落为三等弱国，又地处四战之地，为了在夹缝中生存，不得不朝秦暮楚，在大国之间左右摇摆。墨子既为殷后，当然要把宋视为祖宗之邦，寄希望于宋国君臣推行他的十大政治主张，密切关注宋国的内政外交和国家状况。先是为止楚攻宋，他不仅派出以大弟子禽滑釐为首领的三百多个弟子携带器械为宋守城，而且不辞劳苦，千里跋涉，亲自到楚都说服楚惠王不再攻宋；后来又推荐不少弟子到宋国从政为官，甚至他自己也一度接受宋昭公的敦请，出任大夫[4]，并作为宋国的使节出使卫国[5]。大约在宋昭公末年，戴驩为宋大宰，但司城皇喜（即子罕）受到昭公重用，日益权重，二人发生权柄之争。后昭公又企图削去子罕大权，未果，反被子罕所执，终遭杀戮。[6]遂形成子罕在宋国专政的局面。大约在子罕专政的同时，可能由于墨子反对子罕“执君”、“逐君”，也可能由于墨家在宋国已有一定势力，对子罕执政造成一定威胁，或者二者兼而有之，墨子遭到子罕的

❶❷《渚宫旧事》。
❸《史记·宋微子世家》：“周公既承成王命……乃命微子开代殷后，奉其先祀。”
❹《史记·孟子荀卿列传》载：“盖墨翟，宋之大夫……”
❺《墨子·贵义》载：“子墨子南游使卫。”
❻《韩非子·内储说下》：“戴驩为宋大宰，皇喜重于君，二人争事而相害也，皇喜遂杀宋君而夺其政。”《韩非子·外储说右下》之《二柄篇》：“处期年，子罕杀宋君而夺其政。”又《说苑·君道篇》：“司城子罕相宋，逐其君而专其政。”

逮捕、囚禁[1]。后子罕慑于墨子的声望，也由于墨子弟子的奋力营救，子罕不久就释放了墨子，但墨子从此难以在宋立足，很可能在离开后就再也没有回到宋国。

### 四、在卫国

卫，也是弱国、穷国，但自灵公以来，国君和贵族大臣多荒淫奢侈，溺于享乐，荒于政事。墨子曾接受宋国使命出使卫国[2]，亲眼目睹了卫国君臣奢侈无度的行为，于是十分诚恳地告诫卫国大臣公良桓子：作为小国，卫国处于齐、晋两个大国之间，就好像穷家处在富家之间一样，穷家只有勤俭持家，精打细算，才能勉强度日，“贫家学富家之衣食多用，则速亡必矣”[3]，并进一步为公良桓子筹划，不如裁撤身边那些太多的车马、美女，用节省下来的钱“畜（蓄）士”[4]，以求自身和国家的安全。

### 五、在齐国

齐从周初分封直到战国末期，都是数一数二的大国、强国。齐、鲁互为邻国，双方的冲突斗争甚至战争从春秋后期接连不断。仅墨子生年所发生的齐侵鲁之战就有：齐宣公四十四年（公元前412年），“田白攻鲁，取莒、安阳”[5]；齐宣公四十八年（公元前408年），“齐攻鲁取成”[6]；齐康公十一年（公元前394年）“齐取鲁之最”[7]（曲阜东南）。墨子为了说服齐国君臣，遏制齐国的侵略野心，曾采取了多种措施：

（一）派胜绰出任项子牛的部下

鉴于项子牛是齐国率兵侵鲁的主要将领，墨子便派遣弟子胜绰去项子牛军中任职。项子牛任命胜绰担任高级参谋，给予丰厚的俸禄。墨子本来打算让胜绰施展辩才，说服项子牛停止攻鲁，但事

❶《史记·鲁仲连邹阳列传》：“宋信子罕之计而囚墨翟。”
❷据孙诒让考证，见《墨子间诂·墨子传略第一》。
❸❹《墨子·贵义》。
❺❻❼沈起炜：《中国历史大事年表》，上海辞书出版社1983年第1版。

与愿违，胜绰不仅未能尽职劝谏，反而追随项子牛“三侵鲁地”[1]，这使墨子十分气愤，立即派人请项子牛退回胜绰，并严厉批评胜绰是“言义而不行，是犯明也”；“绰非弗之知也，禄胜义也”[2]。

(二)游说项子牛

在又一次齐将伐鲁的时候，墨子亲自出马见项子牛，直截了当地告诉项子牛：“伐鲁，齐之大过也。”[3]然后他列举了春秋时期吴伐越、伐齐，晋智伯伐范氏、中行氏的后果是：“诸侯报其仇，百姓苦其劳，而弗为用”，“国为虚(墟)戾(砾)，身为刑戮也”[4]。最后墨子告诫项子牛：“大国之攻小国也，是交相贼也，过必反于国。”[5]

(三)游说齐大王

齐执政田和于齐康公元年(公元前404年)被周威烈王封为诸侯。墨子在晚年来到齐国，受到齐大王的接见。墨子深知刚愎自用的齐大王权势显赫，绝不会轻易听从别人的劝告，于是一开始就向齐大王提出了异乎寻常的问题：“今有刀于此，试之人头，卒然断之，可谓利乎？”[6]当齐大王不假思索地回答此刀当然锋利后，墨子立即作第二次发问：“刀则利矣，孰将受其不祥？”[7]齐大王思索后回答：“刀受其利，试者受其不祥？”[8]说到这里，墨子话锋一转，质问齐大王：“并国覆军，贼杀百姓”[9]，谁又接受这不祥的惩罚呢？齐大王至此才明白了墨子谈话的真实用意，无奈地承认自己要为发动的侵略战争承受一切不祥的后果。墨子虽然手无寸权，但以其机智的提问和强大的逻辑力量折服了不可一世的齐大王，取得了道义上的胜利，可谓雄辩家。

**六、老而至楚**

墨子大约在晚年来到楚国的鲁阳[10]，与鲁阳的封君鲁阳文君[11]

❶❷❸❹❺❻❼❽❾《墨子·鲁问》。
❿鲁阳，楚邑，在今河南省鲁山县一带。
⓫鲁阳文君，即宋司马子期之子公孙宽。据《左传》：“使宽为司马”，可知他在鲁哀公16年(公元前479年)嗣父为楚国司马。

有过较长时间的交往。鲁阳文君曾嗣父为楚司马，深受惠王信赖，权重一时，可能此时已卸任回到自己的封地。当他得知"北方贤圣人"[1]墨子率弟子风尘仆仆到达鲁阳时，非常高兴，待以上宾之礼，视做难得的师友，多次向墨子请教疑难问题。

有一次，鲁阳文君对墨子说：有人告诉我说，忠臣就是叫他低头就低头，叫他抬头就抬头；平常居住很平静，呼叫时才答应。先生认为这是忠臣吗？墨子决然地告诉他，刚才您所说的所谓忠臣不过是影子和回声，根本不是什么忠臣，"所谓忠臣者，上有过，则微之以谏；己有善，则访之上而无敢以告。外匡其邪，而入其善。尚同而无下比，是以美善在上，而怨仇在下；安乐在上，而忧戚在臣"[2]。

鲁阳文君又向墨子请教风俗民情。他告诉墨子，楚国南部有一个"桥"国，长子出生后，就被杀死吃掉，认为这样做"宜弟"；味道美就把婴儿肉献给国君，国君喜欢就奖赏婴儿的父亲。那么这不是恶俗吗？墨子则回答说，即使像我们中原各国的风俗恐怕也与这个"桥"国差不多：父亲因攻战而死，就奖赏他的儿子，这与吃了儿子奖赏他的父亲又有什么区别！他进而指出："苟不用仁义，何以非夷人食其子也？"[3]后来，鲁阳文君因贪图宋、郑之间的大片荒地，准备兴兵攻打郑国。墨子听说后坚决加以劝止。他问鲁阳文君，假如在您管辖的鲁阳封地内，"大都攻其小都，大家伐其小家，杀其人民，取其牛马、狗豕"[4]，您又会怎样做呢？鲁阳文君不假思索地回答：鲁阳四境之内都是我的臣民，如果有人胆敢攻打掠夺，我一定要重重地惩罚他们！墨子紧接着说：上天兼有天下，就像您拥有鲁阳四境一样，"今举兵将以攻郑，天诛其不至乎？"[5]面对即将降临的可怕的"天诛"，鲁阳文君仍执迷不悟地认为："我攻郑，顺于天之志。郑人三世杀父，天加诛焉，使三年不全，我将助天诛也。"[6]墨子反驳说：

❶《渚宫旧事》。
❷❸❹❺❻《墨子·鲁问》。

上天已使郑国三年不顺利，上天的惩罚也已经够了。您现在说进攻郑国，是顺应上天的意志，这就好比有一个儿子凶顽不成器，所以他的父亲鞭打他，而他的邻居也举起木棒击打这个儿子，还说："吾击之也，顺于其父之志。则岂不悖哉！"说到这里，鲁阳文君似乎有所醒悟。墨子进一步劝道，进攻邻国，杀害它的人民，掠取它的牛、马、粟、货、财，还把这些事写在竹帛上，镂刻在金石上，铭记在钟、鼎上，告诉后世子孙！至此，鲁阳文君真正认识到攻郑的大错，慨然叹道："然，吾以子之言观之，则天下之所谓可者，未必然也。"[1]

约在周安王末年，墨子去世。

## 第五节　弟子传略

墨子创立墨家学派，广收门徒，传道授业，至老不衰。《吕氏春秋》说孔墨之徒："弟子弥丰，充满天下。"又说："孔墨之后学，显荣于天下者众矣，不可胜数。"

《墨子》本书曾言及有"弟子禽滑釐等三百人"[2]。《淮南子》云："墨子服役者百八十人。"[3]《吕氏春秋》亦云：墨者钜子孟胜以死殉阳城君，"弟子死之者百八十三人"[4]，均可为证。

墨子弟子和再传、三传弟子的活动范围广于孔子弟子，遍及卫（高石子、管黔潡）、宋（禽滑釐、曹公子）、齐（胜绰、高何、县子硕、治徒娱）、越（公尚过）、楚（耕柱子，传授系统不明者孟胜、徐弱）、中山（《吕氏春秋·应言》有"于中山王前"与"司马喜"论"非攻"的"墨者师"）等国。在西方秦国，惠文王（公元前337年—前311年在位）之世，有传授系统不明的墨者田鸠、腹䵍、唐姑果、谢子在活动。

❶《墨子·鲁问》。
❷《墨子·公输》。
❸《淮南子·泰族训》。
❹《吕氏春秋·上德》。

一、及门弟子小传

墨子及门弟子，有文献可考者15人，即禽滑釐、高石子、高何、县子硕、公尚过、耕柱子、魏越、随巢子、胡非子、管黔敖、高孙子、治徒娱、跌鼻、曹公子、胜绰。另外，彭轻生子、孟山、弦唐子三人事迹并见《墨子》中的《贵义》、《鲁问》，是否墨子弟子，无可质证，附缀于末备考。

(一)禽滑釐

禽滑釐为墨子大弟子和主要助手，协助墨子进行全面工作，在墨家中的地位和影响几乎到了与墨子并称的程度。他原先并不是墨子的学生，与田子方、段干木、吴起"皆受业于子夏"[1]。当时卫国端木叔"其生民之所欲为，人意之所欲玩者，无不为也"，以致家累万金挥霍殆尽，"及其死也，无瘗埋之资"。禽滑釐斥端木叔"狂人也，辱其祖矣"[2]。后来由于仰慕墨子的为人和才学便转到墨子门下。禽滑釐为人忠正，对老师非常忠心，"事子墨子三年，手足胼胝，面目黧黑，役身给使，不敢问欲"[3]，得到墨子的赞许和信赖。墨子"乃具酒脯，寄于大山(泰山)，灭茅坐之，以醮禽子"。禽滑釐曰："凤鸟之不出，诸侯畔(叛)殷周之国，甲兵方起于天下，大攻小，强执弱，吾欲守小国，为之奈何！"墨子问："何攻之守？"禽对曰："今之世常所以攻者，临、钩、冲、梯、堙、水、穴、突、空洞、蛾傅、轒辒、轩车，敢问守此十二者奈何？"[4]墨子遂语以守城之具，六十六事。墨子几乎把平生所学都传授给他。《备城门》等11篇主要记载了墨子教禽滑釐如何进行守城和防御的战略战术。禽滑釐也曾受墨子委派，持各种守城工具带领墨家弟子300多人帮助宋国坚守城池[5]。

(二)高石子

墨子派他去卫国做官，卫国国君给高石子丰厚的俸禄和卿的

❶《史记·儒林列传》。
❷《列子·杨朱》，《列子》，上海古籍出版社1989年3月第1版。
❸《墨子·备梯》。
❹《墨子·备城门》。
❺《墨子·公输》。

爵位。为报答卫君，高石子三次去朝见，并出谋划策，可是卫君都未采纳，于是高石子离开卫国，去齐国向老师墨子报告他离卫的缘故。墨子召集禽滑釐等弟子，称赞高石子说："夫倍（背）义而向禄者，我常闻之矣；倍禄而向义者，于高石子焉见之也。"①

（三）高何、县子硕、治徒娱

高何、县子硕原先都是齐国有名的暴徒，蛮横不讲理，"指于乡曲"，素为乡里人所痛恨，但又拿他们没有办法。后来，他们拜墨子为师，努力刻苦学习，修身从善，由"刑戮死辱之人"，成为"天下名士显人……王公大人从而礼之"②。墨子曾对县子硕、治徒娱提出的"行义什么最重要"给予回答："能谈辩者谈辩，能说书者说书，能从事者从事，然后义事成也。"③

（四）公尚过

公尚过受业于墨子，学成之后，墨子推荐他去越国做官。公尚过经常劝说越王要行道义之事，越王对此非常高兴。后来，越王愿以五百里土地相封，请墨子到越国辅政。他为公尚过准备了50多辆车，派公尚过去鲁国迎请墨子。墨子则认为，越王如能实行自己的主张，又何必接受封地呢？如"越王不听吾言，不用吾道，而吾往焉，则是我以义粜也"④。

（五）耕柱子

墨子认为耕柱子是可以肩负重任的良马，就推荐他去楚国做官。耕柱子按照墨家规矩，"遗十金于子墨子"⑤，即把做官挣来的黄金二百两献给墨子，受到墨子的好评。

（六）胡非子

胡非子姓齐，是胡公的后代，因为名叫非，所以称做胡非子，拜墨子为师，曾著书三篇⑥。

①③⑤《墨子·耕柱》。
②《吕氏春秋·尊师》。
④《墨子·鲁问》。
⑥《汉书·艺文志》，《汉书》，北京中华书局1962年第1版。

（七）高孙子、胜绰

胜绰跟随墨子学成之后，墨子推荐他到齐国将军项子牛那里做官。后来胜绰三次跟随项子牛率兵入侵鲁国的领土。墨子听说后，非常生气，严厉批评胜绰"言义而弗行，是犯明也"，"禄胜义也"[1]。便派弟子高孙子去项子牛那里，请求项子牛辞掉胜绰。

（八）管黔滶

墨子曾派他去卫国称颂高石子，以便能让高石子去卫做官。

（九）魏越

魏越向老师请教：到各地诸侯国见到国君，应当先说些什么？墨子教导他："凡入国，必择务而从事焉"，即根据各国存在的不同矛盾和问题，有选择地宣传和推行墨家的政治主张。

（十）曹公子

墨子在曹公子学成艺业后，推荐他去宋国做官。三年后，曹公子回来见墨子，对老师说：过去我做您的学生，穿的是粗布短衣，吃的是粗茶淡饭，吃了上顿没下顿，连祭祀鬼神的东西都没有。因为您的培养教育，现在我做了官，家里也富裕了，祭祀鬼神也比较谨慎，可是我家里反倒经常有人死亡，我本人也常患病，六畜也不兴旺，您老的学说是不是还有用呢？墨子回答他说：鬼神希望人处高官厚禄时能够让贤，财物多了要分给穷人，难道鬼神仅希望得到一点祭品吗？"今子处高爵禄，而不以让贤，一不祥也；多财而不以分贫，二不祥也"[2]，你侍奉鬼神，只知祭祀，难道你可以这样对你有所责难的鬼神乞求赐福吗？曹公子和胜绰是"违道见责"的墨子的两个弟子。

**二、再传弟子**

墨子的再传弟子有许犯、索卢参、屈将子。

[1][2]《墨子·鲁问》。

(一)许犯

许犯为禽滑釐的弟子[①]。

(二)索卢参

索卢参为禽滑釐的弟子,墨子的再传弟子,以不怕死而闻名天下,原为“东方之钜狡也,学于禽滑釐”,后“为天下名士显人以终其寿,王公大人从而礼之”[②]。

(三)屈将子

胡非子的弟子,墨子的再传弟子。屈将子为人骁勇好斗。有一天,他头戴高冠、腰挎宝剑去找胡非子,声言胡非子如果说不清楚为什么要反对战争,他就要杀了胡非子。经胡非子讲说道理,屈将子非常佩服,于是除下高冠,解下宝剑请求胡非子做他的老师[③]。

三、三传弟子和后学弟子

墨子三传弟子有田系、田俅子、相里勤、相夫氏、邓陵子、苦(若)获、已齿、五侯、我子、缠子、孟胜、徐弱、田襄子、腹䵍、夷之、谢子、唐姑果。

(一)田系

许犯的弟子,墨子三传弟子[④]。

(二)田俅子

齐国人,墨子的三传弟子。他西入秦国,想拜见秦惠王,但他在秦国整整待了三年也未能见上。后来他到楚国见楚王,楚王“与将军之节以如秦”,即作为楚国使节使秦,这样他见到了秦惠王[⑤]。在楚宫廷上,楚王问:墨家学说“其身体则可,其言多而不辩,何也?”田俅答曰:“今世之谈也,皆道辩说文辞之言,人主览其文而忘其用。墨子之说,传先王之道,记圣人之言,以宣告人。若辩其词,则恐

❶❹《吕氏春秋·当染》。
❷《吕氏春秋·尊师》。
❸《胡非子》,《意林》卷一。
❺《吕氏春秋·首时》。

人怀其文忘其直，以文害用也。”[1]

(三)相里勤、相夫氏、邓陵子

他们是墨子去世后墨家的三位代表人物[2]。

(四)苦(若)获、已齿、五侯

苦(若)获、已齿是南方之墨者，五侯是相里勤的弟子。他们都诵读《墨经》，但见解不同，互相排斥，称对方为“别墨”，自己为“真墨”。他们都把钜子当做圣人，奉钜子为祖师，希望能够继续他的事业[3]。

(五)我子

六国时人，墨家后学弟子[4]。

(六)缠子

墨家后学弟子，曾与儒家后学弟子董无心论道，指出：墨家敬重鬼神，重视鬼的作用，“秦穆公德业显著，上帝赐给他十九年阳寿”[5]。又说：“文言华世，不中利民，倾危缴绕之辞者，并不为墨子所修。劝善兼爱，则墨子重之。”[6]

(七)孟胜、徐弱、田襄子

孟胜与田襄子先后为墨家钜子，徐弱为孟胜弟子。孟胜与楚国阳城君非常友好，阳城君请他守卫自己的食邑，并剖分一块璜玉作为符信，与他约定：合符以后才能听从命令。

周安王二十一年(公元前381年)，楚悼王死后，大臣们攻打吴起，在楚王停丧的地方展开战斗，结果吴起被射死并射中王尸，阳城君也参与此事。

后来，楚国要治这些大臣的罪，阳城君逃走了，楚王下令收回他的食邑。孟胜认为自己接受了为阳城君守食邑的命令，并与他有符信为证，现在没有见到另一半符信，而自己的力量又不能阻止楚

1《韩非子·外储说左上》。
2《韩非子·显学》。
3《庄子·天下》。
4《汉书·艺文志》。
5《论衡·福虚》，《论衡》，北京中华书局1962年第1版。
6《意林》，北京中华书局1991年第2版。

国收回食邑，所以不死是不行的。

孟胜的弟子徐弱劝他说：如果您的死对阳城君有好处，那么这个死就值得；如果对阳城君没有好处，那就白白断绝了墨家的后代，所以，您不能去死。孟胜回答说："不然，吾于阳城君也，非师则友也，非友则臣也。不死，自今以来，求严师必不于墨者矣，求良臣必不于墨者矣，死之所以行墨者之义而继其业者也。"[1]于是便把钜子职位传给宋国的田襄子，并派人去传达他的命令，然后刎颈而死。孟胜死后，有183个学生为他殉死。

（八）腹䵍

墨家钜子，曾在秦国居住多年。有一次，他的儿子杀了人，秦惠王对腹䵍说：您年纪大了，又没有别的儿子，我已下令免除您儿子的死罪了，希望您能答应。腹䵍回答说："墨者之法曰：'杀人者死，伤人者刑'，此所以禁杀伤人也。夫禁杀伤人者，天下之大义也。王虽为之赐，而令吏弗诛，腹䵍不可不行墨者之法。"[2]终于还是把儿子杀掉了。

（九）夷之

与孟子同时代的墨家后学，曾与孟子论治丧，对儒家的"爱由亲始"提出批评[3]。

（十）谢子

唐姑果、谢子为秦惠王时东方之墨者，国别不详。唐姑果为居秦的墨者，嫉贤妒能。当谢子来秦求见秦惠王时，唐姑果"恐王之亲谢子贤于己也"，遂进谗言曰："谢子，东方之辩士也，其为人甚险，将奋于说以取少主也。"由于受到先入之见的影响，秦惠王"藏怒以待之（谢子）"，更不用其言，谢子无奈，只好离去[4]。

❶《吕氏春秋·上德》。
❷《吕氏春秋·去私》。
❸《孟子·滕文公上》。
❹《吕氏春秋·去宥》；见《淮南子·修务训》，唐姑果作"唐姑梁"；又见《说苑·杂谈》，唐姑果作"唐姑"。谢子作"祁谢子"，疑其音误或传抄之误。

# 附一：

## 墨子年表

| 公元前（年） | 朝代年号 | 历史大事 | 思想动态 | 墨子事迹 |
| --- | --- | --- | --- | --- |
| 481 | 周敬王三十九年 鲁哀公十四年 | 齐左相陈恒（田常）杀右相监止和齐简公，从此田氏“专齐政” | 孔子所编《春秋》到此年绝笔。孔伋（子思）约生于此年 | |
| 479 | 周敬王四十一年 鲁哀公十六年 | 楚白公胜囚禁楚惠王 | 孔子卒，是年73岁 | |
| 473 | 周元王三年 鲁哀公廿二年 | 越攻破吴都，吴王夫差自杀，吴灭亡 | | |
| 470 | 周元王六年 鲁哀公廿五年 | | | 墨子约生于此年，出生年代上下误差为10余年 |
| 469 | 周元王七年 鲁哀公廿六年 | 越与鲁攻伐卫国 | 子贡仕卫 | |
| 465 | 周贞定王四年 | 越王勾践卒 | | 《墨子》的《兼爱》、《非攻》、《公孟》等篇均都谈及勾践事 |
| 458 | 周贞定王十一年 | 晋智伯、赵氏、韩氏、魏氏共分范氏、中行氏地以为邑 | | 《墨子·非攻》篇谈及此事 |
| 453 | 周贞定王十六年 | 韩、赵、魏共灭智伯，瓜分智伯的领地 | | 《墨子》的《非攻中》篇、《鲁问》篇记载，智伯围赵襄子于晋阳，韩、赵、魏三家击败智伯 |
| 448 | 周贞定王二十一年 | 越王不寿被杀，朱句立 | | 《墨子·鲁问》篇记载，公尚过说越，越王使公尚过迎墨子于鲁 |
| 447 | 周贞定王二十二年 | 楚灭蔡 | | 《墨子·非攻中》篇记载此事 |

续表

| 公元前（年） | 朝代年号 | 历史大事 | 思想动态 | 墨子事迹 |
|---|---|---|---|---|
| 446 | 周贞定王二十三年 | 魏文侯在位（公元前446—前396年），以李悝为相，实行变法 | 子夏在此年前后居西河，为魏文侯师 | |
| 445 | 周贞定王二十四年 | 楚灭杞。楚向东扩展领土至泗水之上 | 公输般约在此年到楚 | |
| 444 | 周贞定王二十五年 | 秦伐义渠，俘虏其国君。公输般约在此年为楚制造云梯准备攻宋 | | 墨子其时正值壮年，30—40岁。《墨子》的《鲁问》篇、《公输》篇记载，墨子率弟子自鲁往楚，与公输般论战并说服楚王，止楚攻宋。墨子留弟子三百人在宋，助宋守城 |
| 440 | 周考王元年 | | | 墨子在此年前后著《兼爱》、《非攻》、《非命》、《尚同》等篇，与儒学之徒“列道而议，分徒而讼”。《墨子》的《贵义》、《公输》篇记载墨子游楚，献书楚惠王。《渚宫旧事》记载，楚惠王以书社封墨子，墨子因主张不为楚王所用，遂路经宋国返回鲁国 |
| 431 | 周考王十年 | 楚灭莒 | | 《墨子·非攻中》篇记载此事。《墨子·贵义》篇记载约在此年后墨子南游卫国 |
| 423 | 周威烈王三年 | 韩伐郑，杀郑幽公 | | 《墨子·鲁问》篇记载了此事 |
| 422 | 周威烈王四年 | | 《老子》一书约在此年前后编定。 | 《史记·孟子荀卿列传》、《汉书·邹阳传》记载约在此年，墨子在宋被囚 |

续表

| 公元前(年) | 朝代年号 | 历史大事 | 思想动态 | 墨子事迹 |
|---|---|---|---|---|
| 412 | 周威烈王十四年 | 魏攻占秦的繁庞城，“出其民”。齐攻占鲁的莒、安阳 | | 《墨子·鲁问》篇记载，墨子的弟子胜绰帮助项子牛三侵鲁地。墨子派弟子高孙子请退胜绰 |
| 405 | 周威烈王二十一年 | 齐国内乱，三晋伐齐，齐田和立 | | 《墨子·鲁问》篇记载，墨子见齐国君田和，阻其攻鲁 |
| 403 | 周威烈王二十三年 | 周威烈王正式封韩、赵、魏为诸侯 | | |
| 402 | 周威烈王二十四年 | 楚声王为“盗”所杀 | 孔伋（子思）在此年前后卒 | |
| 396 | 周安王六年 | 郑相子阳杀郑公。魏文侯卒 | | 《墨子·鲁问》篇记载了此事。墨子此时大约已在楚鲁阳 |
| 394 | 周安王八年 | 齐伐鲁，攻取最地，韩救鲁 | | 《墨子·鲁问》篇记载，墨子约在此时与鲁阳文君论攻郑 |
| 390 | 周安王十二年 | 秦把陕改建为县。齐伐取魏的阴晋 | 孟子生于此年前后。商鞅生于此年前后 | |
| 381 | 周安王二十一年 | 吴起为楚国令尹，实行变法。楚悼王死，吴起被射死 | | 《墨子·亲士》篇记载吴起之死一事。墨子在此年前后卒，上下误差为10年左右 |

# 附二:

## 墨家弟子和传授统系表

据(清)孙诒让《墨学传授考》(《墨子间诂·墨子后语》),合《墨子》及其他古籍的记载,墨子及门弟子15人(又附存3人),再传弟子3人,三传弟子一人,其他虽治墨学而传授统系不详者13人,杂家4人。如下表:

### 表一　传授统系可考者

| 及门 | 再传 | 三传 | 史料 |
|---|---|---|---|
| 禽滑釐 | | | 《墨子·耕柱·公输·备城门·备高临·备梯·备穴·备蛾傅·杂守》、《庄子·天下》、《吕氏春秋·当染》、《说苑·反质》、《史记·儒林列传》、《列子·杨朱》、《太白阴经·守城具》 |
| | 许犯 | | 《吕氏春秋·当染》 |
| | * | 田系 | 《吕氏春秋·当染》 |
| | 索卢参 | | 《吕氏春秋·尊师》 |
| 高石子 | | | 《墨子·耕柱》 |
| 高　何 | | | 《吕氏春秋·尊师》 |
| 县子硕 | | | 《墨子·耕柱》、《吕氏春秋·尊师》 |
| 公尚过 | | | 《墨子·贵义·鲁问》、《吕氏春秋·高义》 |
| 耕柱子 | | | 《墨子·耕柱》 |
| 魏　越 | | | 《墨子·鲁问》 |
| 随巢子 | | | 《汉书·艺文志》、《史记·太史公自序》、 |
| 胡非子 | | | 《正义》引韦昭说、《意林》引《随巢子》、《汉书·艺文志》、《太平御览》四三七、四九六等引《胡非子》 |
| | 屈将子 | | 《太平御览》四三七、四九六等引《胡非子》 |
| 管黔敖 | | | 《墨子·耕柱》 |
| 高孙子 | | | 《墨子·鲁问》 |
| 治徒娱 | | | 《墨子·耕柱》 |
| 跌　鼻 | | | 《墨子·公孟》 |
| 曹公子 | | | 《墨子·鲁问》 |
| 胜　绰 | | | 《墨子·鲁问》 |
| 彭轻生子 | | | 《墨子·鲁问》 |
| 孟　山 | | | 《墨子·鲁问》 |
| 弦唐子[1] | | | 《墨子·贵义》 |

*此符号表其前后人之间有师弟授受关系。

❶蒋伯潜《诸子通考》谓:“末三人,孙氏以《墨子》中但记其问答,未能确知为弟子,故列入附录。但前十五人中,亦有但记问答者,孙氏何以不加区别,殊不可解。”(第220页)此问颇有见地。据此,对此三人可不加区别,而一归之“及门弟子”类可也。

## 表二 传授统系无考者

| 姓名 | 弟子 | 史料 |
|---|---|---|
| 田俅(鸠)子 | | 《韩非子·外储说左上·问田》、《吕氏春秋·首时》、《淮南子·道应》、《汉书·艺文志》 |
| 相里勤 | | 《庄子·天下》、《韩非子·显学》(又《元和姓纂》引《韩非子》[3])、《陶潜集·集圣贤群辅录》 |
| | 五　侯 | 《庄子·天下》、《集圣贤群辅录》 |
| 相(伯)夫氏 | | 《韩非子·显学》(《元和姓纂》引《韩非子》[4]) |
| 邓陵子 | | 《庄子·天下》、《韩非子·显学》(又《元和姓纂》引《韩非子》[5])、《集圣贤群辅录》 |
| 苦(若)获 | | 《庄子·天下》、《集圣贤群辅录》 |
| 已　齿[1] | | 《庄子·天下》、《集圣贤群辅录》 |
| 我　子 | | 《汉书·艺文志》并颜注引《别录》、《元和姓纂》引《风俗通》 |
| 缠　子 | | 《论衡·福虚》、《意林》 |
| 孟　胜 | | 《吕氏春秋·上德》 |
| | 徐　弱 | 《吕氏春秋·上德》 |
| 田襄子 | | 《吕氏春秋·上德》 |
| 腹　䵍 | | 《吕氏春秋·去私》 |
| 夷　之 | | 《孟子·滕文公上》 |
| 谢　子 | | 《吕氏春秋·去宥》、《淮南子·修务训》、《说苑·杂言》 |
| 唐姑果 | | 《吕氏春秋·去宥》、《淮南子·修务训》、《说苑·杂言》 |
| 郑人翟[2] | | 《庄子·列御寇》 |

古籍中有姓或名可考之墨家后学，尽于上列。孙诒让以后各家,更为穷搜冥索,竟不能增加。康有为(《孔子改制考·墨老弟子后学考》)本陈澧说(《东塾读书记》卷十二)补程繁、骆滑氂二人,为后人所不取。方授楚据《鲁问》、《贵义》,增墨子弟子二人,据《吕氏春秋·应言》增传授系次不可考者一人,但均不知名,只知其为“鲁人”、“仕于卫而反”及“墨者师”而已(《墨学源流》,上卷第139、141页)。

❶郭沫若认为:“柏夫殆即五侯。又《艺文志》墨家有《胡非子》,疑是一人。苦获已齿似一氏一名。”(《先秦天道观之进展》,《青铜时代》第47页)无据。

❷钱穆《先秦诸子系年》认为此属“寓言”(第98页);《诸子通考》亦云:“郑人翟见于《庄子》。不详其姓氏,仅举其名,而其名又与墨子同,疑为寓言,未必实有其人。”(第223页)此说颇确。

❸《元和姓纂》云:“韩子云:‘相里子,古贤也,著书七篇。’”为今本《韩非子》所无。《元和姓纂》,(唐)林宝著,岑仲勉校,上海商务印书馆,1948年第1版。

❹《元和姓纂》云:“韩子云:‘伯夫氏,墨家流也。’”亦为今本《韩非子》所无。

❺《元和姓纂》云:“邓陵子著书,见韩子。”亦不见今本《韩非子》记载。

# 附三：

## 墨子生卒年问题

孙以楷

孙诒让提出墨子生于公元前468年卒于公元前378年之说后，学术界多采用孙说，其间虽有变动，但相差不大。1962年，任继愈同志在《文史哲》上发表了《墨子生卒年简考》，对孙氏之说做了较大的修正，在他主编的《中国哲学史》中采用了这一说法，影响颇大。他认为墨子当生于公元前480年，而卒于公元前420年。任继愈同志研究墨子生卒年并做出上述结论的指导思想是："春秋和战国的分界，现在有几种不同的说法。(1)有人认为战国应由公元前475年开始；(2)也有人认为战国应从三家分晋开始，那就是公元前403年。如果根据(2)说划分春秋战国的分界，墨子的死年，就关系到把墨子分到春秋时期还是战国时期的问题。又由于春秋战国时期阶级矛盾的情况不同，对墨子学说的实际作用，进步性的估计也有关系，故不可不辨。"

任继愈同志的用意无疑是好的，只有把思想家放在确定的时代中进行研究，才有可能准确地把握其学说的实质及评价其历史作用。但是任继愈同志关于墨子生卒年的考定，却是我不敢苟同的。

任继愈同志认为，"关于墨子的生卒年考订方法上，要有几个固定可靠的'界标'，才好动手安排材料的排比。……也就是说，要通过几件有确定日期的重大事件，而且又确实和墨子有实际关系的重大事件，去做去伪存真的工夫"。接着，任继愈同志提出了止楚攻宋事件，认为"有年代，有同时的人物可考，这件事可以作为一个可信的界标"。这些我都完全同意,那么,墨子止楚攻宋究竟是在哪一年呢?任继愈同志认为"应在公元前445年到公元前440年之间,孙诒让把它系于公元前440年,大体可信",我则以为,这个"大体可信"止楚攻宋时间并不可信,我的依据如下:

(1)《墨子·公输》篇云:"臣之弟子禽滑釐等三百人,已持臣守圉之器,在宋城上而待楚寇矣。"这一条材料表明,止楚攻宋时禽滑釐不仅已经是墨子弟子,而且已经学会了兵守战术。禽滑釐是什么时候成为墨子弟子的呢?禽滑釐原是子夏的学生。《史记·儒林传》说田子方、段干木、吴起、禽滑釐之属,皆受业于子夏。《孔子弟子传》说:"孔子既殁,子夏居西河教授,为魏文侯师。"魏文侯于公元前446年继立,那么子夏至少在公元前446年时仍然活着。此时禽滑釐是不会背离子夏到鲁国去从墨子学习的。又据《礼记·檀弓》记载,子夏居西河曾因子丧哭泣过哀,致使双目失明。这件事不会发生在子夏为魏文侯师之前,即只会在公元前446年之后。假定公元前446年以后子夏又活了五年(六十八岁),子夏死后禽滑釐又从墨子学,这个时间大约在公元前440年。

禽滑釐又是什么时候学会兵守战术的呢?据《墨子·备梯》篇:"禽滑釐子事子墨子,三年,手足胼胝……不敢问欲。子墨子甚哀之,乃管酒块脯,寄于大山……子墨子曰:'亦何欲乎?'禽子再拜曰:'敢问守道?'子墨子曰:'姑亡!姑亡!古有其数者,内不亲民,外不约治,以少间众,以弱轻强,身死国亡,为天下笑,子其慎之,恐为身姜。'禽子再拜顿首,愿遂问守道。"这条材料表明,禽滑釐在子夏那里已经学业有成,从墨子学,主要是问学兵守战术,但因为自己原为儒家弟子,现在改投墨子门下,不敢贸然问学,只是"役身给使",表现出对墨子的无限忠诚,这样经过了三年的考验,才取得了墨子的同情。墨子对禽滑釐,因为他是学有所成的儒家弟子,现在改投自己门下,所以特别客气,特地在泰山上设酒招待他,但对禽滑釐存有戒心,经禽滑釐再三恳求,才向他传授兵守战术。禽滑釐从学兵守术开始至完成,恐怕也需要三年时间。这样算来,已到了公元前434年,如果止楚攻宋发生在公元前440年,时禽滑釐仍在子夏处,如何能帮助墨子守卫宋都?

(2)刘汝霖在《周秦诸子考》中指出:楚攻宋,不是仅仅因为公输般造云梯,更不会因为墨子之说而中止。我以为这种看法是有一定道理的。但他认为止楚攻宋全是"墨者夸饰之辞",则又失之偏颇,放弃攻宋的企图,与墨子以实力为后盾的劝说是有关系的,但更重要的原因则是楚惠王于次年即死去,楚惠王死于公元前432年,止楚攻宋是公元前433年的事,这一年正是禽滑釐学兵守之术甫成。

墨子在止楚攻宋时究竟多大年纪呢?我基本赞成任继愈同志的意见:"似宜在墨子三十五岁到四十岁之间。"由此上推,则墨子应生于公元前470年左右,如果像任继愈同志所提出的墨子生于公元前480年,那么到公元前433年时,墨子已是四十七岁,恐怕已无足够的体力日夜不休地从宋都赶到楚都了。

墨子又卒于什么时候呢?

任继愈同志认为"考查这个问题的支点应放在墨子后学为楚国阳城君守国这一事件上"。钜子孟胜及其弟子百八十三人,他们在公元前381年为阳城君殉难。任继愈同志认为墨家有钜子制度当在墨子死后,我觉得这个结论证据不足。顾颉刚先生在《禅让传说起源于墨家考》中指出,禅让说是墨子依据尚贤主张提出的,而钜子承替制度就是对禅让说的实践,又据《孟子·万章上》:"咸丘蒙问曰:'……舜南面而立,尧帅诸侯北面而朝之……'"孟子出于"君不得而臣”的观点，斥责上述传说是“齐东野人之语”。但他却掩盖不了这个事实：当时流行的尧禅让于舜的传说中，尧是因为年老而让位的，而这种尧舜禅让说又起源于墨家，那么墨家钜子在禅让中自然会效法尧，年老力弱则自动让贤，有什么理由一定要墨子死后才由禽滑釐任钜子呢？如果说有关“墨子言行的直接记录，都没有提到墨子有什么传授钜子的规定”，可以证明墨子死后才有钜子制度的话，那么，有关禽滑釐言行的记录，也都没有钜子一类的事，是否可以认为墨家的钜子制度是始于孟胜呢？如果是这样，那么任继愈同志所说的墨子是第一代钜子，禽滑釐是第二代钜子，孟胜是第三代钜子，岂不都落空了吗？任继愈同志说：“以一般师生传授的年代来推定，约十五到二十年为一代，第一代禽滑釐，第二代或第三代为孟胜”，因此“墨子的死年和他的再传、或三传弟子至少应相差四十年左右”。对此，我也是不同意的。

墨子与禽滑釐之间年龄不会相差很大，禽滑釐先是从子夏学，我们假定此时禽滑釐的年龄为十八岁，这一年且定在公元前446年（实际上可能更早）。五年后，禽滑釐从墨子学习，已是二十三岁，到公元前433年，禽滑釐为三十一岁，墨子为三十七岁。《庄子·天下篇》云：“不侈于后世，不靡于万物，不晖于数度，以绳墨自矫，而备世之急。古之道术有在于是者，墨翟、禽滑釐闻其风而悦之。”在庄子眼中禽滑釐与墨子同为墨家创始人。他们的年龄是相近的。

任继愈同志说：“《墨子·耕柱》篇的记载，都可证明禽滑釐确死于墨子之后，并曾讲学教徒。”我查阅了上述几篇文章，并未发现禽滑釐确死于墨子之后的记载。至于他“曾讲学授徒”，则是有记载的，但是禽滑釐讲学授徒是否一定要在墨子死后呢？我看不一定，实际上，墨子的弟子在学成后，不少人分散到各地，有的做官，有的人就可能在授徒讲学，据各种典籍的记载，墨子是一个长寿的人，以至于后人把他传说成一位长生的仙人，至于禽滑釐，则没有这方面的记载，加之二人年龄相差不大，史书中又无禽滑釐任钜子的记载，这倒使我们相信禽滑釐死于墨子之前。即令禽滑釐死于墨子之后，也不过是两三年的事，决不会相差十五年到二十年，至于孟胜于公元前381年殉难，也不一定在任钜子十五至二十年之后，也很可能在刚任钜子不久即发生阳城君事件。这两种可能性都存在，因此仅仅根据一种假定的可能性，一定要禽滑釐死于孟殉难之前二十年，又让墨子死在禽滑釐卒年之前二十年，这实际上是一种削足的做法。

那么根据什么来判定墨子的卒年呢？我以为还是要根据《墨子》书所涉及的一些同时代的历史事件，但是任继愈同志为了把墨子卒年定在公元前420年，就把《墨子》书中有关发生在公元前381年以后的历史事件的记载，统统说说成是“后来墨学假托墨子言行以发挥墨子学说的文章”。这种说法缺少小心求证。《史记》总不是墨家后学假托墨子言行以发挥墨子学说的著作吧？据《邹阳传》云：“宋信子罕之计而囚墨翟。”据王引之、梁履绳考证，子罕即皇喜。孙诒让及学术界前辈多同意王、梁之说，皇喜曾杀宋昭公（一说劫持宋昭公），墨子被囚当在此时，宋昭公末年为公元前404年，此时墨子尚被囚在宋，如果墨子卒于公元前420年，那么对这一段记载如何交代？

综上考述，我以为墨子的生年应在公元前470年左右。公元前440年左右，年二十多岁的禽滑釐从墨子学习，三年后学军事，又三年学成，至公元前433年，他协助墨子守宋都，至于墨子的卒年，以不及见孟胜殉难为近是，因此约卒于公元前381年以前几年内。

（此文节选于孙以楷《墨子年里考辨》，见张知寒主编《墨子研究论丛》第一辑，山东大学出版社1992年第1版。）

# 附四：

## 墨子里籍应在今之滕州

张知寒

墨子的里籍问题，历来众说纷纭。为解决这个悬案，自1987年以来，我曾先后写过五篇论文[1]，从不同的侧面进行探讨，所得的结论是："墨子里籍应在今山东省滕州市境内。"此说，曾通函请教张岱年、任继愈、杨向奎等前辈，对此，他们深表赞同。不过，近年来又有人重提某些被前人早已否定的说法，把学术界绝大多数人公认的"墨子为鲁国人"的说法也予否定了。我所考定的"墨子的里籍应在今之滕州"，是基于"墨子为鲁国人说"之上的。如"墨子为鲁国人说"被否定，我所得的结论，也将失去一个重要依据。为了让学术界知我所提出的结论为可信，特对"墨子里籍应在今之滕州"，再作进一步地补充说明。

在此，先将关于墨子里籍的几种说法，作一简略的分析，就正于方家。

一、墨子为外国人说。本世纪二十年代末，胡怀琛、卫聚贤等人，曾提出墨子不是中国人，而是印度或阿拉伯人[2]。此说一出，当时的学术界群起而攻，将胡、卫等人的说法，斥之为"奇谈怪论"，列出大量证据予以彻底否定。现在很少有人相信此说了。

二、墨子为宋国人说。晚清以来的墨学专家，也多持否定态度，如梁启超所说："宋人之说，因《史》、《汉》都说墨子尝为宋大夫，所以传误。据《公输》有'归而过宋'一语，非宋人可证。"[3]方授楚说："'归而过宋，天雨庇其闾中，守闾者不内'，均见《公输篇》。而《鲁问

❶《墨子原为滕州人》，见1987年12月《枣庄日报》合订本；《墨子里籍应在今之滕州说》，见《滕州文史资料》第4期；《墨子里籍新探》，见《山东社会科学》1988年第6期；《关于墨子的几个问题》，见《东岳论丛》1989年第2期；《略论邾娄文化与儒墨》，见《文献》1989年第3期。

❷胡怀琛：《墨子为印度人辩》，《东方杂志》卷二十五；卫聚贤《古史研究》第2集。

❸梁启超：《墨子学案》。

篇》则言,‘子墨子出曹公子于宋,三年而反,睹子墨子’。曰过;曰出而反;此均证墨子非宋人也。”①

三、墨子为楚之鲁阳人说。按:此说乃毕沅、武亿误解《吕览》高诱注所致。孙诒让说:“毕沅、武亿以鲁为鲁阳,则是楚邑,考古书无言墨子为楚人者。《渚宫旧事》载鲁阳文君说楚惠王曰:‘墨子,北方贤圣人’,则非楚人明矣。毕、武说殊谬。”② 梁启超说:“楚人之说,因墨子与鲁阳文君有关系,鲁阳,楚邑,疑他是鲁阳人。考《贵义篇》称:‘墨子南游于楚’,若自楚之鲁阳往,当云游郢,不当云游楚。又称‘墨子南游使卫’,若自鲁阳往卫,当云北游。……《吕氏春秋·慎大篇》云:‘公输般将以楚攻宋,子墨子闻之,起自鲁,十日十夜至郢。’鲁阳距郢不应如是其远……”张纯一说:“《公输篇》曰:‘子墨子归而过宋’,其自楚归,明非楚人;过宋,明非宋人。”③ 再如《非攻》中篇记载墨子的话说:“南者陈蔡”,若墨子是鲁阳人,当说“东有陈蔡”,不应云南。墨子止楚攻宋,若自鲁阳往,至当时郢都所在地宜城④,只不过四五天的路何需十日;而回来的途中,也绝不会向鲁阳的东北方向,绕上一千多里的大拐弯,然后“过宋”,再回到鲁阳?显系不合情理。

四、墨子为鲁国人说。孙诒让说:“以本书考之,似当以鲁人为是。《贵义篇》云:‘墨子自鲁即齐。’《鲁问篇》云:‘越王为公尚过束车五十乘,以迎墨子于鲁。’《吕氏春秋·爱类篇》云:‘公输般为云梯,欲以攻宋,墨子闻之,自鲁往,见荆王曰:“臣北方之鄙人也。”’《淮南子·修务训》云:‘自鲁趋而往,十日十夜至郢’,并墨子为鲁人之确证。”⑤ 张纯一说:“孙说是也。兹更举证以实之。……《非攻》中篇:‘东方有莒国者’,莒在鲁东也。……《鲁问篇》:鲁君与墨子问答者再,设非鲁人,何不云游于鲁见鲁君耶?……《淮南子·氾论训》

①方授楚:《墨子源流》,上海中华书局1937年第1版。
②③孙诒让:《墨子间诂》附《墨子传》。
④钱穆:《先秦诸子系年》,台北东大图书公司1986年版,第140—144页。
⑤孙诒让:《墨子间诂》附《墨子传》。

曰:'总邹鲁之儒墨,通先圣之遗教。'凡此,皆足为墨子是鲁国人之确证。"[1] 方授楚说:"除孙、张所举之外,墨子平日交接者如公输般辈,以鲁人为多,亦足为一旁证。然则墨子为鲁人则铁案如山,不可动摇矣!"[2]

五、墨子为小邾国人。这是笔者在前人考证的基础上,经过长期的探索,所获得的一个结论。有人或问:你前面说过,自晚清以来,所有精研墨学的学者,无不同声说墨子为鲁国人,而你却说"墨子为小邾国人",岂不有悖于以上墨学大师们的说法吗?其实不然,我的说法,基本上是建筑在"墨子为鲁国人说"的基础之上的。为使读者知我说为可信,谨将我的根据和理由略陈如下:

第一,先从墨子的身世来看。清代著名学者俞正燮说:"墨以殷后,多感激,不法周而法古。"[3] 这说明墨子的祖先原为殷人。童书业先生在《春秋左传研究》中说:"墨子实为目夷子后裔,以墨夷为氏,省为墨也。"顾颉刚先生在《禅让传说起于墨家考》一文里说:"近人以墨姓多不见,对于墨子的姓氏祖籍等起了很多的猜测。我们认为,墨确是他的真姓氏,而且从这个姓上,可知他是公子目夷之后,原是宋国的宗族。"[4]《广韵·六脂》"夷"字注谓:"宋公子目夷之后,以目夷为氏。"按:公子目夷,据顾、童两先生考证,乃宋襄公之兄的长子[5],因封于"目夷",名目夷子。

"目夷"在什么地方?晋代著名的《左传》专家杜预,在《左传》襄公四年条下注曰:"狐骀,邾地,鲁国蕃县东南有目夷亭。"《路史·国名纪》在商氏后"目夷"条下记曰:"今滕之东南有目夷亭。"在古代,狐与目、化、货等同音;台、骀、胎与夷同音;同音字可互为通假,所以杜预肯定地认为"狐台"就是滕东南的"目夷"。明代万历十三年所编的《滕县志》说:"'狐骀山',一名'目台山'……讹为'湖山',又

❶张纯一:《墨子集解》,上海世界书局1936年修正版。
❷方授楚:《墨子源流》。
❸俞正燮:《癸巳类稿》卷十四。
❹❺顾颉刚:《禅让传说起于墨家考》,《古史辨》第7册下编。

曰‘壶山’，皆非也。……今山南头名‘木石’者，疑亦‘目台’之讹也。”童书业先生在《目夷亭辨》一文里曾确认：“目夷亭就在今滕县境内。”王献唐先生也说：“滕东南有木台，亦即墨胎。”[1]

“目夷”，原为商王朝所建的同姓小方国，如《史记·殷本记》所说：“契为子姓，其后分封，以国为姓，有……目夷氏。”“目夷”入周后，即并为小邾娄国（亦名郳国）的“滥邑”了。

公子目夷，就封于“目夷”，死后葬于“目夷”附近的微山（新中国成立前属滕县，今为微山县），其墓在微子墓侧，目前尚存有宋代石刻为证。目夷子的后人，均生息发展于“目夷”，而“墨子实为目夷子的后裔”[2]，可知墨子也生长于“目夷”。因此说，墨子应为小邾娄国境内的“滥邑”人。

《左传》昭公三十一年：“冬，邾黑肱以滥来奔。”自此之后，“滥”就成为鲁国的下邑；如说墨子是“鲁国人”，自然是完全可以的。因为邾国及其“滥邑”，均在今山东省滕州境内，所以说“墨子应为今之滕州人”。

但是，在我国的古书中，也有说墨子为孤竹君子伯夷后裔的。如《通志·氏族略》引《元和姓纂》说：“墨子，孤竹君之后，本墨台氏，后改为墨氏……战国时宋人墨子著书号《墨子》。”《史记·伯夷传》“索隐”亦引应劭的话说：“（孤竹，）伯夷之国也，其君姓墨胎氏。”童书业先生对以上说法，曾坚决予以否定。他说：“《史记》述夷、齐事多不经，所谓伯夷让国者，盖公子目夷让国之传讹。”[3]顾颉刚先生也说：“《左传》僖公八年，载太子兹父与公子目夷互相以仁让国，兹父说：‘目夷长且任’，目夷说：‘能以国让，仁孰大焉！’这颇与伯夷、叔齐相互让国的传说相似。……事既甚相近，姓又相同，即名也一半相同，也许是一个传说的分化。目夷居长，所以称作伯夷，叔齐当

❶王献唐：《炎黄氏族文化考》。
❷❸童书业：《春秋左传研究》。

即太子兹父。墨子是伯夷之后，实在就是公子目夷之后。”[1]杨向奎先生说：“‘目夷’也作‘墨夷’，而‘翟’与‘夷’古音可以通假，因之，我颇疑‘墨翟’即‘目夷’的别写。”[2]笔者认为：公子目夷实为第一代目夷子，而墨子可能就是出生于小郳国的末代目夷子。

第二，再从墨子思想学术的渊源上来看。我们认为：墨子的学说，只能是“郳娄文化”区的产物。因为这个地区特产丰富，水陆交通都很方便，手工业、商业特别发达，而且文化也较其他地区先进，具备培育杰出人才的各种客观条件。

下面特将这一文化区的情况作一简略介绍：先说说什么是“郳娄文化”，以及它与墨子又有什么关系？王献唐先生说：“‘郳娄文化’，实为炎族文化；因为黄族称处于东方的炎族为东夷，所以也叫东夷文化。”[3]“东夷文化，为什么又叫郳娄文化呢？主要是因为东方炎族的语言音调如郳娄，所以黄族呼东方夷人为郳娄，称东夷文化为‘郳娄文化’”。对于这个问题，王献唐先生曾作过详细的考证。他说：“夷，隶脂部，古读如侧，为最初之本音。”[4]又说：“夷人发音何以如侧？侧即郳也。郳若读邹，郳、侧；一音之转，炎族语言尾声若郳娄，因称其族曰郳。郳又转为夷，亦称其族曰夷。夷即郳，郳即夷，族同名同……凡以郳娄名地者，犹以夷名地也。”[5]“郳娄原为东夷人的诨号，诨号积久，遂成正名”[6]。

王先生继续说道：“东夷或郳娄都居于何地？《说文》谓：‘夷，东方之人也’”，“山东各地即古夷地，郳在滕县，莒在莒州，若牟、若介、若嵎夷，俱属东境；规之中原方位，皆东夷也”[7]。大而言之，南起闽越，北到朝鲜，沿海一带地区，皆古代夷人所居之地。在诸夷中，人口最集中而经济、文化又最发达的首以三郳为代表。三郳在商代原为一个国家。如《公羊传》唐徐彦疏谓：“《公羊》以郳娄为大国，仅

❶顾颉刚：《禅让传说起于墨家考》，《古史辨》第7册下编。
❷杨向奎：《绎史斋学术文集》，上海人民出版社1983年第1版，第339页。
❸❹❺❻❼王献唐：《炎黄氏族文化考》。

次于齐、鲁。”周族灭商后，遂将邾娄国分而为三：即邾、小邾和滥。“邾在今邹县中部、南部、济宁东境、滕县北境，东、西、北三面界鲁。”[1]“小邾(郳)，在滕县东北至东南一带，今滕县治即为邾地，东北之漷水，东南之昌虑，皆邾地也。”[2]“滥，在滕之东南六十里陶山北，周十余里。”[3]

三邾地区，地处泗水两岸，气候温和，雨量充足，光照时间适度，水陆交通特别方便。所以自唐、虞、三代以来，其经济、文化就领先于其他各地。入周之后，又一直是东方的经济、文化中心。“三邾土著人民，乃炎帝神农之后，当时所谓夷者也。”[4]“其民彬彬礼让，文质相宜……知古代东方土著民族，敦厚和平。其气度风范，黄族虽以异族嫉视，鄙之为夷，然终以良心上之驱使，不能不曰‘有君子国’、‘其俗仁也’。他方之人各有贬词，独于东夷无异言，以礼让称之，以仁人称之。”[5]《山海经·大荒东经》说：“东方‘有君子国’，其俗衣冠带剑……”《海外经》也说：“其人好让不争。”史称此地“其俗尊天、敬祖、重鬼神、尚祝由，与物无竞”[6]。

前面已说过“邾即夷”，而“夷、人(尸)原为一字，因又以仁为夷，仁之别体作为夷”[7]。按：“仁”即“夷”之借字，“夷”古作“尸”与“仁”形音并近。《孟子·尽心上》说：“仁者，人也。”《春秋繁露》也说：“仁之为言，人也。”由此可见，古之“仁学”，实即“人学”或“夷学”。“夷邾一事”，所谓“仁学”、“人学”、“夷学”，也就是“邾娄之学”。王献唐先生说：“邾娄之学为儒墨两家所自出。”[8]又说：“儒墨两家，俱讲礼让，称仁义，说君子，衣冠带剑，正夷仁之流风遗俗。”[9]再说：“儒之一词，即原于邾娄之娄。”[10]最早的鲁文化，也是由邾娄文化孳乳出来的。“鲁为娄转，因娄得名”[11]。古人常说“邹鲁”而不说“鲁邹”，主要是由于“邾娄文化”不仅早于鲁文化，而且也比鲁文化先

[1][2][3][4][5][6][7][8][9] 王献唐：《春秋邾分三国考》，齐鲁书社1982年第1版。
[10][11] 王献唐：《炎黄氏族文化考》。

进。在孔子眼里尚如是观，如他称“野人”（即邾娄人）为“先进”[1]，称“九夷”为“君子”[2]等等皆是。

如果我们将墨子的学说与“邾娄文化”相比，不难看出：墨子的思想，无一不是在继承“邾娄文化”的基础上，并吸取了尧、舜、禹、汤、管、晏以及孔子的思想发展而成的。故史称：孔墨俱道尧舜，俱谈《诗》、《书》与《春秋》。秦汉时代的学者，认为孔墨是同源异流，而又殊途同归的。如孔墨俱崇实际，俱贵人事，俱主有为，俱以止战、息兵、安民为目的，力行为手段；他们利人济世的精神完全一致，所以唐代韩愈说：“孔子必用墨子，墨子必用孔子，不相用，不足为孔墨。”[3]孔墨两家都是古代东方著名的伦理思想家。如果他们不成长在重仁义、讲伦理的“邹鲁文化”地区，就很难培养出讲“仁爱”或“兼爱”为主旨，以“利他”为特色的孔墨思想。因为当时的其他文化区，尚不具备培养高水平人才的社会条件。就拿当时比较好的“荆楚文化区”的情况来说，也很难办到。因为“荆楚文化”是富有浓厚的浪漫主义色彩的艺术型文化。此地的人们多强调以个人为本位，对人伦日用、政治生活常抱以轻蔑的态度。楚狂、接舆等人就是其中的典型代表。他们十分向往“小国寡民”、“民至老死不相往来”的田园牧歌式生活；又非常崇尚自然，对自然万物歌颂备至；“其文汪洋劈阖，仪态万状”[4]。在政治上，主张“宽柔以教，不报无道”[5]。像这样的社会文化环境，怎能会产生“摩顶放踵利天下”的思想呢？再说“燕晋文化”区，也同样办不到。主要的是由于燕晋当时正处于四战之地：东有齐，西有秦，南有荆楚，北有匈奴。为了在激烈的斗争中求生存，他们不得不在政治、军事、外交上狠下工夫，因而就产生了一大批像吴起、商鞅、韩非一类的法家，苏秦、张仪一类的纵横家，赵武灵王一类的改革家，荆轲、聂政一类的刺客以及一大批军事家

[1] 王献唐：《炎黄氏族文化考》。
[2] 《论语·先进》。
[3] 韩愈：《韩昌黎集·读墨子》。
[4] 鲁迅：《汉文学史纲》，人民出版社1973年第2版。
[5] 《礼记·中庸》。

等等。他们“重君而轻民”,“重死而轻生”,“衽金革,死而无厌”[1],所以史称“燕赵多慷慨悲歌之士”。在这样的文化环境里,实难培养出“重民而轻君”和“崇尚正直与利他”的墨家思想。西方的“戎秦文化”更不可能。因为“戎秦文化”是“轻王而重霸”、“贵权顺,高诈力”、“重耕战,轻德义”的。如司马迁所说:“论秦之德义,不如鲁卫之暴戾。”[2]此地培养出来的人才,怎能会讲“兼爱”、“非攻”和“爱人如己”呢。

综观当时各地的情况,我认为:只有在郳娄或邹鲁文化区里,才能培养出讲道德、说仁义、重伦理关系的孔、墨一类的思想家。这是历史已证明了的事实。

第三,从科技发展的渊源上来看,如墨子不生长在三郳地区,也不可能取得那么高的科学成就。杨向奎先生说:“墨子在自然科学上的成就,绝不低于古希腊的科学家和哲学家,甚至高于他们。他一个人的成就,就等于整个希腊。”[3]由此可知,墨子的成就已达到了当时世界上所能达到的最高水平,如果他不生长于具有国际先进地位的科技之邦,简直是不可想象的。王献唐先生一再指出,春秋战国之间,科技最先进的地区首推三郳,因为这里自古就有“郳娄百工”之乡的称号[4]。齐思和、王献唐等先生都曾说过,我国古代先民的衣、食、住、行等方面的器物,并非黄帝和他的臣下所创造[5],考其史实,应该说很多都为邹鲁地区的先民首先发明的。何以知之?王献唐先生说:“知声音文字者,前代典章文物之秘钥也。今以此秘钥求典章文物,其出于东夷炎族者,皆可以郳娄一词得之。”[6]举例以证,古代最早穿的鞋子名之曰“屦”。“屦”者,娄也,知源于郳娄。人们最早用的筷子叫“箸”,筷子的器具叫“箸篓”,均为郳娄人最先使用的器物。人住的屋,从尸(夷)从至(朱),也源于郳

❶《礼记·中庸》。
❷司马迁:《史记·六国年表序》。
❸《文史哲》,1998年第1期。
❹❻王献唐:《炎黄氏族文化考》。
❺齐思和:《论黄帝之制器故事》,见《古史辨》第7册中编。

娄。"庐"、娄同纽，字由娄转，亦出于邾娄之族。《说文》谓："楼，重屋也。"楼从娄声，知为邾娄人所创造。再如冶炼金属用的"炉"，农业生产用的锄、镬、耧、锸、锹以及刻物用的镂刀等等，皆是以族名而名物的。以上所说的器物名字，不以邾，就是娄；王先生认为都是邾娄族的产物[①]。在这些器物中，最重要的是"舟"、"车"等交通工具；经考证，也为三邾地区的先民首先发明的。王先生说："舟亦出于朱，古言舟，今言船。……《说文》，舳下：'汉律名船，长方为舳舻。'舳舻即邾娄。邾娄可单名邾，故舟也可称俞、称舟，又可连名邾娄，故船亦称舳舻，此尤制出东夷炎族之铁证。"[②]我国最早的"车"（音同朱），相传是奚仲和他的儿子吉光共同发明的。他们父子也是邾娄族的后裔。在古代来说，制造舟、车是一种极其繁难的尖端工业。如《考工记》所说："一器而百工聚焉者，车为多。"如没有相当高的数学、力学、几何学、机械学的知识是制造不出来的。此地既会造"舟"，又会造"车"，说明这里在科技工业方面是具有领先地位的。一直到今天，"奚仲造车处"和奚仲墓的遗址，尚保存在滕州境内，距墨子的故里"目夷"，不过十多里。墨子自幼就是在这样先进的文化科技之乡，接受多方面的教育成长起来的。与墨子同时代而年龄稍长的公输般，也成长于邾娄国北端的"卞山"脚下[③]。他们二人，都是由"邾娄文化"培养成为能工巧匠和杰出的科学家的。方授楚说：邹鲁地区，"其俗喜学术，好技艺，颇似希腊之雅典。明乎此种环境关系，则鲁为儒术最盛之邦，又为墨学渊源之地；以技巧言，输之攻，墨之守，乃同出于鲁人；庶可恍然知其故矣"[④]。当时的楚、越、齐、晋四个大国的工业水平，尚落后于邹鲁地区。《左传》成公二年，楚国兴兵侵鲁，鲁国战败，一次就向鲁国要走三百多名技术工人，足见楚国缺乏科技人才。再说，如楚国不缺乏高科技人才，就不会

❶❷王献唐：《炎黄氏族文化考》。
❸王子襄：《泗志钩沉》（中国墨子学会藏本）。
❹方授楚：《墨子源流》。

不远千里到鲁国去请公输般。当时的晋国，就连日用玩好等工业产品，也靠鲁国源源供给[①]。齐、越两国，也常到此地招聘工匠。这都说明，当时的几个大国，都还不具备培养高科技人才的条件。因此说，墨子和公输般，只能产生于"邹鲁地区"。

第四，再从当时人们的生活习俗上来看：

《庄子·天下篇》说：墨者"以跂跻为服"。按跂跻原为屐，亦从夷（尸）而来，可知它为郳娄族所制。墨子生长于郳娄，服其乡人之服，以证从夷之谊。三郳地区，自古就有爱鸟、敬鸟的习俗。这里的居民，把"玄鸟"视如祖先。墨子之所以以"翟"为名，就是因为"翟"（亦名天翟），乃凤凰的别名，而凤凰又为"玄鸟"衍化而来。墨子用"翟"为名，以示不忘所出，也可证明他乃小郳国的遗民。

另外，在今之滕州境内，尚有不少与墨子有关的遗址遗迹。除前面说的"目夷子墓"以外，尚有位于小郳国北境的"染山"，相传就是因墨子曾在此"叹染丝"而得名的[②]。滕州东南四十多里处，乃古"目夷国"所在地，那里尚有不少迹象可寻。如木石（台）镇附近，还有东台（夷）、西台（夷）、南台（夷）、化石（台）沟等自然村。此地还有"目台山"、"目夷亭"以及"沂（夷）河"等等。近几年出土的铜器有"虖台戈(即目夷戈)等器物。古人常以地名命人名，反过来，又以人名命地名。在古代，"目夷"与"墨翟"为同音词，并可互为通假。由此看来，滕州正是墨翟的故乡无疑。

（本文选自张知寒等著《墨子里籍考论》，山东人民出版社1996年第1版。）

① 《左传·襄公二十年》。

② 刘子衡：《论学大要》（山东大学图书馆藏本）。

# 第二篇　著作

# 第一章 《墨子》的篇目分类、撰者与撰写年代

## 一、《墨子》概况

墨子的思想保存在《墨子》一书中。根据《汉书·艺文志》的著录，《墨子》原有71篇，到宋代已亡佚8篇，宋代以后又亡佚10篇，现仅存53篇。这53篇著作，大多数治墨学者都赞成可以分为以下5组：

第一组（卷一）：亲士、修身、所染、法仪、七患、辞过、三辩　共7篇

第二组　共24篇
- （卷二）尚贤上中下
- （卷三）尚同上中下
- （卷四）兼爱上中下
- （卷五）非攻上中下
- （卷六）节用上中、节葬下
- （卷七）天志上中下
- （卷八）明鬼下、非乐上
- （卷九）非命上中下、非儒下

- 第三组（共6篇）
  - （卷十）
    - 经上下
    - 经说上下
  - （卷十一）
    - 大取
    - 小取
- 第四组（5篇）
  - （卷十一）
    - 耕柱
  - （卷十二）
    - 贵义
    - 公孟
  - （卷十三）
    - 鲁问
    - 公输
- 第五组（共11篇）
  - （卷十四）
    - 备城门
    - 备高临
    - 备梯
    - 备水
    - 备突
    - 备穴
    - 备蛾傅
  - （卷十五）
    - 迎敌祠
    - 旗帜
    - 号令
    - 杂守

第一组7篇是墨学概要或余论，阐明墨家的一些基本观点，涉及社会、人生、修养等基本问题。孙诒让云:《亲士》“所论大抵《尚贤》篇之余义”,《法仪》“所论盖《天志》之余义”,《七患》、《辞过》“皆节用之余义”,《三辩》“盖《非乐》之余义”。这些篇章没有“墨子曰”字样,可认为由墨子自著[1]。

第二组24篇,即“十论”和《非儒》[2]。“十论”即《尚贤》、《尚同》、《兼爱》、《非攻》、《节用》、《节葬》、《天志》、《明鬼》、《非乐》、《非命》。这一部分对当时的社会流弊有极强的针对性，它阐明了墨子的政治主张,表达了墨家学派的政治理想,是《墨子》的核心。“十论”各篇都有“子墨子曰”字样,可知是墨家弟子根据墨子的言论整理而

❶胡适认为,第一组“前三篇全无墨家口气。后四篇乃根据墨家的余论所作的”(《中国哲学史大纲》第151页),他是说这7篇皆非墨子所作。汪中认为《亲士》、《修身》,“似七十子后学者所述”(《墨子序》)。

❷治墨者都认为,《非儒》篇所“非”的并非孔子思想,而是孔门后学之所持。篇中几段点名批评孔子的文字，不可凭信。如“孔某之荆,知白公之谋,而奉之以石乞”。又云“孔某乃恚怒于景公与晏子,乃树鸱夷子皮于田常之门”。考其史实,白公在楚作乱之时(公元前479年7月)、鸱夷子皮（即范蠡）助越王勾践灭吴后至齐之年（公元前473年),孔子、晏婴皆已作古,何来此等之事。由此杨宽等认为,《非儒》乃“墨家后人根据《公孟》等篇改作而成,乃集师言以折儒”,“或后人所增益也”(《墨子各篇作期考》),即《非儒》不是墨子及其弟子所作,乃墨家后学所掺入,此说已成定论。

成的篇章。"十论"原各有上中下三篇，合计30篇，因亡佚7篇（节用下、节葬上、节葬中、明鬼上、明鬼中、非乐中、非乐下），现存23篇。现存上中下三篇文字大同小异，"其旨固无大殊"，乃由"墨子随地演说，弟子各有记录，言有时而详略，记有时而繁简"所致[1]。通过下表分析可以看出，一般上篇文字简洁，下篇文字繁细，中篇适得其中，可能各论的三篇在成文时间上有先后，上篇仅记提纲，中篇始加发挥，下篇则得以全面阐述。

**"十论"字数统计简表**

| 篇名 \ 字数 \ 篇次 | 上 | 中 | 下 |
|---|---|---|---|
| 尚贤 | 820 | 2338 | 1519 |
| 尚同 | 824 | 1396 | 1885 |
| 兼爱 | 580 | 1305 | 1885 |
| 非攻 | 420 | 1276 | 2006 |
| 节用 | 603 | 577 | |
| 节葬 | | | 2651 |
| 天志 | 1381 | 2319 | 2302 |
| 明鬼 | | | 2433 |
| 非乐 | 1450 | | |
| 非命 | 1475 | 980 | 1436 |
| 非儒 | | | 1940 |
| 总字数 | 7562 | 10191 | 16850 |
| 每篇平均字数 | 945 | 1456 | 2106 |
| 百分比（%） | 21 | 32 | 47 |

第三组6篇，即《经》上、下，《经说》上、下，《大取》、《小取》。庄子说墨家后学"俱诵墨经"[2]，他所说的《墨经》应该是《经》上下和《经说》上下。清代学者汪中提出："《经上》至《小取》六篇，当时谓之《墨经》"[3]。这是把《大取》、《小取》两篇也视作《墨经》。广义《墨经》提法已被学术界普遍接受。

经是春秋战国时期的一种写作体裁，它用极简练的语言概括

[1] 陈柱：《墨学十论》，上海商务印书馆1928年第1版，第23页。
[2]《庄子·天下》。
[3] 汪中：《述学·墨子序》。

表达某一思想，然后在《经说》中加以解释。今存《墨经》共179条，包括《经上》和《经说上》97条（经上46、52、56、57、72无经说），《经下》和《经说下》82条（经下12、15、75无经说）。《经》每有一条，《说》即有相应的一条解释（只有近十条有经无说）。《经》文字简单，最少者仅三个字，最多者也不过二十个字，其含义却十分丰富。《经说》文稍多，或引申说明《经》意，或补充新意。《经上》各条大都为原理、定义、界说之类，各条前后次序非常连贯，自成体系，《经下》则采取建立论题加以论证的形式，或辩驳其他学派的论点：这是《经上》与《经下》的不同之处。从具体内容上看，《墨经》关于逻辑方面的有2条，关于认识论的有4条，关于数学的有16条，关于物理学的有9条，关于力学的有6条，关于光学的有8条，关于经济学的有2条，其余132条都是关于社会政治和伦理学的[1]。《经上》对从宇宙万物到人类思维认识的众多概念范畴作出定义分类，《经下》列举了各门科学的定理、原则以及论证的理由，《经说》又对《经》上、下作出了解释发挥。《小取》对逻辑学原理作出了经典性概括，《大取》则提出了逻辑学的简明纲要。《墨经》所取得的众多成就，是中华民族的宝贵财富。

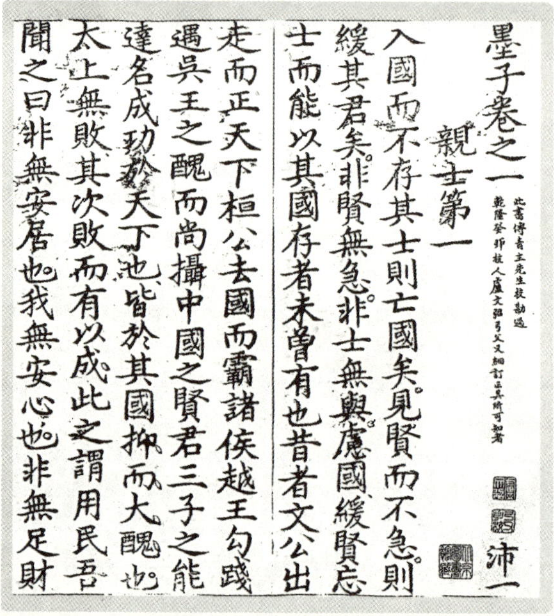
墨子卷之一 此書傅青主先生校勘過 乾隆癸卯校人盧文弨弓父又細訂正其所可知者
沛一
親士第一
入國而不存其士則亡國矣見賢而不急則緩其君矣非賢無急非士無與慮國緩賢忘士而能以其國存者未曾有也昔者文公出走而正天下桓公去國而霸諸侯越王勾踐遇吳王之醜而尚攝中國之賢君三子之能達名成功於天下也皆於其國抑而大醜也太上無敗其次敗而有以成此之謂用民吾聞之曰非無安居也我無安心也非無足財

墨翟所撰《墨子》（明道藏本）

[1] 姜宝昌：《墨经训释》，齐鲁书社1993年版，第411页。

关于《墨经》的作者，议论最为纷纭[1]。学术界认为，6篇中除《经上》、《经说上》可能由墨子自著外，其余4篇由墨家后学所作，但有些基本观点仍可能是属于墨子本人的，只不过墨家后学又作了重要补充、阐释甚至订正而已。

关于《墨经》的体系。《墨经》是有自己的体系的。诚如杨宽所说："《墨经》之文，虽多界说，然义例条贯，上下相蒙，实为墨家哲学之纲领。"[2]全文可分为七章：一、认识论，二、德行论，三、心理论，四、刑政论，五、宇宙论，六、名理论，七、方法论。

第四组5篇，即《耕柱》、《贵义》、《公孟》、《鲁问》、《公输》。此5篇系由墨子一生的言行辑聚而成，当由墨子的及门弟子和禽滑釐的弟子加工完成[3]。体裁近似于儒家之《论语》。

第五组11篇，从《备城门》到《杂守》，后世一般都认为是禽滑釐所受墨子守城之法或墨者记述墨子备守之术。《备城门》、《备高

---

❶认为《墨经》全部6篇，或《经》、《说》4篇，或至少《经》上下两篇由墨子自作的学者，主要有鲁胜（见《晋书·隐逸传》载《墨辩注（叙）》）、毕沅、孙星衍（《墨子后叙》）、邓云昭（《墨经正文解义》）、尹桐阳、曹耀湘（《墨子笺》）、张之锐（《新考证墨经注》）、张纯一（《墨子集解》）、支伟成（《墨子综论》）、陈柱（《墨学十论》）、梁启超（《墨子学案》）、栾调甫（《墨子要略》、《墨子研究论文集》）、伍非佰（《墨子大义述》）、范耕研、鲁大东（《墨辩新注》）、范文澜（《中国通史简编》）、詹剑峰（《墨家的形式逻辑》、《墨子的哲学与科学》）、高亨（《墨经校诠》）、汪奠基（《中国逻辑思想史》）、方孝博（《墨经中的数学和物理学》）、李渔叔（《墨经真伪考》）等。

认为《墨经》或全是名家、或别墨、或后期墨家所作，即不是墨子自著的学者有：汪中（《述学·墨子序》）、孙诒让（《墨子间诂》）、胡适（《中国哲学史大纲》上）、章士钊（《名墨訾应论》）、钱穆（《墨辩探源》，《东方杂志》第21卷第8号，1924年4月25日）、吕思勉（《经子解题》）、方授楚（《墨学源流》）、冯友兰（《中国哲学史》）、张岱年（《中国哲学史史料学》）、孙中原（《墨学通论》）等。

詹剑峰在《墨子的哲学与科学》（人民出版社1981年版，第8-9页）一书中认为：《墨经》"大体是墨子自著，但其中不限墨家后学增加和引申的部分"。理由有四：第一，"如果这种《经》不是墨子著的，怎样能使各部分墨者'俱诵'呢？从'俱诵《墨经》'一语就可证实墨子著《经》"；第二，"从墨子献书以证明墨子著《经》"；第三，"从鲁胜《墨辩注序》以证明墨子著《经》"；第四，"从墨子的言行以证明墨子著《经》"。

而孙中原在《墨学通论》（辽宁教育出版社1993年版，第11页）中说："《墨经》30篇同前期墨家的著作似乎是属于两个不同时期的文献。因为战国时代的著作，大都是'一家之言'，即一个派别的著作，并非一定是一位学者的专著。""在思想内容与写作方法上，跟代表墨翟和前期墨家思想的篇章有质的不同的《墨经》，似更不能说是墨翟本人写的，而可能是后期墨家的著作"。

❷《墨经哲学》，台北正中书局1942年第1版，第1页。

❸诸篇记述墨子的弟子，或称名氏，或称氏子，惟禽滑釐称子禽子，故可断定，至少《耕柱》等几篇为禽滑釐的弟子加工完成。

临》、《备梯》、《备水》、《备突》、《备穴》、《备蛾傅》7篇，专谈守城之法，写成时间较早，可能在战国前中期，为墨子弟子、再传或三传弟子记述而成[1]。《号令》、《杂守》、《旗帜》、《迎敌祠》4篇写成较晚，当在战国末和秦时，甚至晚至西汉[2]。

## 二、《墨子》各篇内容提要

《尚贤》：探讨尚贤与政治的关系。墨子提出尚贤乃“为政之本”，主张统治者要打破血统界限，从社会各个阶层中选拔有真才实学之人，给他们以地位和权力，即根据德行任官，根据官职授爵，根据功劳定赏，有能力的就举用，尸位素餐的贵族老爷都要罢免。这对当时广大平民阶级争取政治权力的斗争，无疑有着现实意义和理论指导意义。

《尚同》：尚同即“上同”。这是墨子针对当时国家混乱而提出的政治主张。在他看来，天下混乱是由于没有符合天意的好领导，故要选拔仁人、贤者担任各级官吏；要使里长的意见统一于乡长，乡长的意见统一于行政长官，行政长官的意见统一于诸侯国君，诸侯国君的意见统一于天子，天子的意见最后统一于上天。上天至公至明，赏罚分明。尚同思想基本上相似于尚贤主张，二者本质上是一致的。

《兼爱》：兼爱是墨家学派最有代表性的理论之一。所谓兼爱，其本质是要求人们爱人如己，彼此之间不要存在血缘与等级差别的观念。墨子认为，不相爱是当时社会混乱、互相残害、杀戮的主要原因，只有通过“兼相爱，交相利”，才能达到社会安定。

《非攻》：非攻是墨家针对当时诸侯间的兼并战争而提出的反战理论。墨子认为，战争是天下的“巨害”，无论对战胜国还是战败

[1] 据《备城门》载，墨子传授的守城之法，还应包括《备钩》、《备冲》、《备空洞》、《备辒辒》、《备轩车》，今缺。

[2] 《号令》、《杂守》多言汉代官名、汉代刑法制度，当为“汉人所作”（方授楚：《墨学源流》，第54页）。《迎敌祠》、《旗帜》有“本为墨家所反对”的“战国末年邹衍诸人始盛倡”之“阴阳五行之说”以及“同属阴阳家之说”的“望气”之说，因而这两篇可能不是墨家所作（方授楚：《墨学源流》，第55页）。

国都将造成巨大损害,因之既不合于“圣王之道”,也不合于“国家百姓之利”。在文章中,他对各种为攻战进行辩护的言论做出详细批驳,并进一步将大国对小国的“攻”与有道对无道的“诛”区别开来,即区分正义和非正义战争。

《节用》:节用是墨家治国的一个重要方略。墨子认为,古代圣王治理天下,从事国政,宫室、衣服、饮食、舟车只要适用就够了。而当时的统治者却在这方面穷奢极欲,大量耗费百姓的民力、财力,使人民生活陷入困境。因此,他主张凡不利于实用,不能给百姓带来利益的,就一概取消。

《节葬》:节葬是墨子针对当时统治者耗费大量钱财,大肆铺张丧葬活动而提出的节约主张。墨子认为,厚葬久丧不仅浪费了社会财富,而且还使人们无法从事生产劳动,也影响人口的增长。这不仅对国家有害,而且也不符合生者、死者的利益以及古代圣王的传统。

《天志》:天志即天的意志。墨子认为,天是有意志的,“天志”属于一种超越思想。“天”是被人格化为外在的最高神,而人应该服从“天志”,上同于“天”。这是一种外在的超越。“天志”是客观的绝对标准,人在各方面都是有限的,因此要上同于无限的而且又是大公无私的“天”。墨子想用“天”作为“法仪”来处理人间事务。在当时来说,墨子还找不到制约当权者的力量,如不用“天”来制约,当权者将会为所欲为,这是他无可奈何的一种办法。

《明鬼》:墨子认为鬼神不仅存在,而且能对人间的善恶予以赏罚。他列举了古代的传闻、古代圣王对祭祀的重视以及古籍的有关记述,以证明鬼神的存在和灵验。今天看来,这种宣传迷信的思想显然是落后而不足取的。但墨子明鬼的目的,主要是想借助超人间的权威以限制统治集团的残暴统治,从这一点讲也有积极意义。

《非乐》:本篇的宗旨是反对王公大人过分的音乐活动。墨子认为凡事都应该利国利民,当时百姓“饥不得食”、“寒不得衣”,都在为生存奔波,而制造乐器需要聚敛百姓的钱财,荒废百姓的生产,并且音乐还会使人耽于荒淫享乐,使为政者不能勤于政事。所以,必须要禁止音乐活动。

《非命》:本篇的宗旨为反对命定思想。墨子认为,命定论使人不能努力治理国家、从事生产,反而容易失去进取心,放纵自己,走向坏的一面,所以应“尚力非命”。命定论是那些暴君、坏人为自己辩护的根据。关于检验言论正确与否的标准,墨子提出了“三表法”,即通过考察历史、社会实情,并在实践中检验言论,坚决反对误国误民的命定论。

《非儒》:本篇上、中皆佚。此篇主要是批驳以孔子为代表的儒家的礼仪思想和等级制度。墨家反对儒家的婚丧之礼,实则是反对“爱有差等”,又指责儒家的礼乐与政事、生产皆无益;讽刺孔子与君与民都是口头上讲仁义,实际上在鼓励叛乱,惑乱人民。

《大取》:本篇各段都是简论,无明显统一的主题。“取”即“取譬”、“取喻”,即举别的事物来说明这一事物。本篇不少段落以比喻的方法,论说了墨家的基本主张,涉及“义”、“兼爱”、“节用”、“节葬”等方面,以及“名”与“实”等逻辑问题。

《小取》:与《大取》一样,《小取》也是《墨子》的余论。本篇主要探讨了辩论与认识事物方面的问题。有若干段以取喻的方法,解说认识事物时的“是而然”、“是而不然”、“不是而然”等几种情况。

《亲士》:本篇主题为用贤亲士。作者以齐桓公、晋文公、越王勾践等贤君与桀、纣等昏君对待贤人的两种截然不同态度为例,说明能否亲士用贤，关系着国家的兴衰成败；并进一步指出，国君要做到亲贤用士，除了要有自任其难的爱士之心外，还须具备宽容、体谅的态度，广泛采纳各类人才，让他们面折廷争，各抒己见，这是可以王天下、保国家的兼王之道。

《修身》：本篇主要讨论品行修养与君子人格的问题，强调品行是为人治国的根本，君子必须以品德修养为重。篇中指出“君子之道”，应包括“贫则见廉，富则见义，生则见爱，死则见哀”以及明察是非、讲究信用、注重实际等内容。

《所染》：本篇以白丝比喻人性，提出“染于苍则苍，染于黄则黄”的见解，说明天子、诸侯、大夫、士必须正确选择自己的亲信和朋友，以取得良好的熏陶和积极的影响。影响的好坏和不同关系着事业的成败、国家的兴亡，国君对此必须谨慎。

《法仪》：法仪即墨子创立的衡量事物的客观标准。墨子认为，天子、诸侯治理天下，国家必须以天为法，以天意为标准，而所谓至公至正的天意，实际就是墨家所主张的兼爱交利原则。

《七患》：本篇首先分析了造成国家危亡的七种祸患，然后指出国家防治祸患的根本在于增加生产和节省财用，并对当时统治者竭尽民力和府库之财以追求享乐生活的做法，提出了严正警告。

《辞过》：辞过即要求当时国君改掉各种过失。作者通过对古今的宫室、衣服、饮食、舟车、蓄私五个方面的对照，批评了当时统治者的奢侈生活，提出了“俭节则昌，淫佚则亡”的论断，其主旨与《节用》同。

《三辩》：本篇通过记述墨子与程繁对音乐的讨论，强调圣人治理天下重在利民，反对追求音乐享受。其主旨与《非乐》同。

《耕柱》：本篇各段大都由对话组成，记述墨子与弟子等人的谈话，全篇谈论“义”的言论最多，但各段的思想内容并不连贯。墨子认为义是天下的良宝，行义可以安国、利民，所以他孜孜不倦地坚持行义。他反对背义向禄的人，主张大家一起行义，才可能实现“义”。

《贵义》：本篇各段以语录体形式记录了墨子的一些言行，主要说的还是“义”的问题。墨子提出，万事没有比义更珍贵的了，人们的一切言论行动，都要符合义。他批评世俗君子，嘴上说仁道义，实际上却不能实行。

《公孟》：本篇记述了墨子与弟子以及其他人的对话，主要是进一步申明他“非命”、“明鬼”、“节葬”、“非儒”的主张。墨子虽然认为儒家学说有四种情况足以丧乱天下，但承认孔子也有不可更易的主张，可见墨子对儒家的态度，也有比较客观公正的方面。从文中可以看出，当时有些人怀疑墨子的主张，而墨子总是力辩自己学说的正确，表现出执著追求的精神。

《鲁问》：本篇记载了墨子与诸侯、弟子等人的一些谈话，其中比较重要的内容有：墨子提出的游说诸侯“必择务而从事”的原则；多处申明“兼爱”、“非攻”的主张；多处申说“义”的重要性。所有这些内容，体现了墨子向往国家富强、天下安宁、人民安居乐业的理想。

《公输》：本篇记述公输般制造云梯，准备帮助楚国进攻宋国，墨子从齐国（或言鲁国）起身，日夜兼程到楚国制止公输般、楚王准备进攻宋国的故事。全文生动地表现了墨子“兼爱”、“非攻”的主张；也使人们看到了墨子不辞辛劳、维护正义的高尚品格，以及机智、果敢、不畏艰险的才能。

《备城门》：本篇为墨子研究城池攻防战术的主要篇章之一。春秋战国时期，由于诸侯割据分裂，互相兼并，战争频繁，给人口带来极大杀伤。因此研究战争中的战略战术是当时社会的迫切需要,特别是当时的中小国家,面临大国的进攻和威胁,首先考虑的便是利用高城深池,在劣势的情况下抵御敌人的进攻,保护自己的城邑和国家。本篇记载的是综合防御城池的战略战术问题,涉及城防的许多问题。

《备高临》:本篇为研究城池防守的一种战术,即如何对付居高临下来攻城的敌人。

《备梯》:此篇是城防战术之一,主要讲如何对付敌人以云梯攻城的方法,同时还要重视外交战略。

《备水》:此篇主要讲如何防备敌人以水攻城的战术。

《备突》:此篇讲如何防备敌人从城墙“突门”攻入的战术方法。

《备穴》:此篇是墨子研究城池防守战术的重要篇章之一,主要讲如何防备敌人用打隧道来攻城的战术方法。

《备蛾傅》:此篇主要阐述如何对付敌人凭借人多势众,驱赶兵士像蚂蚁一样强行爬城进行硬攻的战术防守方法。

《迎敌祠》:此篇主要讲述迎敌以前的各种祭祀规则,对巫师、卜师的态度,誓师形式以及各级官吏、将士的职守和有关布防问题。本篇有浓厚的迷信色彩,但在古代是战前准备和动员的重要内容。

《旗帜》:此篇说明守城时用旗帜联络的各种方法。

《号令》:此篇是墨子研究城池防守方法的重要篇章之一,主要讲述种种军纪、法规、禁令,以及人员布防和处置的种种具体原则和方法。

《杂守》:此篇主要讲述前文所述各种防守战术以外的其他方法和注意事项,比较复杂,但也具有综论性质。

《经》上下、《经说》上下从略。

# 第二章 《墨子》重要版本流传

一、《墨子》重要版本流传

《墨子》自战国中后期成书后，屡遭变故，备受冷落，幸得唐以后的《道藏》保存53篇，流传至今。其重要版本的流传系统如下：

（一）竹书本，即《汉书·艺文志》著录的《墨子》71篇

战国时儒墨并称“天下显学”，《墨子》传播甚广。先秦的《墨子》完本已不可考见，但地下考古发现仍可证实当时《墨子》的广泛流传情况[①]。

秦汉时期，墨学开始趋于衰落。秦始皇焚书，烧百家语，即包括《墨子》；汉武帝独尊儒术，罢黜百家，当然也包括墨家。但是，汉武帝曾专门下达收藏图书的敕令，并设置抄书之官，包括《墨子》在内的图书都被收藏到皇家图书馆中。汉河平三年（公元前26年），汉成帝命光禄大夫刘向校勘、编辑经传、诸子、诗赋。刘向死后，汉哀帝又让刘歆子承父业整理诸子之书。《汉书·艺文志》著录《墨子》71篇，就是经刘向、刘歆父子整理过的竹书本。这个竹书本就是后世历代《墨子》的祖本[②]。

（二）西汉末卷书本

即刘向、刘歆在校《墨子》时用隶书抄录的副本，不同于竹书本，竹书本是用先秦古字刻成的。

❶据李学勤《墨子佚文研究》，年代属于战国中期的河南信阳长台关一号墓出土的竹简中即有《墨子》残简，其中两支分别载有21字和15字（见四川大学历史系编《徐仲舒先生九十寿辰纪念文集》）。又据罗福颐《临沂汉简概述》，1972年，在临沂银雀山西汉墓中发现4000多枚竹简，其中有40多支是《墨子》残简，发现有一支所刻文字“与《墨子·号令》相同”，其他各支文辞“与谈攻守者相似”（见《文物》，1974年第2期）。

❷栾调甫认为：“《汉书·艺文志》著录之《墨子》七十一篇，乃汉秘府所藏之竹简故书，故《志》以篇言也。考古代竹书之简，长古尺二尺二寸，广不逮一寸。每简一行字，字多少无定数。以《墨子》书言之，大约在三十五字以上，至四十余字。”（《墨子研究论文集》，人民出版社1957年版，第93页。）

刘向奉诏领校“秘书”，每校完一书，即作一篇目录和提要，“录而奏之”。然后比照原文用隶书转写于缣素之上，是为“秘书之副”（副本）。因此从刘向开始，《墨子》才有隶书写本；又因是抄录到缣素上，才有分卷之目[①]。据考证，校录卷书《墨子》共71篇，18卷（目录一卷），直到西晋之初还是全本。后经“惠怀之乱，其书略尽。江左草创，十不一存。后虽鸠集，淆乱已甚”[②]。到东晋初年，“著作郎李充，始加删整”[③]。由于《墨子》中《节葬》、《明鬼》、《非儒》三卷失前半，《节用》、《非命》两卷均脱后半，遂改原十八卷为十六卷（目录一卷）。

（三）魏晋分章本

西汉卷书本的副本，由汉成帝赐给外戚班斿，班斿传给侄子班彪、侄孙班固，至东汉流传到民间。然原卷书本《墨子》中《经》、《经说》部分并未分章，前后互不连属。

魏晋之时，玄学盛行，崇尚清谈，辩术受到推崇。《墨子》中的《经上》、《经下》尤受士子青睐。晋人鲁胜作《墨辩注》[④]，提出“引说就经”、“各附其章”，用以解读《墨经》，始把《墨经》分章。其时，张湛、司马彪据《墨子》注《庄子》、《孙子》[⑤]，庾仲容作《墨子钞》[⑥]，由此可知，关注《墨子》者仍有人在。

（四）隋唐本

《隋书·经籍志》著录《墨子》本书十五卷，《目录》一卷，共十六卷[⑦]。即为东晋以后南北两朝流传之本，很可能为元魏旧书[⑧]。《唐书·经籍志》依据东晋重集本[⑨]著录《墨子》十五卷，然未著录原有一卷目录[⑩]。唐本到底有无目录，已很难确定。但唐本以后，凡全本都作十五卷，《目录》一卷从此不再传世。

唐刻本仅有三种，即（1）《墨子注》，三卷本，今亡佚，乐一

❶卷书本起于西汉刘向校书无疑。以本书为证：《耕柱》中“夏后开”即“夏后启”，“开”为汉避景帝庙讳“启”之代字，而东汉仅避本朝之讳，故“开”当为刘向抄录“秘副”时所改。

❷（梁）阮孝渚《晋书·七录序》；（唐）房玄龄撰《晋书》，北京中华书局1974年第2版。

❸《晋书·七录序》。

❹鲁胜为代郡人，为佐著作郎，迁建康令，再征博士，举中书郎。其《墨辩注》今通过《晋书·隐逸传》中《鲁胜墨辩注叙略》得以部分保存。

❺其书犹存。

❻书已亡佚。（宋）陈振孙《书录题解》云：“子钞三十卷，梁尚书左丞颍川庾仲容子仲撰，所取诸子之书，百有五家。”（宋）马端临《文献通考》（北京中华书局1986年第2版）引高似孙《子略》曰：“子钞百十有七家，仲容所取，或数句，或一二百言。”所引《墨子》，其简略可知。

❼《隋书·七录序》云：“昔刘向校书，辄为一录，论其指归，辨其讹谬，随竟奏上，皆载在本书。”又《隋书·经籍志》墨家总题“三部合十七卷”，其中《随巢子》、《胡非子》两部共二卷，加《墨子》十五卷为十七卷，《墨子》目录一卷未计入。《隋书》，北京中华书局1979年第2版。

❽❾据栾调甫考证结论。

❿《唐书·经籍志》著录其他诸子之书，也只著录其本书之卷数，不著目录。《唐书》，上海古籍出版社1997年第2版。

著[1],617年成书。三卷本所载内容不详,疑即(宋)《中兴馆阁书目》所称三卷十三篇本。(2)唐大臣魏征作《墨子治要》,成书于贞观五年(631年),仅节录《所染》、《法仪》、《七患》、《辞过》、《尚贤》、《非命》、《贵义》7篇,皆属于安邦治国的论述。此书犹存。(3)《墨子意林》十六卷,唐大理评事马总(字会元)"以庾抄(即庾仲容《墨子钞》——作者注)增损裁择为此书"[2]。虽云十六卷,其实并没有分卷分篇,只是在各篇中,长者摘引十几句,短者摘引二三句,勉强凑成一书,显得随意粗疏,凌乱不堪,有的句子还有传抄失误。

(五)宋刊本

宋刊本今只见注录,不见本书[3],至少曾有过两种版本:十五卷本和三卷本。北宋景祐中崇文院所藏《崇文总目》著录《墨子》十五卷。南宋初晁公武(著《郡斋读书志》)、李涛(据本人所言,似也曾为《墨子》作过校注)也云所见旧本十五卷,而未言及目录一卷,可知《目录》一卷已不载于《墨子》。

南宋高宗淳熙五年(1178年),陈骙撰《中兴馆阁书目》,记载《墨子》"自《亲士》至《杂守》为七十一篇","亡节用、节葬、明鬼、非乐、非儒等九篇",以及目录一篇实存六十一篇[4]。

《中兴馆阁书目》又云:"一本自《亲士》至《上(尚)同》凡十三篇。"此书应为《墨子》全书首三卷不全本,虽文字讹脱错乱甚多,然其源出自宋以前古卷本,尚未经宋人所篡改,可据以校十五卷本,有一定校勘价值。

(六)明道藏本

明道藏本是迄今发现最早的仍完整保存的《墨子》版本,也是明以后各家版本的直接祖本,因而十分珍贵。《道藏》即道教经典著作总汇。据唐宋金元都曾刊刻过《道藏》的史实,以及《墨子》一书仍

[1] 郑樵《通志·艺文略》著录称:"又三卷,乐台注,唐志不载,当考。"陈振孙《书录题解》云:"隋志有皇甫谧、乐壹二家;考《通志》作'乐台注',误也。'一'书作'壹'与'台'形近,因而致误。"

[2] (宋)陈振孙:《直录书录题解》,上海古籍出版社1987年第1版。

[3] 今存道藏《墨子》,仍可考见其为宋本的痕迹,如《鲁问》篇"匡其邪而入其善"一句,空缺"匡"字,注曰:"太祖庙讳上字。"知为避宋太祖赵匡胤之"匡"而空缺。

[4] (南宋)王应麟:《玉海》(江苏古籍出版社1988年第3版)卷五十三引《中兴馆阁书目》载:"自《亲士》至《杂守》为六十一篇",《玉海》自注:"亡九篇"。(明)宋濂《诸子辨》亦云:"《馆阁书目》则云六十一篇,已亡节用、节葬、明鬼、非乐、非儒等九篇。"

保留了唐写宋刻的痕迹，可以肯定，在唐代以前，这种道教大典即已收录了《墨子》[1]。

明《道藏》本《墨子》[2]，由张宇初[3]于正统十年（1445年）奉敕校刊。该本在《道藏》沛字号，共53篇，较南宋《中兴馆阁书目》又缺8篇，因《目录》一卷唐以后即亡佚，故缺篇篇目无从质证。从本书《鲁问》篇“匡其邪”缺“匡”字，以及注云“太祖庙讳上字”（避赵匡胤讳），知系据宋刻《道藏》本校刻。由于《道藏》本刊刻者忠实于原著，一字不异地予以工录，从而使明《道藏》本成为后世最重要的《墨子》校勘依据。

（七）明嘉靖本

嘉靖本有二：一是壬子活字本（即蓝印本），陆稳[4]于嘉靖三十一年（1553年）据明《道藏》本刻印[5]，十五卷，每页22行，每行22字，卷末有“嘉靖三十一岁次壬子夏季之吉芝城铜板活字”一行，知即蓝印本。该本原藏聊城杨氏海源阁，后归姑苏潘博山，今存北京图书馆。

二是癸丑唐刻本。唐尧臣[6]于嘉靖三十二年（1554年）据陆稳壬子活字本刊刻，15卷，每页16行，每行17字。因唐本校刻精工，故备受后世刊刻家重视，清《四部丛刊》即选用此本。

据严灵峰《墨子知见书目》载，明代二百多年所刻《墨子》达28种之多，而《道藏》本以后的刻本，大多依据嘉靖本。嘉靖本以后较好的刻本还有：（1）茅坤万历九年（1580年）校刻《墨子》，共6卷，全文无批点、注释，文前有韩愈《读墨子》，陆稳《序》，文末有沈祖培亲笔题跋，此本今存[7]（童思泉涵春楼刊本，今藏北京图书馆；又日本国有宝历刻茅坤本，时当乾隆二十二年）。（2）郎兆玉[8]刻本，书名题为《郎完白先生重订墨子全集》，共十五卷，万历四十七年（1619年）

[1] 晋道教理论家葛洪（284—364）因视墨子为羽化登仙的仙人，故在他所编辑的道教典籍中收录了《墨子枕中五行记》一书，然他是否收录过《墨子》一书，已不可考。
[2] 陆国强编：《道藏》，北京文物出版社1996年第1版。
[3] 张宇初，贵溪人，字信甫，又字子璿，号无为子，汉张道陵43世孙，道教掌教，世号“天师”，卒于永乐八年（1410年）。
[4] 陆稳，字弘祚，吴兴人，官至刑部河南清吏司郎中。
[5] 蓝印本“卷九终”下有“沛八”字样。
[6] 唐尧臣，字贞山，南昌人，为陆稳之友。
[7] 另据王重民《善本书目提要考证》：“此本实即翻嘉靖唐尧臣本。”颇有见地。
[8] 郎兆玉，字完白，武林人，万历四十一年进士。

刊行，系据嘉靖壬子活字本校刊。该本有一定校勘价值，如《经说上53》，《道藏本》与唐尧臣本皆作“捷与狂之同长也”，误，郎本改“捷”作“楗”则不误。

（八）清经训堂本

毕沅[①]以《道藏》本为底本，辅以唐尧臣本，互校而成《墨子注》，乾隆四十八年（1783年）刊行，共十六卷。文前有自叙并附《墨子篇目考》，文末有孙星衍后叙[②]。《墨子》十五卷本，自宋李涛校时，已脱误甚多。明代刊本因循宋本，未加校雠。到毕沅《墨子注》出，书始可读，“则今日墨学复闻于世者，不可不推毕氏为首功”，然“毕校之好以意改原书”[③]，致其疏漏，在所难免。

（九）清孙诒让[④]《墨子间诂》本

此本有二：一为光绪乙未（1895年）活字本；二为宣统庚戌（1910年）年重订本。今行于世者即重订本。该本系作者孜孜不倦三十年，集录清代毕沅、王念孙、顾千里、苏时学、洪颐煊、俞樾、戴望、张惠言、杨葆彝等十数家之说加以考订校注而成，其完备堪称历代《墨子》校注之最。然其不足在于仅排比众说，很多地方不能裁夺得失以定一说。

**二、《墨子》重要版本目录**

（一）白本墨子版本目录

《墨子》　墨翟著

七十一篇本　《汉书·艺文志》著录。

七十二篇本　《吕氏春秋·当染》高诱注云：“七十二篇。”

十五卷本　《隋书·经籍志》著录按：外“目”一卷。

无卷数“子钞”本　宋马端临《文献通考》著录按：梁庾仲容节抄。

①毕沅(1730–1797)，字秋帆，自号灵岩山人，江苏镇洋（今太仓县）人，乾隆进士，官至湖广总督。

②据孙星衍《墨子注后叙》，星衍为阳湖人，与卢文弨（仁和人）、翁覃谿（大兴人）皆好《墨子》，曾一同参与毕沅《墨子注》的校刊工作。

③栾调甫：《墨子研究论文集》，人民出版社1957年版，第102页。

④孙诒让（1848–1908)：字仲容，浙江瑞安人，清代经学家和古文字学家。

无卷数“治要”本　唐魏徵节录在《群书治要》内。

十六卷意林本　唐马总《意林》节抄本。

三十五篇本　《荀子·修身篇》杨倞注称：“三十五篇”，孙诒让云：“疑当作‘五十三篇’”。

十五卷本　《旧唐书·经籍志》著录。

十五卷本　《新唐书·艺文志》著录。

十五卷本　宋王尧臣《崇文总目》著录。

十五卷本　宋晁公武《郡斋读书志》著录。

十五卷本　宋陈骙《中兴馆阁书目》著录注云：“自亲士至杂守六十一篇亡九篇。”

十三卷本　宋王应麟《玉海》引《中兴馆阁书目》著录。

十五卷本　宋马端临《文献通考》著录。

十五卷本　宋郑樵《通志·艺文略》著录。

十五卷本　明弘治年间吴宽钞本清陆漻《佳趣堂书目》著录。

三卷本　明弘治十二年吴宽钞本清钱曾《读书敏求记》著录。

三卷本　明正德元年俞弁抄本清黄丕烈《士礼居题跋》著录。

十五卷本　明高儒《百川书志》著录并云：“凡七十一篇。”按：篇数疑据“目录”为之，非谓全七十一篇也。

十五卷本　明嘉靖三十一年陆稳校芝城活字蓝印本。

明嘉靖三十二年唐尧臣刊陆稳校本。

1919年上海涵芬楼《四部丛刊》影印唐尧臣刊本。

1929年上海涵芬楼第二次影印《四部丛刊》本。

1937年上海涵芬楼缩印《四部丛刊》影印本。

1966年台湾商务印书馆重影印《四部丛刊》缩印本。

十五卷本　明嘉靖三十六年江藩白贲拱枘重刊唐尧臣本。

| | |
|---|---|
| 一卷本 | 明嘉靖年间刊“子汇”本李之鼎《增订丛书举要》著录。 |
| | 明万历五年重刊“子汇”本。 |
| | 1937年上海涵芬楼影印重刊“子汇”本。 |
| | 1966年台湾艺文印书馆重影印涵芬楼“子汇”本。 |
| 节本 | 明隆庆元年含山县儒学刊沈津《百家类纂》本。 |
| | 明万历四十年万卷楼改名叶向高刊《百子类函》本。 |
| | 朝鲜李朝肃宗十八年闵昌道重刊《百家类纂》本。 |
| 六卷本 | 明刊茅坤校阅本。 |
| | 明万历九年童思泉涵春楼《墨子全编》重刊茅坤校本。 |
| | 日本宝历七年须原屋茂兵卫刊秋山仪校茅坤本。 |
| 四卷本 | 明万历三十年冯梦桢辑《先秦诸子合编》绵眇阁刊本。 |
| | 明天启元年施全昌重刊绵眇阁本。 |
| 十五卷本 | 明会稽钮石溪世学楼刊本。清钱曾《读书敏求记》著录并云:“钮氏世学楼本共十五卷七十一篇亡节用等九篇。”按:未明抄本或刻本。 |
| 十五卷本 | 清乾隆三十八年抄《四库全书》本。 |
| | 清乾隆三十八年于敏中辑摛藻堂《四库荟要》抄本。 |

(二)毕沅注本版本目录　毕沅注

| | |
|---|---|
| 十六卷本 | 清乾隆四十八年灵岩山馆刊《经训堂丛书》本。 |
| | 清光绪二年浙江书局《二十二子》复刊灵岩山馆本。 |
| | 清光绪九年浙江图书馆复刊《二十二子》重印灵岩山馆本。 |
| | 清光绪二十三年湖南新化三味书局复刊浙江书局《二十二子》重印灵岩山馆本。 |
| | 清光绪年间湖南星少书局复刊浙江书局《二十二 |

子》重印灵岩山馆本。

清光绪十三年上海大同书局石印《经训堂丛书》本。

清光绪十九年上海鸿文书局《二十二子》石印灵岩山馆本。

清光绪二十三年上海文瑞楼(图书集成局)《二十二子》聚珍排印灵岩山馆本。

清光绪三十四年上海文瑞楼"子书二十八种"聚珍排印灵岩山馆本。

清光绪年间上海积山书局横行《二十二子》(? )石印灵岩山馆本。

清光绪元年湖北崇文书局《子书百家》复刊灵岩山馆本。

1963年台湾古今文化出版社改题:《百子全书》影印灵岩山馆本。

1919年上海扫叶山房《百子全书》石印灵岩山馆本。

清宣统三年上海育文书局《子书二十八种》石印灵岩山馆本。

1915年上海育文书局《三十二子》石印灵岩山馆本。

1921年上海育文书局《子书三十六种》石印灵岩山馆本。

1914年上海扫叶山房《二十二子汇函》石印灵岩山馆本。

1919年上海扫叶山房大字《三十六子全书》石印灵岩山馆本。

1920年上海五凤楼《子书四十八种》石印灵岩山馆本。

1924年上海隆文书局《子书三十六种》石印灵岩山馆本。

1926年上海中华书局《四部备要》聚珍排印灵岩山馆本。

1966年台湾中华书局影印《四部备要》灵岩山馆本。

1920年上海中华书局缩印《四部备要》排印灵岩山馆本。

1920年上海中华书局缩印《四部备要》改《袖珍古籍读本》排印灵岩山馆本。

日本天保六年江户须原屋茂兵卫复刊灵岩山馆本（京都大学人文科学研究所藏）。

日本天保六年江户千钟坊重刊灵岩山馆本（四川省图书馆藏）。

（三）孙诒让“间诂”版本目录

《墨子间诂》 孙诒让注

十五卷 清光绪二十年苏州毛上珍聚珍排印本。

清光绪二十一年（？）《定本》墨子间诂刊本。

清宣统二年《定本》重印本。

1919年上海涵芬楼影印《定本》本。

1957年台湾艺文印书馆影印《定本》本。

1957年台湾印书馆籀庼居士全集影印《定本》本。

1931年上海商务印书馆《万有文库》初版排印本。

1934年上海商务印书馆《国学基本丛书》初版排印本。

1934年上海商务印书馆《国学基本丛书》再版排印本。

1935年上海商务印书馆《国学基本丛书》三版排印本。

1937年上海商务印书馆《国学基本丛书简篇》排印本。

1954年北京中华书局第一次重印商务印书馆《国学基本丛书》本。

1955年北京中华书局第二次重印商务印书馆《国学基本丛书》本。

1957年上海中华书局第三次重印商务印书馆《国学基本丛书》本。

1935年上海世界书局《诸子集成》第一集排印本。

1955年台湾世界书局改编《诸子集成》排印本。

1955年台湾世界书局改编《四部刊要》重印《诸子集成》本。

1954年北京中华书局第一次重印世界书局《诸子集成》本。

1955年上海中华书局第二次重印世界书局《诸子集成》本。

1956年上海中华书局第三次重印世界书局《诸子集成》本。

1959北京中华书局第四次改正重印世界书局《诸子集成》本。

民国成都福昌公司印本。

民国上海扫叶山房石印本。

(四)《孔丛子》版本目录

《孔丛子·诘墨》 孔鲋注

一卷 宋嘉祐年间刊足本《孔丛子》本。

清光绪元年海昌陈锡骐重刊宋嘉祐本。

宋刊《孔丛子》宋咸注巾箱本。

清乾隆年间阮元辑《宛委别藏》影抄宋巾箱本。

明翻宋刊本(杭州叶氏旧藏)。

1919年上海商务印书馆《四部丛刊》影印翻宋本。

1929年上海商务印书馆第二次影印《四部丛刊》本。

1936年上海商务印书馆缩印《四部丛刊》本。

1966年台湾商务印书馆重影印缩印《四部丛刊》本。

明万历五年刊本(日本静嘉堂文库藏)。

明抄《说郛》本(台湾"国立中央图书馆"藏)。

1927年上海商务印书馆张宗祥修订《说郛》排印本。

1963年台湾新兴书局重影印张宗祥修订《说郛》本。

明万历二十年新安程荣辑刊《汉魏丛书》本。

1925年上海涵芬楼影印《汉魏丛书》本。

清乾隆年间江西翻刻程荣《汉魏丛书》本。

明万历二十年武林何允中重编《广汉魏丛书》本。

清乾隆五十六年王谟辑金谿氏刊《增订汉魏丛书》本。

清光绪二年红杏山房重刊《增订汉魏丛书》本。

1914年蜀南马湖卢树柟修补《增订汉魏丛书》重印本。

清光绪六年三余堂重刊《增订汉魏丛书》本。

清宣统三年上海大通书局石印《增订汉魏丛书》本。

明万历四年潜庵子辑刊《子汇》本。

1937年上海涵芬楼影印明刊《子汇》本。

1966年台湾艺文印书馆重影印明刊《子汇》本。

1926年上海中华书局《四部备要》排印本。

1930年上海中华书局缩印《四部备要》本。

1930年上海中华书局缩印《四部备要》改《袖珍古书读本》本。

清道光年间钱熙祚刊《指海》本。

1935年上海大东书局影印《指海》本。

清光绪元年湖北崇文书局刊《子书百家》本。

1963年台湾古今文化出版社影印《子书百家》改《百子全书》本。

1919年上海扫叶山房石印《百子全书》本。

1920年鄂官书处刊本。

清同治年间四川宜宾卢氏翻江西本《诘墨》单行本。

1959年台湾世界书局《国学名著》排印本。

# 第三篇 哲学思想和人文思想

# 第一章 哲学思想

墨子的哲学思想相当系统、深刻。今存53篇《墨子》，程度不同地反映墨子及其弟子的宇宙观、认识论、伦理思想、宗教思想和逻辑思想。

## 第一节 宇宙观

墨子生活的战国初期，古代中国人对于自然界和宇宙还知之甚少。墨子及其弟子经过观察和研究，提出了比较全面的关于自然界和宇宙的观点和见解。

### 一、"名"与"实"

对于世界的本原，墨子认为是物质。"物，达也。有实必待文多也。"[1]这可以理解为"实"（实际），和"物"的概念外延一样大，可以互换使用。把"物"定义为外延最大的概念"达"，它的内涵就是"实"，即宇宙间实际存在着的东西。并且"实"（物质）在先，"名"在后；一定是先有一个个具体存在的客观的"物"，然后才有人对这个物的认识和命名。"名"不可能来自"虚无"。

①《墨子·经说上78》。

## 二、时空观

物质存在于何处？墨子认为存在于时间、空间之中。他给时间下的定义："久，弥异时也。"[1]"久，古今旦莫〔暮〕"[2]，即时间遍指各种不同的具体时间形式。例如，可以指古时、当今、清晨和傍晚等。关于空间："宇，弥异所也。"[3]"宇，东西南北"[4]，这是说空间包括所有的各种不同的具体空间形式。例如，空间可能指东方、西方、南方和北方等。那么，时间与空间又是什么关系呢？墨子认为，尽管运动物质的位置不断转换，但无论何时，它总处于某个固定的位置。具体的空间诸如东西南北，总是属于具体的时间，诸如古今旦暮。自古已然，无一例外（"长宇，徙而有处，宇。宇南北，在旦有在莫〔暮〕，宇徙久"[5]）。举一个具体的例子说，人在空间中行进，需用时间。如果行进速度恒定，那么行程远，历时长；行程近，历时短（"行循〔修〕以久，说在先后"[6]）。凡是恒速行进，必定是先到近处，后到远处。路程的远近，是指空间而言；结束行进的先后，是指时间而言。人们行进路程的远近决定于行进时间的多少。时间绵长悠远，无始无终。就这个意义上说，它是无穷的。不过，人们对运动所进行的考察，往往局限于某一个区域之内。在这个区域中，时间有开始有结束，从这个意义上来说，它又是有穷的（"行，者〔诸〕行者，必先近而后远。远近，修也；先后，久也。民行修必以久也，久有穷无穷"[7]）。"佢（区）宇不可遍举，子也"[8]，即有限空间不能一一列举，因为宇宙间有无数个有限空间。积无数区域之量，方可为宇。"穷，或（域）有前不容尺也"[9]。"莫不容尺，无穷也"[10]。穷，是指一个区域再前移一线之微也不能容纳。事实上，空间漫无边际，长若线线相续，永无终止之距，是谓无穷。《经说下64》又说："久，有穷无穷。"[11]即时间既有穷，又无穷。"若人过梁"[12]，人走过一座桥梁，就是有久之行；"天无陷，

[1]《墨子·经上39》。
[2]《墨子·经说上39》。
[3]《墨子·经上40》。
[4]《墨子·经说上40》。
[5]《墨子·经说下14》。
[6]《墨子·经下64》。
[7]《墨子·经说下64》。
[8]《墨子·经说下63》。
[9]《墨子·经上41》。
[10]《墨子·经说上41》。
[11]《墨子·经说下64》。
[12]《墨子·经说上50》。

则无之而无"①,永远不存在"天塌下来"这种奇怪的事,因为宇宙无始无终。在墨子看来,时间不能脱离空间,空间不能脱离时间,二者是相互包容的。就无限的宇宙来说,时空是无限的,无始无终的;就宇宙的某一区域的存在过程来说,时空又是有限的,有始有终的。

**三、运动和静止**

墨子认为,宇宙间的万事万物都在变动(运动)不已:"库,易也。"②"区穴若斯貌常"③。他以仓库喻宇宙,以万事万物喻仓库中的贮藏,认为宇宙间的所有事物都变动不已,而宇宙本身则是永恒的。又说:"尽,但止动。"④指出物质仅有静止和运动这两种存在方式,一切物质尽被这两种存在方式所统摄。

关于静止,墨子认为:"止,以久也。"⑤也即静止也需要时间的延续。静止实际上是一种不易觉察的速度小的运动。速度大的运动有类于牛和马易于分辨,如飞矢呼啸着穿过楹柱;速度小的运动,有类于"白马非马"的谬论难以区别,如行人缓缓地走过桥梁("止,无久之不止,当牛非马,若矢过楹;有久之不止,当马非马,若人过梁"⑥)。

墨子还区分了物质的各种运动形式。物体的增大或减少("益,大也"⑦。"损,偏去也"⑧。"损,偏也者,兼之体也,其体或去或存。谓其存者损"⑨),是因为物体数量的变化。物体绕轴运动就像去掉门闩以后门户敞开那样("动,偏祭从者,若户枢免瑟"⑩)。至于圆环在地面上滚动,圆环与地面形成了一个个连续不断的切点,这是圆的物体在平面上的转动("儇〔环〕,積〔俱〕秪〔柢〕"⑪)。物化,则是指事物形、质有所变易("化,征易也"⑫)。例如,青蛙可以变化成鹌鹑⑬("若蛙为鹑"⑭),这是说一种事物变成了另一种事物,反映出墨子

❶《墨子·经说下49》。
❷《墨子·经上48》。
❸《墨子·经说上48》。
❹《墨子·经说上42》。
❺❻《墨子·经说上50》。
❼《墨子·经上46》。
❽《墨子·经上45》。
❾《墨子·经说上45》。
❿《墨子·经说上49》。
⓫《墨子·经上47》。
⓬《墨子·经上44》。
⓭青蛙变成鹌鹑,这是古人普遍具有的观念,谓之物化。此说当然不符合生物进化的事实。
⓮《墨子·经说上44》。

生物进化的观点,隐含着物质运动包含着质变过程的思想。



### 四、"坚白相盈"——关于自然物的属性

"离坚白"和"盈坚白"是战国时期盛行的两个辩题,但"离坚白"辩题则早在孔子问老聃时已发生[1]。墨子坚主"盈坚白","坚白,不相外也"[2]。即认为石头的坚性和石头的白性,处处相盈而不是相分离的。他进一步指出,对于石来说,坚白二性无处不同时存在,有坚性必有白性,有白性必有坚性("于尺〔石〕无所往而不得,得二"[3]),石头的坚、白两种属性都不是孤立自存的,而是充满于物体,即固着在物体上,与物体不能分离。也就是说,属性与物体一样,都是客观的存在。

### 五、生命与知觉——关于物质和意识的关系

在远古时代,人们还完全不知道自己身体的构造,并且受梦中景象的影响,于是就产生了这样一种观念:"他们的思维和感觉不是他们身体的活动,而是一种独特的、寓于这个身体之中而在人死亡时就离开身体的灵魂的活动。"[4]即灵魂不死的观念。《墨经》对人的身体与知觉(意识)的关系作了科学论述:生命是形体与知觉共处的表现形式("生,刑〔形〕与知处也"[5])。形体与知觉充盈于生命之中,这是常有的,但也不是必然如此,因人有死亡之时("生,楹〔盈〕之生。商〔常〕,不可必也"[6])。人在睡眠状态,虽有智能,因不能与外界事物接触而没有求知的活动和知觉("卧,知无知也"[7])。梦境不过是睡眠时浮在脑海里的似然而非然的幻觉("梦,卧而以为然也"[8])。墨子认为,人的知觉(思维)能力依附于有生命力的形体,生命力一旦离开形体(死亡),人就失去了知觉(思维)能力。人在做

❶《庄子·天下》:"辩者有言曰,离坚白,若县(悬)寓。"
❷《墨子·经上66》。
❸《墨子·经说上66》。
❹《马克思恩格斯全集》第21卷,人民出版社1982年第3版,第315—316页。
❺《墨子·经上22》。
❻《墨子·经说上22》。
❼《墨子·经上23》。
❽《墨子·经上24》。

梦时,已不是求知的知觉,决不能把梦境当做现实。

在墨子看来,在无限广袤的宇宙之间,充盈着无限以各种形式运动变化着的物质;人们仅有知觉能力而不与外界事物接触,仍然不会有真正的知觉(意识),如做梦只能产生幻觉,因而知觉(意识)的产生不仅依赖于具备生命力(有知觉能力)的人,而且更依赖于这种人去接触外界事物。这种宇宙观承认自然界社会的客观性、物质性,承认人的意识对物质(人的生命体)的依赖性,应属古代朴素唯物主义的范畴。

## 第二节 认识论

墨子的"摹略万物"之学是经验与理性并重的认识论。

### 一、"摹略万物之然":论认识的目的

墨子把认识的兴趣拓宽到宇宙万物,包括自然界、人类认识和思维的各个领域,他规定"辩"(即辨别、分析的认识论)的总任务是"摹略万物之然,论求群言之比"[1]。即认识宇宙万物的本来面目,讨论搜求各家言论的是非得失。

"摹略万物之然"中的"摹",即摹写、反映。可见墨子的认识论是很明显的反映论。"略"即约要、要略,相当于抽象、概括,即在认识过程中有所弃取(去粗取精,去伪存真)。"然",指事物的面貌、状态、现象,也包括"所以然"(原因、本质、规律)。要真正做到"摹略万物之然",即概括、反映宇宙万物"然"和"所以然",就要"求故"和"明法"。

"故"在本体论意义上相当于原因,在逻辑学意义上相当于理

[1]《墨子·小取》。

由和根据。墨子在讲演和平时谈话中,把"故"和"原因"当做同义的范畴,墨子谈话时经常问到"是何故也"。墨子进一步对"故"的概念作出规定。他给出"故"的定义为"所得而后成",并细分"小故"和"大故"。"大故"是"有之必然,无之必不然"(相当于充分必要条件),"小故"是"有之不必然,无之必不然"(相当于必要条件)[1]。他又说:"故也,必待所为之成也。"[2]断定有因必有果,从而揭示了因果联系的必然性。而真正认识了因果联系的必然性,也就进而把握了事物的法则(规律)。

由于规定了"辩"的目的是了解宇宙万物之然和所以然,把握事物存在的原因和规律,就使墨家的认识论达到了一个前所未有的高度。

### 二、"过物"之知与"论物"之知——论认识的能力和过程

《墨经》意义连贯地论述了人的认识能力和认识过程,指出了认识的主体和认识的对象。他关于认识过程的见解,实际上已内含着现在所知的认识的感性和理性两个阶段。

"知,材也。"[3]"知也者,所以知也,而不必知。若明。"[4]即是说,人具有认识的机能能力"知"(智),这是人们认识世界、获得知识的生理条件。人是认识的主体。但仅有这种能力还不能必然取得知识,如同人只有健全的眼睛还不一定能看见东西一样。这样就否认了"生而知之"的唯心主义先验论。

"虑,求也。"[5]"虑也者,以其知有求也,而不必得之,若睨。"[6]这是说,人可以运用认识能力来探寻求索,但仅有求知的状态与活动,虽冥思苦索,也不能必然获得知识,犹如人用眼睛斜眼一瞥,不一定看清事物的面貌一样。这里肯定了求知不等于有真知,这就同

[1]《墨子·经说上1》。
[2]《墨子·经说上77》。
[3]《墨子·经上3》。
[4]《墨子·经说上3》。
[5]《墨子·经上4》。
[6]《墨子·经说上4》。

一切主观武断划清了界限。

"知,接也。"[①]"知也者,以其知遇物而能貌之。若见。"[②]此处"知"指感性认识,包括感觉、知觉、印象。它的主要特点是"接"和"过",即用人的认识能力同事物(认识对象)相接触,相过从,犹如用人的眼睛看见东西一样。"过物而能貌之"是很精确的概括。由于墨子认为"物"先存在,然后人们才"以其知(认识能力)过物",所以也同唯心主义的感觉论划清了界线。

"恕,明也。"[③]"恕也者,以其知论物,而其知之也著。若明。"[④]"执所言而意得见,心之辩也"[⑤],"知"下加"心"为"恕",为墨家所造字。墨者认为理性认识的特点,是用人的认识能力(心思)来分析辨别事物,整理感性材料而把握事物的条理、规律和内部联系。这种"恕",是理性之"知",即把握了事物的本质和规律,犹如用眼睛看东西看得一清二楚,明明白白。可见墨子对理性认识特点的把握也是精当的。

### 三、亲、闻、说;名、实、合、为——论认识的来源和内容

墨子按知识的来源不同把知识分作"亲知"、"闻知"和"说知";按知识的内容不同,把其分作"名知"、"实知"、"合知"和"为知"。

"亲知"是认识主体通过亲身观察得来的知识,即运用感觉器官(五路)感知外界事物,从客观世界获取各种知识信息。亲知属于直接得来的经验,其优点也正在于其直接性和现实性。"闻知"是认识主体通过听觉接受别人传授的知识信息。比如有两人,一个在室内,一个在室外,室外之人看到树木花草天气的颜色是"亲知",然后把室外的颜色告诉室内人,室内人了解的颜色就是"闻知"。对于认识主体而言,"闻知"属于间接知识。"闻知"较之"亲知"增加了传

❶《墨子·经上5》。
❷《墨子·经说上5》。
❸《墨子·经上6》。
❹《墨子·经说上6》。
❺《墨子·经说上91》。

播媒介的环节,因而增加了犯错误的可能。但亲知和闻知都得自经验,不过前者是直接经验,后者是间接经验,而间接经验还是从其他人那里听来的“直接经验”。“说知”超越时空限制,“由推论而得之智识”[1],即在感性认识的基础上,运用思维而获得的理性认识,也属于间接知识。但“说知”的科学性远大于“闻知”。墨者认为,人们可由已知作为前提推度未知,不能由未知怀疑所已知。可见《墨经》已把可知论贯彻到整个认识领域,旗帜鲜明地反对不可知论。

“实知”则是关于实物即认识对象的知识。“名知”是关于认识对象的语词、概念的知识。“合知”是把“实知”和“名知”配合起来,既知其实、又知其名的知识。“为知”是有计划、有目的自觉行动的知识,犹如今天所说的“实践之知”。例如墨者集团新吸收一名门徒,他看到了连弩车实物,这就是关于连弩车的“实知”;如果他读到关于连弩车的介绍,知道了连弩车的概念,这是“名知”;如果他既知连弩车之“实”,又知其“名”,那么这就是“合知”;如果他能综合运用所学到的连弩车知识,与别人制造连弩车,用来保卫城池,那么这就是“为知”。“为知”是认识的一个高级阶段。

**四、“三表”:论认识和真理的检验标准**

判定人的认识是不是真理要不要一个标准?如果要,这个标准又是什么?庄子说:“且有真人而后有真知。”[2]他认为“真人”之知就是不需要加以检验的真理。孟子则说:“心之官则思”,“此天之所与我者”,“思则得之,不思则不得”[3],“天……以行与事示之”[4]。他是以己之“思”和“天”之“示”作为真理标准。

墨子第一个明确提出,人的认识或言论正确与否需要有一个

❶梁启超:《墨经校释》,上海商务印书馆1922年第1版,第72页。
❷《庄子·大宗师》。
❸《孟子·告子上》。
❹《孟子·万章上》。

客观标准来判断:“辩,争彼也;辩胜,当也。”[①]“或谓之牛,或谓之非牛,是争彼也。是不俱当。不俱当,必或不当”[②]。“辩”就是“争彼”,就是关于以同一事物或同一命题为主词的两个矛盾命题的是非之争。这是牛,这是非牛,争论的结果必有一方不正确,一方正确。辩论的胜利者,因其认识“当”,即符合事实,从而掌握了真理。

那么,如何判定认识是否符合事实呢?客观事实本身是不能直接做出回答的,因而还必须要有另外一个标准来加以检验。于是墨子提出“三表”:“何谓三表?子墨子言曰:‘有本之者,有原之者,有用之者。于何本之?上本之于古者圣王之事。于何原之?下原察百姓耳目之实。于何用之?废(发)以为刑政,观其中国家百姓人民之利。’”[③]墨子的“第一表”是“闻”,就是去读“先王之书”,向上了解古时圣王的事迹;“第二表”就是“亲”,向下考察百姓的日常事实;第三表是“说”,就是把认识当做刑法政令,从中看看是否符合国家百姓人民的利益。“三表”所言,分别是“古时的经验”、“民众的经验”和“过去的事功”、“今天的政治实践”,而“古时的经验”原来也就是过去的“耳目之情”和“国家百姓人民之利”。可见,“三表”的实质是以经验(第一、三表为间接经验,第二表为直接经验)作为立言的标准,以实践作为认识真伪的标准。墨子还说:“天下之君子不知仁者,非以其名也,亦以其取也。”[④]他指出,天下君子选择的是“仁”还是“不仁”,决不是只看他讲的是不是“仁”,而是看他的行动是否符合“仁”。这里已隐含着检验认识真理性的标准是行动(实践)而不是“言说”的思想,在一定程度上接近了“检验真理的标准只能是实践”这一科学论断。

①《墨子·经上74》。
②《墨子·经说上74》。
③《墨子·非命上》。
④《墨子·贵义》。

## 第三节　辩证的方法论

《墨经》的辩证法，具有本体论和方法论的双重意义，即首先承认世界按其本性来说是辩证的；其次，认为人们看问题的方法也应当是辩证的。

### 一、同异交得：同异之辩中的辩证法

墨子及其弟子就"同异之辩"的哲学问题，提出了"同异交得"，即同异的相互渗透和同时把握的杰出思想。

(一)用异来定义同，把握异中之同

《墨子·经上88》说："同，异而俱于之一也。"即同是相异的事物都具有这一共同方面，这是用异来规定同。《墨经》列举了多种同："同：重、体、合、类。"[1]"二名一实，重同也。""不外于兼，体同也。俱处于室，合同也。有以同，类同也。"[2]两个名称称谓同一实体，是谓重同，如"墨子"和"墨家学派创始人"。同一个整体的不同组成部分，叫体同，如齐、鲁同属中国。不同个体处于同一空间，叫合同，如二人同在一个教室上课。两个事物有相同之处叫类同，如白马、黄马都是马类，高个子、矮个子都是人类。

《墨经》还谈到法同："法取同，观巧传。"[3]法即标准、方法、规律之意。法也就是事物存在与发展的所以然之"故"。如大圆小圆都符合"一中同长"(一个圆心，等长半径)的"法"，都可用圆规来绘成。小方、大方都符合"柱、隅四权"(四边四角相等)的"法"，都可用矩尺来画成。

从相异的事物中观察同类(相同本质)和同法(相同规律)，是

[1]《墨子·经上86》。
[2]《墨子·经说上86》。
[3]《墨子·经说上94》。

认识的重要任务。《经上》近百条定义和分类是墨家观察同"类"的例子;《经下》八十余条是墨家观察同"法"的例子。

(二)用同来定义异,把握同中之异

《墨子·大取》说:"有其异也,为其同也;为其同也异。"是说事物有相异之处,恰恰在于有其相同之处;所有的相异,都生长在相同的根基上。从本体论来考察,一切实际存在的东西都是物,"实"(实体)和"物"(事物)两个概念的外延一样大。所以墨子说:"物,达也(外延最大的名),有实必待文多也。"[①]"万物毕同"说的是世界的物质统一性,万物都是在客观实在这一点上相同。

《墨经》区分了多种异:"异:二、不体、不合、不类。"[②]"二必异,二也。不连属,不体也,不同所,不合也。不有同,不类也"[③]。两个个体必然相异,是谓"二必异",这与"德国近代哲学家莱布尼茨(1646—1716)的'相异律'(凡物莫不相异,天地间没有两个彼此完全相同之物)非常相似"[④]。不在一个整体之内的两个组成部分叫"不体之异",如甲的左手和乙的右手。不在一个空间之内的两个组成部分,叫"不合之异",如二人在不同的教室上课。两个事物在某些重要方面没有相同点,叫"不类之异"(本质不同造成的差异),如一块石头与一条狗。

(三)同异交得:同和异的相互渗透与同时把握

"同异交得"是墨家提出的一个重要概念,即同和异兼得,亦即同中见异,异中见同,同一性和差异性二者相互渗透和同时把握。《经上89》说"同异交得,放(仿)有无"。为证实"同异交得"的观点,《经说上89》列举了"有"和"无"的十三个例子:一个人家中富有,但缺乏良好的知识素养,或者一个人穷得身无分文,然而却具备良好的知识素养,这就是"有无"这两种对立性质共存于一人之身。一数

①《墨子·经说上78》。
②《墨子·经上87》。
③《墨子·经说上87》。
④孙中原:《墨学通论》,辽宁教育出版社1993年第1版,第93页。

跟不同的数比较度量，可以既多且少，如齐疆域比宋、鲁大，而比楚、越小，这是既多且少之一例。利剑的作用在于消灭敌人，铠甲的作用在于保存自己，然而只有消灭敌人才能有效地保存自己，所以利剑有类似于铠甲的作用，即既可致敌“死”又可保己“生”。这是“死生”两种对立性质共存于一剑之身。一位妇女比她女儿长一辈，但比她妈妈少一辈，这是“长少”两种对立性质共处于一人之身。一个区域的“中央”，可以是另一个区域的“旁边”，一圆的中心可以位于另一圆的周边，这是“中央”和“旁边”这两种对立性质共存于一个空间之中。古代的“霍”字可以指一种水鸟鹤，也可指一个人的姓，所以只说一个“霍”字，就不知道是指一种水鸟，还是指一个人。一个合适的价钱，必是对卖者足够“贵”，而对买者又足够“贱”，这是“贵贱”两种对立性质共存于一种价钱之身，等等。

墨家不仅总结出了“同异交得”的辩证法思想，而且广泛运用于当时思想界的大辩论中，取得了杰出成就：

1.坚白相盈

“坚白，不相外也”[1]，“于尺（石）无所往而不得二（指坚白）。坚异处不相盈，相非，是相外也”[2]。墨家认为，坚、白这两种相异的性质在同一块石头中是互相渗透、包含和联系着的，而不是互相排斥、分离和割裂的。即使把一块坚白石打碎，每一小块石头都兼有坚、白两种性质。这有力地驳斥了公孙龙“坚白相离”的形而上学、唯心主义的观点。

2.是文与是不文同说

“文”与“不文”为相异的两性质，这两种性质又统一于同一个是（即此，这个），这就是同异交得。如一棵树长了50年，50年后被加工成栋梁，那么生长了50年谓之“文”，而就其变成栋梁而言，又是

[1]《墨子·经上66》。
[2]《墨子·经说上66》。

"不文"。《经说下82》说:"不。是是,则是且是焉。今是文于是,而不于是,故是不文。是不文,则是而不文焉。今是不文于是,而文于是,故是文与是不文同说也。"意即由"是"变为"不是",但这个"是"在未变之前还是"是"。现在这个"是"作为"是"已经存在很久了,而变为"不是",所以这个"是"又是"不文"。虽然这个"是"是"不文",但它毕竟存在了一段时间,所以这个"是"又是"文"。现在这个"是"既"不文于是",又"文于是",因而可以说是"文"与"不文"的统一。这个"同异交得"的例子,体现了古代杰出的辩证法和辩证逻辑思想。

3.勇是敢和不敢的同异交得

墨子说:"勇,志之所以敢也。"[1]"以其敢于是也命之,不以其不敢于彼也害之"[2]。即勇是人敢于做某件事情的意志,但有所敢必有所不敢。敢于为集体、社会、国家的利益牺牲自己,必不会为个人利益而损害集体、社会、国家的利益。墨家的道德就是可以损己利人,不可损人以利己。敢和不敢这相异的性质共集于一人之身就构成为"勇"。墨家对"勇"的含义,恰当地把握了这一概念的辩证性,给人以深刻的启迪。

## 二、两而勿偏:观察思考的全面性

《墨经》说:"见,体、尽。"[3]"时者,体也,二者尽也。"[4]"权者两而勿偏。"[5]"见"即观察;"体见"即部分观察,只见一面;"尽见"即全面观察,看到两面。"权"即权衡,思考,思考问题时要顾及两面,而不要只顾及一面。

狭义《墨经》(经上下、经说上下4篇)贯彻观察思考的全面性原则,分析了许多对立现象,提出了一系列成对的概念范畴,如小故和大故(必要条件和充分条件)、体和兼(部分和整体)、尺和端(线

❶《墨子·经上20》。
❷《墨子·经说上20》。
❸《墨子·经上82》。
❹《墨子·经说上82》。
❺《墨子·经说上84》。

和点)、知和恕(感性认识和理性认识)、言和意(语言和思维)、敢和不敢、利和害、誉和诽(表扬与批评)、功和罪、赏和罚、同和异、久和宇(时间和空间)、有穷和无穷、止和动、有久和无久、损和益、必和不必、智和欲(理智和欲望)、广和修(长)、能和不能、俱一和惟是(元素和集合)、今和古、欲和恶、有和无,唱与和(主与从)、亲知和说知(直接知识和间接知识)等等。

在《墨子·大取》中,墨家着重论述了对利害进行全面权衡的方法。"于所体之中而权轻重之谓权。权非为是也,亦非为非也。权,正也。利之中取大,害之中取小也"。权的本义是指秤锤、标准,通过秤杆的杠杆作用同所称之物相比较,就可知物之轻重,所以权又引申为衡量。由于在人的实践中常常是福祸同门,利害为邻,所以对利害的权衡取舍就大有学问。墨家采用全面分析方法,制定出权衡利害的原则是:"两利相权取其大","两害相权取其轻"。两利相权取其大,容易决策,因不是被迫的,可以主动争取,从容而为。而两害相权取其轻,就颇费踌躇,不易决策。例如经商办货,路过人迹罕至的深山老林,遇到拦路抢劫的盗匪,寡不敌众,如果被迫采取"断指(砍掉一个指头)以免身(保全性命)"的策略,就毋宁说是祸中取福,害中取利,无论如何这总比失财亡身、人财两空要好得多。

《小取》说:"故言多方(方法、道理)、殊类、异故,则不可偏观也。"不可偏观,即反对片面观察,反对只看到一面就匆忙下结论。又说:"其然也,有所以然也。其然也同,其所以然不必同。"事物的现象相同,其本质、来源不一定相同,因而需作深入全面地分析。《墨经》中"两而勿偏"的全面性原则与"同异交得"的辩证观念,是一脉相承的。事物的矛盾性决定认识的全面性,事物的辩证性要求应用辩证的分析方法,方法跟对象要一致,否则人们就无法认识世界和改造世界。《墨经》包含了世界观和方法论相统一的思想。

## 第四节 伦理思想

墨子伦理学的核心思想是"兼相爱，交相利"，围绕这一思想，他论述了伦理学的仁、义、忠、信、孝、勇、任、智等问题，内容丰富，影响深远。

### 一、兼爱思想及其社会功用

墨子作为一个积极救世的社会活动家提出"兼爱"主张，其根本目的是为了从伦理方面消除社会混乱的根源，进而使社会从"乱世"走向"治世"。他认为"世乱"的根源即在于人与人之间不相爱。"乱何自起？起不相爱。……子自爱，不爱父，故亏父而自利；弟自爱，不爱兄，故亏兄而自利；臣自爱，不爱君，故亏君而自利"[①]，以致国与国相攻，家与家相篡，人与人相贼，"君臣不惠忠，父子不慈孝，兄弟不和调。"[②]他断言："天下之人皆不相爱，强必执弱，富必侮贫，贵必敖(傲)贱，诈必欺愚。"相反，"若使天下兼相爱，国与国不相攻，家与家不相乱，盗贼无有，君臣父子皆能孝慈"[③]，如此，天下就会走向大治，所以他提出了以"禁恶而劝爱"的"兼爱"说为核心的伦理思想。墨子的伦理思想批评了儒家传统的宗法等级观念，代表了当时迫切希望改变自己社会政治地位的小生产者的利益，反映了下层劳动人民之间相爱互助、互利互惠的朴素美德。

### 二、"兼相爱，交相利"：墨子伦理思想的核心

何谓"兼爱"？《墨经》中"兼"与"俱"、"尽"、"周"词意相同，"兼

❶❸《墨子·兼爱上》。
❷《墨子·兼爱中》。

爱”也就是“俱爱”、“尽爱”、“周爱”。墨子认为:“兼即仁矣、义矣。”[1]“仁,体爱也。”[2]“义,利也。”[3]又说:“爱己者,非为用己也。不若爱马者。”[4]“爱人不外己,己在所爱之中。”[5]“志以天下为芬,而能能利之,不必用。”[6]这就是说“兼爱”就是行“仁”施“义”,就是“爱”“利”他人;自己虽然也在“兼爱”之内,但自己对于别人的仁爱,完全发自纯真的内心,不存在任何利己的私念,这与爱马是为了供人驱使、曳重致远是大不一样的。立志使天下的人“交相利”,以此作为自己义不容辞的职分,并努力实现这一宏伟抱负,即使不见用于王公大人,也在所不辞。“大抵墨子之言兼也,含有‘交’义。言爱也,包有‘利’言。其曰‘兼爱交利者’,详言之,即‘兼交的爱利’”,“爱亦有交,利亦有兼”,“兼”就是“尽”,“交”就是“交互”、“相互”[7]。“兼爱”的原意也就是:每一个人要爱、利所有的人,所有的人都要互施爱、利于对方。

至于施予爱、利的范围,墨子认为应当是除残害天下的“暴乱之人”[8]以外的社会全体成员。对社会上层,他处处为之设谋献计,以使永保其所有,还殷切希望他们能实行他的兼爱主张;对下层,“爱利万民”[9],“爱利百姓”[10],“为万民兴利除害”[11]等,更是墨子上说下教的常语。他视上下同利,混“国家百姓人民之利”[12]为一利,统称为“天下之利”[13]。事实是,墨子的“兼爱”是一种不分国界、家别、人我的普遍的爱,即所谓“视人之国若视其国,视人之家若视其家,视人之身若视其身”[14]。

不仅如此,墨子还把“爱”推到人的外延的全部。他论证了“无穷不害兼”[15](空间和人的无穷不妨害兼爱)、“不知其数而知其尽”[16](不知国人的具体数目,仍可知国人尽得其爱)、“不知其所处,不害爱之”[17](不知道国人住在何处不妨害兼爱),还说“爱众世”(人口多的世)和“爱寡世”(人口少的世),“爱尚(上)世与爱后世(爱前代人

[1]《墨子·兼爱下》。
[2]《墨子·经上7》。
[3]《墨子·经上8》。
[4]《墨子·经说上7》。
[5]《墨子·大取》。
[6]《墨子·经说上8》。
[7]伍非佰:《墨子大义述》,新亚会1935年排印本,第28、29页。
[8]《墨子·非儒下》认为:“暴乱之人也得活,天下害不除,是为群残父母而深贱(贼)世也,不义莫大矣。”
[9]《墨子·尚贤中》。
[10]《墨子·鲁问》。
[11]《墨子·尚同中》。
[12]《墨子·非命上》。
[13]《墨子·明鬼下》。
[14]《墨子·兼爱中》。
[15]《墨子·经下73》。
[16]《墨子·经下74》。
[17]《墨子·经下75》。

与爱后代人)，一若今之世人也"[1]。在墨子看来，只要是人，都是被爱的对象，即使奴隶、仆人也不例外："获，人也。爱获，爱人也。臧，人也。爱臧，爱人也。"[2]

### 三、为彼犹为己：对等互报的原则

墨子在阐述他的"兼爱"学说时，提出了"为彼犹为己"(即为别人就像为自己)的道德原则。如对待别的国家，就像对待自己的国家，对待别人的都市，就像对待自己的都市；对待别人的家，就像对待自己的家，等等。也就是说，在处理人际关系中，要事事处处替别人着想，急人之所急，与人为善，成人之美。

墨子"为彼犹为己"的原则的出发点是先"为彼"，即把他人放在第一位。他认为，自己先为他人，他人也会对等地给自己以回报："爱人者，人亦从而爱之。利人者，人亦从而利之。恶人者，人亦从而恶之。害人者，人亦从而害之"[3]。又说："吾必先从事乎爱利人之亲，然后人报我以爱利吾亲也。"[4] 他引用《诗经》中的话说："无言而不售(回答)，无德而不报。""投我以桃，报之以李。"这说明这些早已存在于劳动人民中间的道德风尚，正是墨子爱利对等互报原则的理论渊源。

### 四、墨子伦理思想的其他重要概念

社会伦理关系是十分复杂的。墨子从"兼爱"这一核心思想出发，阐述了当时君臣、父子、兄弟、朋友、主仆等等应当遵循的伦理规范。他要求："为人君必惠，为人臣必忠，为人父必慈，为人子必孝，为人兄必友，为人弟必悌。"[5] 考《墨子》一书，墨子拟定的"修己"、"治人"的德目甚多，主要有仁、义、忠、信、孝、廉、任、勇诸条。

1《墨子·大取》。
2《墨子·小取》。
3《墨子·兼爱中》。
4 5《墨子·兼爱下》。

(一)仁。仁道学说为孔子所独创,儒家以“仁”为人生修养的最高境界。墨子继承了孔子的思想,度物量事常以“仁”为标准:“仁者之为天下度也,辟(譬)之无异乎孝子之为亲度也。”[1]真正的仁者是为天下苍生谋利益的。什么是仁?“仁,体爱也”[2]。“仁,爱己者,非为用己者,不若爱马”[3]。在墨子看来,“仁”为众德之元,而爱由“仁”生,“仁”为“体”,而“爱”为“用”。仁者之爱人,爱人如爱己,这种“爱”是发自内心、纯真的“爱”,这就像爱自己并不是为使用自己一样,也不像爱马那样,爱马的本心是为了更好地使用马。

(二)义。墨子极重“义”。《墨子》专列《贵义》一篇。墨子认为:“义,天下之良宝也。”[4]“万事莫贵于义”[5]。何为“义”?《经上8》说:“义,利也。”《经说上8》云:“义,志以天下为芬(分),而能能利之,不必用。”“义”就是使天下人“交相利”,并把使天下人“交相利”当做自己义不容辞的职分,并努力使之实现,即使不见用于王公大人,也在所不辞。可见墨子所说的“义”,就是谋天下人的“公利”。关于“义”的作用:“天下有义则生,无义则死;有义则富,无义则贫;有义则治,无义则乱。”[6]他又说,古代圣王“为政”,能做到“不义不富,不义不贵,不义不亲,不义不近”[7]。可知“义”不仅可以服人,可使人富贵亲近,而且还关系到天下人的生死治乱。“义”既然如此重要,那么,就“必去喜,去怒,去乐,去悲,去爱,而用仁义;手足口鼻耳目,从事于义”[8]。“我得天下而不义,不为也。”[9]

(三)忠。“忠”也为孔子所创。无论于人于事,于民于国,凡尽其心尽其力,甚至献出生命者,谓之“忠”。墨子对于“忠”有很深刻的认识,认为“忠”就是为国尽忠,为国计民生之利而强谏君上(“忠,以为利而强低〔氐〕也”[10]);就是考虑到君国的利益,不可妄自谦卑,而要伸张正义,坚持真理,但在入见君上时仍执君臣之常礼(“忠,

[1]《墨子·节葬下》。
[2]《墨子·经上7》。
[3]《墨子·经说上7》。
[4]《墨子·耕柱》。
[5]《墨子·贵义》。
[6]《墨子·天志上》。
[7]《墨子·尚贤上》。
[8]《墨子·贵义》。
[9]《墨子·鲁问》。
[10]《墨子·经上12》。

不利弱孙，足将入正容”[1]）。所谓忠臣，就是“上有过，则微之以谏，已有善，则访之上，而无敢以告外，匡其邪而入其善，尚同而无下比，是以美善在上，而怨仇在下，安乐在上，而忧戚在臣”[2]，“知而不争，不可谓忠”[3]。墨子认为，“忠”或“不忠”，关系到天下之得失：“昔者三代之圣王，禹、汤、文、武，百里之诸侯也，说忠行义取天下。三代之暴王，桀、纣、幽、厉，仇忠行暴失天下。”[4]在他看来，即使贵为君王，也要讲“忠”讲“义”，这种道德尺度就有了普遍性。

（四）信。“信”从人从言，人言谓之“信”，不“信”则不是“人言”。孔子云：“人而无信，不知其可也。”[5]“民无信不立”[6]。墨子对于“信”的理解，与儒家近似。他说：“信，言合于意也。”[7]他认为“诚信”就是人的言语要合于心识，而不指言语合于事实（“信，不以其言之当也”[8]）。凡人意发于内心，而言出于口，心口如一，言必有当，言而合意，就可叫做“信”。“信”对于人的功用，墨子明确提出“言不信者，行不果”，“行不信者，名必耗。”[9]他是把“信”当做“行果”和“名立”的主要原因。换言之，不讲“信”的人，行动起来犹犹豫豫，畏缩不前，就不可能得到人民的信赖，难以做到扬名立功于天下。

（五）孝。儒家认为，“孝”为百行之先。墨子对于“孝”德也是十分重视的：“入则孝慈于亲戚（父母），出则弟长于乡里”，就能得到“上之所赏而百姓之所誉也”[10]。他认为“厚亲，分也”[11]，即对父母恪尽孝道，是做人子的本分。那么，墨子理解的“孝”是什么？“孝，利亲也”[12]，“孝以利亲为芬（分），而能能利亲，不必得”[13]。即孝以利亲为职分，如果本身之才能又能够做到“利亲”之实，就一定要做到；但这样做并不是为了得一个孝子之名，或者为了另有所得，比如得到家产等。由此可知，墨子不曾“非”孝德，孟子斥墨子“兼爱”为无父，确有偏颇之处。孙诒让说：“墨氏兼爱，固谆谆以孝慈为本，其书具

①《墨子·经说上12》。
②④《墨子·鲁问》。
③《墨子·公输》。
⑤《论语·为政》。
⑥《论语·颜渊》。
⑦《墨子·经上14》。
⑧《墨子·经说上14》。
⑨《墨子·修身》。
⑩《墨子·非命上》。
⑪《墨子·大取》。
⑫《墨子·经上13》。
⑬《墨子·经说上13》。

在,可以勘验。”[1]

(六)勇。勇也是人生必具之道德。墨子对于“勇”的认识非常深刻,至今仍为不刊之论:“勇,志之所以敢也。”[2]“勇,以其敢于事也,命之;不以其不敢于彼也,害之。”[3]在墨子看来,“勇”首先表现为敢于进取的坚强意志。但“勇”包含两个方面的含义:敢与不敢。一方面表现得敢于进取,固然应当名之为“勇”,而在另一方面表现得不敢去为,并不伤害其为勇的美名。如一个“兼士”或“君子”,虽敢于为天下之公利奋不顾身,同时也一定不敢谋取非分的私利,否则不能称为“兼士”或“君子”。

(七)任。墨子忘己而济人,以绳墨自矫而备世之急,“摩顶放踵利天下,为之”[4],是因其道德修养之高,而尤以“任”德最为突出。“任,士损己而益所为也”[5]。“任,为身之所恶,以成人之所急”[6]。《说文解字》云:“任,保也。”凡是能保护人者谓之“任”。“任”就是甘于牺牲自己,以求有益于所为(利天下)之事,有益于所知所爱之人。任者,可以捐财出力,赴汤蹈火,杀身舍生,以拯救他人。患难是别人所急于求人救助的,而捐财出力,赴汤蹈火,杀身舍生,又是自己所厌恶的,但墨家(任者)都能做到“为身之所恶,以成人之所急”,完全牺牲掉个人利益乃至生命,道德境界非常崇高。如墨子“服役者百八十人,皆可使赴火蹈刃,死不旋踵”[7]。墨子大弟子禽滑釐率三百人为宋国守城,“孟胜死,弟子死之者百八十”[8],都是很好的例证。

## 第五节 天鬼观

墨子作《天志》、《明鬼》,表现了他具有宗教唯心主义的思想倾

[1] 孙诒让:《墨子间诂·通论第五》。
[2]《墨子·经上20》。
[3]《墨子·经说上20》。
[4]《孟子·尽心上》。
[5]《墨子·经上19》。
[6]《墨子·经说上19》。
[7]《淮南子·泰族训》。
[8]《吕氏春秋·上德》。

向。但墨子提倡“尊天”、“事鬼”，其根本目的在于实现他提出的“兼相爱，交相利”、由乱世达到治世的社会政治理想，他的整个人生观是积极入世的，而且他对于天和鬼神还抱有相当程度的怀疑，因而墨子不是宗教家。



**一、“尊天”、“事鬼”主张的思想来源和缘由**

墨子提倡“尊天”、“事鬼”是便其民俗，其思想来源就是当时盛行于世的宗教迷信思想。考战国之初，天、鬼迷信虽开始动摇，但还是社会的统治思想。终春秋之世，从天子、大臣到平民、奴隶，其思想总体上仍未脱出“天”、“帝”是宇宙的主宰、鬼神能祸福于人的藩篱。如孟子说：“天降下民，作之君，作之师。”[1]具有进步思想的晋乐师师旷承认“天生民而立之君”[2]。即使春秋时期最有名的进步人物，主张“天道……非所及”[3]的郑国执政大臣子产，也承认鬼神存在。他既劝说韩宣子要祀“其神化为黄熊”的鲧，又肯定伯有（姓良名霄，伯有是其字）鬼魂的存在，并立其子为大夫“以抚之”，认为“鬼有所归，乃不为厉”，“匹夫匹妇强死，其魂魄犹能冯（凭）依于人，以为淫厉。况良霄……从政三世矣”[4]。虢国史嚚说：“神，聪明正直而壹者也，依人而行。”[5]虞国宫之奇也认为：“鬼神非人实亲，惟德是依。”[6]史、宫二人都认为鬼神还具有聪明正直、赏善罚恶的性格。

墨子继承了这一思想，但墨子讲“尊天”、“事鬼”，其根本目的不是宣传迷信，愚弄群众，而是把它作为一剂治乱的药方。《墨子·鲁问》说：“国家淫僻无礼，则语之尊天事鬼。”“淫僻无礼”的表现是：“大则欺小也，强则侮弱也，众则贼寡也，诈则欺愚也，贵则傲贱也，富则骄贫也，壮则夺老也。是以天下之庶国，方以水火毒药兵刃以相贼害也。”[7]又说：“三代圣王既没，天下失义，诸侯力正（政）。是

❶《孟子·梁惠王下》。
❷《左传·襄公十四年》。
❸《左传·昭公十八年》。
❹《左传·昭公七年》。
❺《左传·庄公三十二年》。
❻《左传·僖公五年》。
❼《墨子·天志下》。

以存夫为人君臣上下者不惠忠也,父子弟兄之不慈孝弟长贞良也。正长之不强于听治,贱人之不强于从事也。民之为淫暴寇乱盗贼,以兵刃毒药水火,退(追)无罪人乎道路率径,夺人车马衣裘以自利者,并作由此始,是以天下乱。"[1]由于"淫僻无礼"造成天下大乱,那么是什么造成了"淫僻无礼"呢?墨子认为,"皆以疑惑鬼神之有与无之别,不明乎鬼神之能赏贤罚暴也"[2]。因"天下之士君子之于天也,忽然不知以相儆戒"[3]。即凡从事淫暴、寇乱、盗贼的勾当,从事那些不仁不义、不忠不惠、不慈爱不孝的无礼行为,都是因为心中没有天,没有鬼神的存在,不明白天与鬼具有赏善罚恶的能力。因此墨子作《天志》、《明鬼》,提倡"尊天"、"事鬼",以解决"国家淫僻无礼"这一乱源。

二、"天"与"天志"

墨子在《天志》上、中、下三篇中,对天和天志作了全面论述。归结到一点,"天"是墨子之"法仪"(度量天下人的标准),"天志"即墨子之志。

(一)"天"为创造宇宙万物的最高神明

天为何物?墨子认为,天是创造之母,天创造了包括人在内的宇宙万物。"古者天之始生民"[4],人是天创造的。天为了人的利益,又作了如下创造:"以磨(离)为日月星辰,以昭道之(照明引导人民)。制为四时春秋冬夏,以纪纲之(以作为人民劳作休息的常规)。雷降雪霜雨露,以长遂(生长)五谷麻丝,使民得而财利之。列为山川溪谷,播赋百事(广布各种事业),以临司民之善否。为(置立)王公诸伯,使之赏贤而罚暴。"[5]可见,天不仅创生人类,而且制定自然的结构和秩序,广开产业,设官分职,兴办人事,天具有创造万物的

[1][2]《墨子·明鬼下》。
[3]《墨子·天志上》。
[4]《墨子·尚同下》。
[5]《墨子·天志中》。

最高神明的地位。

作为宇宙间最高的神明，天具有最高尚的道德性："今夫天兼天下而爱之，交万物以利之，若豪(毫)之末，莫非天之所为也，而民得而利之，则可谓厚矣。"[1]天兼爱万民，交利万物，而爱、利正是墨家道德的实质表现。因此，"天之行广而无私，其施厚而不德，其明久而不衰"[2]。天的道德是任何人不可类比、不可逾越的。

天还能赏善罚恶，予人以祸福："爱利人者，天必福之；恶人贼人者，天必祸之。"[3]"杀不辜(无罪)者，天予不祥。杀不辜者谁也？曰：人也；予不祥者谁也？曰：天也"[4]。即使贵为天子，天也能施以赏罚："天子为善，天能赏之；天子为暴，天能罚之。"[5]可见天的赏罚带有普遍性，并且是无可逃避的。

在墨子看来，天还是政治的最高统治者。一般人认为，天子为政于天下，是政治上的最高掌权人。墨子却说，天子受政于天，只有天才是政治上的最高统治者。其理由是："天下无(论)小大国，皆天之邑也，人无(论)长幼贵贱，皆天之臣也"[6]，"义者政(正)也，无从下之政(正)上，必从上之政(正)下"[7]。在墨子看来，从庶人、士、将军、大夫、三公诸侯，以至天子，层层向上看齐，"天子又总天下之义，以尚同于天"[8]。"……天子未得恣己(任由己意)而为政，有天政(正)之。"[9]

(二)"天志"即墨子之志

"天志"即上天的意志，墨子所说的"天志"，就是他的治乱世的"药方"和他的社会政治理想。

首先，天是"义"的本源。墨子认为，义是"天下之良宝"[10]、"天下之大器"[11]。"义者，正也"[12]，"义，利也"[13]，义是公正的利，不论用于私人还是用于公众，都是合乎道德的。义用于施政，就是"义政"，必能

❶❹❺《墨子·天志中》。
❷❸❻《墨子·法仪》。
❼❾《墨子·天志上》。
❽《墨子·尚同下》。
❿《墨子·耕柱》。
⓫《墨子·公孟》。
⓬《墨子·天志下》。
⓭《墨子·经上8》。

利国利民:"今用义为政于国,人民必众,刑政必治,社稷必安,所为贵良宝也,可以利民也。"[1]那么"义"从何出? 墨子说:"义不从愚且贱者出,而必从贵且智者出。""然则孰为贵孰为智? 曰:天为贵天为知(智)而已矣。然则义果自天出矣"[2]。那么,"天之意,义之经也"[3]。"顺天之意者,义之法也"[4]。

其次,天之欲恶与墨子一贯倡导的主张完全相同。"天何欲何恶者也? 天必欲人之相爱相利,而不欲人之相恶相贼也"[5]。"顺天之意何若? 曰:兼爱天下之人"[6]。又说:"天之意,不欲大国之攻小国也,大家之乱小家也。强之暴寡,诈之谋愚,贵之傲贱,此天之所不欲也。"天还"欲人之有力相营,有道相教,有财相分也。又欲上之强听治也,下之强从事也",如此以求达到"刑政治,万民和,国家富,财用足,百姓皆得暖衣饱食,使宁无忧"[7]。可见,这些墨子再三申明"戒之慎之"、"不可不慎"、"不可不察"的"天意",不过是墨子本人一贯倡导的政治主张的翻版:提倡"兼相爱,交相利",反对"兼相恶,交相贼";提倡"非攻"、患难相扶、和睦相处,反对恃强凌弱、穷兵黩武;提倡强力从事和事在人为,反对"有命"和懈怠职守。所谓天欲"刑政治,万民和,国家富,财用足",这是墨子梦寐以求的理想社会。

(三)"天志"即最高"法仪"

墨子认为人们做事必须要有标准法则可循,才能把事情做好,即使发表言论,著书立说也必须先立下标准,才能分辨是非利害。他把标准法则叫做"法仪",认为"天下从事者,不可以无法仪。无法仪,而其事能成者无有也"[8]。上至王侯将相,下至庶民百工,做事一定要有个标准。那么,什么可以作为治国的标准呢? 墨子认为父母、师长、君王"仁者寡",若以父母、师长、君王为法则,"此法不仁

❶《墨子·耕柱》。
❷❹《墨子·天志中》。
❸❻❼《墨子·天志下》。
❺❽《墨子·法仪》。

也”[1]。他认为“天之行广而无私，其施厚而不德，其明久而不衰”[2]，完全能够作为天下的标准和法则。换言之，“天行广”含有普遍有效的意义，“无私”、“施厚而不德”含有客观、公平的意义，“明久而不衰”表示明确而且长久有效。正因为天具有普遍有效性、客观性、公平性、明确性和长久性，所以它能成为人类行为的标准。在墨子看来，“既以天为法，动作有为必度于天，天之所欲则为之，天之所不欲则止”[3]。而天的所欲或不欲，就是天意或天志。所以他在著作中写道：“我有天志，譬若轮人之有规，匠人之有矩。轮匠执其规矩，以度天下之方圆，曰：中者是也，不中者非也。”[4]墨子就是拿“天志”当做规矩（法仪）去度量人类行为的：“子墨子之有天之意也，上将以度天下之王公大人为刑政也。下将以量天下之万民为文学出言谈也。观其意行，顺天之意，谓之善意行，反天之意，谓之不善意非。观其言谈，顺天之意，谓之善言谈，反天之意，谓之不善言谈。观其刑政，顺天之意，谓之善刑政，反天之意，谓之不善刑政。故置此以为法，立此以为仪，将以量度天下之王公大人卿大夫之仁与不仁，譬之犹分黑白也。”[5]墨子以“天志”作为人类言行的最高法仪，认为王公大人、天下万民只要依“天志”（兼相爱，交相利）行事，就不至于淫僻无礼。

### 三、鬼神观

墨子继承了殷商以来中国人“尚鬼”的思想，不仅相信鬼神的存在，而且对鬼神十分敬畏。专门作《明鬼》申述他的观点。墨子把古今的鬼神分作三类：“有天鬼，亦有山水鬼神，亦有人死而为鬼者。”[6]为证明鬼神确实存在，他首先提出“感觉论”的原则：“天下之所以察知有与无之道者，必以众之耳目之实，知有与无为仪（标准、

❶❷❸《墨子·法仪》。
❹《墨子·天志上》。
❺《墨子·天志中》。
❻《墨子·明鬼下》。

法则)者:请或闻之见之,则必以为无……"[1]从这种狭隘的经验主义出发,他列举了周、燕、宋、齐等国《春秋》所记载的有关传闻,如杜伯之鬼射死周宣王,人面马身的句芒传天帝之命,赐秦穆公十九年寿命,庄子仪之鬼荷朱杖击燕简公等,声称鬼神乃"众人所同见","众人所同闻"[2]。其次,他还举出"足以为法"的"三代圣王"来证实鬼神不虚:"昔者武王之攻殷诛纣也,使诸侯分其祭,曰:'使亲者受内祀,疏者受外祀。'故武王必以鬼神为有,是故攻殷伐纣,使诸侯分其祭;若鬼神无有,则武王何祭分哉!"[3]

在墨子看来,鬼神比人类明智,甚至比圣人还明智。他说:"夏后殷周之相受也,数百岁矣。使圣人聚其良臣,与其杰相(杰出相国)而谋,岂能知数百岁之后哉?而鬼神知之。是故曰:鬼神之明智于圣人也,犹聪耳明目之与聋瞽也。"[4]

鬼神最重要的特征是能监视人间一切,能公正地赏贤罚暴,并且具有强大的威力:"鬼神之明不可为幽间广泽山林深谷,鬼神之明必知之。"对于"吏治官府之不洁廉,男女之为无别者",以及"民之为淫暴寇乱盗贼,以兵刃毒药水火,退(追)无罪人乎道路率径,夺人车马衣裘以自利者"[5]都能看见。"鬼神之所赏,无小必赏也;鬼神之所罚,无大必罚之"。"鬼神之罚,不可为富贵众强、勇力强武、坚甲利兵,鬼神之罚必胜之"[6]。在墨子看来,鬼神的监视与天相同,无处不在,无所隐蔽;鬼神的赏罚无论大小,该赏则赏,该罚则罚,而且鬼神的惩罚是任何人都无法抗拒的。即使如夏王桀、殷王纣"贵为天子,富有天下","人民之众兆亿,侯盈厥泽陵"[7],也难逃其诛罚。正因为如此,才能使人们"施行不可不董(正)"[8],"是以吏治官府不敢不洁廉……民之为淫暴寇乱盗贼,以兵刃毒药水火,退(追)无罪人乎道路,夺车马衣裘以自利者,由此止"[9]。因为举头三

①②③⑤⑥⑦⑧⑨《墨子·明鬼下》。
④《墨子·耕柱》。

尺有神明，人们常怀谨慎恐惧之心，就不至于胡作妄为，这正是墨子倡导“明鬼”的真实用意所在。

至于鬼神与天的关系，墨子虽未明说，但据《明鬼下》的记载，要处罚桀纣的不是鬼神，而是上天的意志：“天乃使武王至（致）明罚焉。”[1]鬼神行事仍是遵循天的意志，鬼神的赏罚，也就是上天的赏罚。上天与鬼神是主使和服从的关系，上天发令，鬼神执行，因而“天志”与“明鬼”，其意相通。

**四、对天、鬼的怀疑**

墨子是当时的大科学家，重实际不重空谈，当他提出的天、鬼能“赏善罚暴”的有神论观点同实际生活发生矛盾，遭到学生怀疑、质问和反对时，他就不得不对自己的有神论说教，做出某种程度的限制和修正。

有一次墨子病了，他的学生跌鼻看他时问：先生您认为鬼神什么都知道，能够降祸或赐福于人，善者得赏，恶者得罚，先生您是圣人，又怎么会得病呢？莫非您说的话有什么不对吗？墨子从容回答：“虽使我有病，何遽不明人之所得病者多方，有得之寒暑，有得之劳苦，百门而闭一门焉，则盗何遽无从入？”[2]他是说，信仰和祭祀鬼神，只能堵塞使人生病的一个漏洞。这等于说99%的生病原因，都不是鬼神所能决定，鬼神致病只占1%。这就对有神和无神两种观点采取了折衷调和的立场。

在关于“明鬼”的讲演中，他还做出“若使鬼神请（诚）忘（无）”[3]的无神论假定。他说假使鬼神真的没有，那么花费在祭品上的钱财也不是白白地倒在沟壑中扔掉，而是“可以合欢聚众，取（聚）亲于乡里”[4]，即把本家族和同乡里的人欢聚在一起，大家痛痛快快地吃

①③④《墨子·明鬼下》。
②《墨子·公孟》。

一顿，联络一番乡里亲情，岂不是大好事。墨子这种解释反映了他已从有神论转到了无神论的立场。

甚至在某些地方，墨子还斥责相信鬼神的荒谬：鲁国季孙绍与孟伯常共执国政，互不相信，却到丛林中的庙宇里祷告说：希望鬼神使我们和好。墨子说："是犹弇(掩)其目而祝于丛社曰：'苟使我皆视'，岂不缪(谬)哉！"①

对于上天，墨子也不是一贯奉若神明。有一次墨子从鲁国到齐国去，半路上遇到一个相面算卦的"日者"，"日者"告诉他：上帝今天在北方杀黑龙，您的脸长得黑，往北方去不吉利。墨子没有听从"日者"的迷信说法，毅然北行，因恰碰上淄水暴涨不能过而返回。"日者"说：我告诉您不能北去您不相信，果然行不通吧！墨子立即用归谬法给予驳斥："南之人不得北，北之人不得南，其色有黑者，有白者，何故皆不遂也。且帝以甲乙杀青龙于东方，以丙丁杀赤龙于南方，以庚辛杀白龙于西方，以壬癸杀黑龙于北方。若用子之言，则是禁天下之行者也，是围心而虚天下也。子之言不可用也。"②这说明墨子在日常生活中，还是坚持朴素唯物主义的立场，抛弃有神论观点，不为上帝鬼神之类的谎言所欺骗。从这个意义上说，墨子实在不是、至少不是彻头彻尾的宗教有神论者，他对人格的天、鬼存在的信仰并不十分坚决。事实上，他的天鬼观是一种神道设教，是他企图改造社会和人心而采用的一种方法和策略。

## 第六节 逻辑思想

《墨子》一书，包含了丰富的逻辑思想，特别是《墨辩》6篇(《墨经》4篇和《大取》、《小取》2篇)，系统阐发了墨家的逻辑学说。在先

①《墨子·耕柱》。
②《墨子·贵义》。

秦思想史乃至中国古代思想史上独树一帜，因而具有非常重要的价值。

墨子的逻辑学说主要包括五个方面的内容：

**一、关于墨子逻辑的宗旨**

关于研究、阐发逻辑的宗旨，墨子认为是"摹略万物之然，论求群言之比"[1]。意思是说，通过研究辩学（即逻辑学）的形式、规律和方法，为人们提供正确认识世界的工具，为辩者提供百家争鸣的武器。在墨子看来，世界既然是可以认识的，那么人世间就可以发现和规定是非标准，人们之间的辩论就不是无益的，而是总会有水落石出、真相大白的时候。

从《墨子》一书看，墨子逻辑的视野和应用范围十分广阔，而其主体部分，是讨论语词、概念和范畴，语句和判断，思维规律，推理、证明、反驳诸方面的问题。

**二、论语词、概念和范畴**

语词、概念和范畴，在《墨经》中叫做"名"。《墨经》精研了名的性质、作用和种类，列举并解析了上百个科学范畴的定义与分类，在逻辑学的概念论上做出了重要贡献。

（一）关于"名"的性质和作用

《小取》说，"以名举实"。《经上》31、32说："举，拟实也。""言，出举也。"这是说，"名"的主要作用是列举事实。列举、模拟、摹略，是人的意识对外界事物的认识作用，其实质是概念、范畴的抽象、概括作用。这种抽象、概括作用，需要通过语言来实现，所以说"言，出举也"。

[1]《墨子·小取》。

《大取》说:"名,实名。实不必名。"即名称是实体的名称,而有实体不一定有名称,这是最明显的唯物主义的反映论。墨子从事物、语言和意义三者关系上说明了"名"的性质和作用,而"名"(语词、概念、范畴)又是语言的构成因素,所以墨家逻辑的研究就从概念论开始。

(二)"名"的种类

1.兼名和体名:集合和元素的概念

集合和元素的关系问题,在古代曾引起人们的困惑和惊异,名家公孙龙等人把两者混为一谈,在逻辑上进行诡辩。

《墨经》把集合概念称为"兼名",元素概念称为"体名",比如牛马是"兼名",牛、马各为"体名"。《墨经》进一步指出:"欧物一体也。说在俱一、惟是。"[1]"俱一若牛马四足,惟是当牛马。"[2]也就是说,事物都可区分为一些大大小小的集合,它们都具有两个方面的性质,即元素的各个独立性和集合的唯一整体性。以"牛马"为例,如说"牛马四足",指的是牛是四足,马是四足,这一"四足"的性质是从牛马的非集合的即类的意义上说的,即牛和马两个元素各有四足;而不是从集合意义上说牛马两个元素仅有四足。"惟是"如说"牛马"的集合,则是说由"牛"、"马"两个元素构成的"牛马",牛是牛,马是马,牛马是牛马,用公式表示,即A=A,B=B,AB=AB。

2.以形貌命者和不可以形貌命者:实体、属性和关系概念

《大取》说:"以形貌命者,必知是之某也,焉知某也。不可以形貌命者,虽不知是之某也,知某可也。"

"以形貌命者",指实体概念或具体概念,它是以事物的形态、状貌命名,如山、丘、室、庙等,其特点是一定要知道它指谓的那种对象(实体),才能了解它。

❶《墨子·经下13》。
❷《墨子·经说下13》。

“不可以形貌命者”是指那些抽象概念，它不是以事物的形态、状貌命名，而是指谓事物的属性和关系。因此，抽象概念又分为属性概念和关系概念两种。

属性概念带有绝对性，它不依赖于跟别的事物相比较，而本身就是如此。如说这块石头是“白”的，“白”的性质是石头本身具有的，“白”色渗透在石头的每个颗粒中。关系概念则带有相对而言性，它必须依赖于跟别的事物相比较，才是如此。如说这块石头是“大”的，这是由于有一块小石头作为参照物才可以这样说。如果把这块石头砸碎，就不一定能说每小块石头仍是“大”的。

3.达、类、私：范畴、普遍概念、单独概念

《经上78》说：“名，达、类、私。”《经说上78》说：“物，达也，有实必待文多也。命之马，类也，若实也者必以是名也。命之臧，私也，是名也止于是实也。”

“达名”是外延最大的普遍概念，即最高层次的概念，相当于范畴，如“物”是一个哲学范畴，它同“实体”范畴一样大。“类名”是一般普遍概念，或叫类概念。类名可根据外延大小配成一定序列，如“四足”、“兽”、“马”，它们是外延越来越小的类概念，四足动物包括兽，兽类包括马。私名则是外延最小的单独概念，它反映的则是一个特定的个体，比如“臧”就是一个叫“臧”的男仆。

墨子的达、类、私这三种名称，恰巧与一般、特殊、个别这三种实体相对应。《墨经》以此为基础，初步制定了一个囊括各门科学的范畴体系。

4.《墨经》的范畴体系

广义《墨经》定义了众多的科学范畴。仅就《经上》而言，可以说是墨家的范畴篇，其中从“故”到“正”共百条，或用定义，或用分类，

从内涵或外延上规定了上百个各门科学的范畴。

关于世界观方面的范畴有：物（物质）、实（实体）；久（时间）、宇（空间）；有穷、无穷；损益（增加或减少，量变）；化（变化、质变）；法（规律）。

关于认识论的范畴有知（知识）、见（观察）、讹（错误）。

关于政治学的范畴有功、罪、赏、罚、诽（批评）、誉（表扬）等。

关于伦理学的范畴有仁、义、礼、忠、孝、勇、利、害等。

关于物理学的范畴有动（运动）、止（静止）、力等。

关于数学的范畴有方、圆、平、直、中、厚、倍等。

关于逻辑学的范畴有名、言、说、辩、类、故、且（将来时或现在时模态词）、尽（全称量词）、服（说服）、止（反驳）、正（真理）等。

可见，《墨经》中有一个独特的范畴王国，这些范畴各有专门与独特的规定，至今仍不失其重要的科学价值。

### 三、论语句和判断

墨子在他的著作中讨论了语句和判断的关系与真假，以及判断的种类等问题，不乏精辟之见。

#### （一）语句、判断和实际的关系与真假

关于语句和判断的关系，《墨经》指出，语句是用来表达判断的；说出语句，是口部的正常功能；用语句表达判断，是人心的思考辨别作用；听别人说话，是耳部的正常功能，根据听到的别人所说的语句而把握其中的判断，是人心的审察分析作用。这里准确地表达了语句和判断的关系。

墨子认为，语句、判断不仅有肯定与否定之分别，而且还有真假的不同：凡是语句、判断中的断定（肯定、否定）符合实际，叫做

"当"或"是",也就是"真";否则,即是"不当"、"非",也就是"假"。

墨子在涉及言(语句)、意(判断)和实际三者的关系上,除要求人们的判断符合实际之外,还要求语句符合判断,即既信且当,而不要信而不当,更不能既不信也不当。准确地表达判断,抒发思想,而力避词不达意,言意相离,随口乱说,这本身就是墨子逻辑学的宗旨。

(二)判断的种类

《墨经》研究了各种判断的性质、特点和表达方式。

1.全称判断和特称判断

《经上42》说:"尽,莫不尽然也。""尽"为全称量词,在一个论域里,没有不是如此的,等值于全都如此,即所有S都是P,这是全称判断。

《小取》说:"或也者,不尽也。""或"是特称量词,它的定义是"不尽",即不是全部。用公式表示:有的S是P,或有的S不是P。

例如,两个点相交,二者完全重合,那么这就是全称肯定判断。如果一根直线与一个点相交,从点这一方面说是完全重合,从直线这一方面说是不完全重合。有的是完全重合,即特称肯定判断;有的不是完全重合,即特称否定判断。

2.假言判断

《小取》说:"假者,今不然也。"假设是表示一个与当前事实不符合的假定、设想。以这个假设为条件,可以引申出一定结果。那么断定这种条件和结果之间关系的判断,就称为假言判断。产生一定结果的条件通常叫做原因,《墨经》叫做"故"。

《经说上1》说:"小故,有之不必然,无之必不然。""小故"相当于必要条件,"有之不必然,无之必不然",是必要条件假言判断前后件之间关系的公式，即有p不一定有q，无p一定无q；如果p那么q或者非q，如果非p则非q。"大故"相当于充分必要条件，"有之必然，无之必不然"，是充分必要条件假言判断前后件之间关系的公式，即有p一定有q，无p一定没有q；如果p则q，如果非p则非q。

必要条件可称为"体因"，往往由基于必要条件（体因），可以复合成充分必要条件，即"兼因"。以"见之成见"（看东西看见了）为例：

（1）只有对象确实存在，才能看见对象（体因一）；

（2）只有对象与人目有适当距离，才能看见对象（体因二）；

（3）只有光线合适，才能看见对象（体因三）；

（4）只有人目视力正常，才能看见对象（体因四）。

如果上述四个必要条件（体因）都具备了，那么就构成了人目看见对象的充分必要条件（兼因）。

3.模态判断

《墨经》用时间模态词"且"和"已"表述三种时间观念：一是在事物发生之前用"且"，相当于现代汉语的"将"、"将要"，表将来时态；二是在事物发生过程中也用"且"，相当于现代汉语的"正在"、"刚刚"，表现在时态；三是事物发生后用"已"，相当于现代汉语的"已经"，表过去时态。

（1）实然判断（过去时与现在时模态）

《经下49》说："无不必待有，说在所谓。"

《经下61》说："可无也，有之而不可去，说在尝然。"

《经说下49》说："若无焉，则有之而后无。无天陷，则无之而无。"

《墨经》认为，一件事情可以是无（无不必待有），但一旦有了

（发生了），就不能把它从历史上抹掉（有之而不可去），因为它确实曾经发生过。“无”并不以“有”为必要条件，这里就看你说的是哪种“无”。如说“我现在无焉（鹏）鸟了”，这是指过去曾经有过，而后来变无焉了。又如说“没有天陷（天塌下来）”，是指从来就没有天塌这回事。

（2）或然判断（将来时模态）

在一个事物过程发生之前而判定它有可能发生，使用将来时模态词“且”。

《小取》说：“且入井，非入井也；止且入井，止入井也。”

这里是说，即将入井，仅表示一种“入井”的可能性（或然性），它不等于“入井”（现实性）；但是采取措施阻止“入井”的可能性，那么“入井”的现实性也不会出现。

（3）必然判断（全时间性模态）

必然判断带有必然模态词“必”。《墨经》指出必然判断的论域如果涉及一类事物，则带有全称性和全时间性，即贯串于过去、现在和将来三个时态。用公式表示就是：

①所有S必然P→所有S是P→并非有S不是P

②有S不是P→并非所有S是P→并非所有S必然P

**四、论形式逻辑的基本规律**

墨子对形式逻辑的基本规律同一律、矛盾律、排中律，都有所论及。

1.同一律

《经说下68》说：“正名者‘彼此’。‘彼’、‘此’可；彼‘彼’止于‘彼’，此‘此’止于‘此’。”这里“彼止于彼”、“此止于此”和“彼此止于彼此”，就是谈语词、概念的同一律，实际上是形式逻辑的同一律。彼彼、此此与彼此同，是指“彼”、“此”和彼此都要遵守形式逻辑的同一律。用公式表示就是A=A，B=B，AB=AB；即牛=牛，马=马，牛马=牛马。

2.矛盾律

矛盾律在形式逻辑中是一条非常重要的规律，它是归谬式反驳方法的核心。《墨经》明确表述了矛盾律，并有精确熟练的运用。

墨子首先发现和应用“悖”（自相矛盾）的概念，来揭露论敌违反矛盾律的错误，并逐步把矛盾应用于反驳，总结出归谬式的类比推理法。

墨子说：“世俗之君子，贫而谓之富则怒，无义而谓之有义则喜，岂不悖哉？”①

墨子常用比喻，形象地说明论敌自相矛盾的荒谬性和不合理性。比如“命人包而去其冠”（叫人包裹头发又要人把包头发的帽子取下）、“禁耕求获”（制止耕种又想求取收获粮食）、“负剑求寿”（把利剑的刃放在脖子上求得长寿）以及“少见黑曰黑，多见黑曰白”。

3.排中律

排中律与矛盾律关系密切，二者是同一件事情的两面。矛盾律断定矛盾判断不能同真，必有一假；排中律则是断定矛盾判断不能同假，必有一真。

墨子在发现矛盾判断“不俱当，必或不当”（矛盾律）的同时，也发现了“不可两不可”，必有一“当”的真值规律，即排中律的规定。他在《经说下67》指出，说“牛马非牛也”、“牛马牛也”，这就是矛盾两可，自相矛盾，而说“牛马非牛也，未可，牛马牛也，未可”，这种矛盾“两不可”，就是违反排中律。墨家认为，合乎逻辑的结论应当是

①《墨子·耕柱》

矛盾着的两个判断的分析和取舍,“或可或不可”。

### 五、论推理、证明和反驳

推理、证明和反驳,《墨经》统称之为“说”。墨子研究了“说”的实质、方式和规则。

(一)什么是“说”

“说”的本意是说明、解释。《小取》定义说:“以说出故。”“说”的实质是揭示一个“辞”(即推理的结论和论证的前提)所以成立的理由、根据。

(二)“说”的方式

《墨经》讨论了“说”的多种形式。

1.譬:譬喻式的类比推论

《小取》对“譬”定义是“举他物而以明之也”,即列举另一事物来说明这一事物。这相当于类比推理。如《公孟》:“执无鬼而学祭礼,是犹无客而学客礼也,是犹无鱼而为鱼罟也。”

2.侔:不同语言表达式的类比推论

《小取》说:“侔也者,比辞而俱行也。”孙诒让注说:“侔,齐等也。”由此可见,“侔”就是根据某种语言表达方式而进行的类比推论。墨子共列举出五种侔式推论:

(1)是而然侔式推论

一命题为肯定,在此命题主、谓项前附加同一成分后,仍为肯定。公式为S=P,并且QS=QP。如“白马是马”,在“白马”和“马”前分别附加“乘”这一动作成分,则变成:“乘白马是乘马。”

(2)是而不然侔式推论

一命题为肯定,在此命题主、谓项之前附加同一成分后,变为否定。如《小取》说:“获之亲,人也;获事其亲,非事人也。”意思是说,获得双亲是人,获侍奉双亲,却不是为双亲当奴仆。用公式表示:S=P,并且QS≠QP。

(3)不是而然侔式推论

甲词不等于乙词,但在甲乙二词上附加同一成分,构成新的复合概念,意思则相等。

《小取》说:“且出门,非出门也,止且出门,止出门也。”意思是“将要出门”,不等于“出门”,而采取措施阻止“将要出门”,却可以说是“阻止出门”。用公式表达,S≠P,并且QS=QP。

(4)一周而一不周侔式推论

一个词语有时遍及所有对象,有时不遍及所有对象。公式表达为:AB有时遍及B各分子,有时相反。《小取》说:“爱人,待周爱人,而后为爱人;不爱人,不待周不爱人。”其意是说,只有“爱”遍及所有的人,才算“爱人”;“不爱”则不必遍及所有人,只要不爱一个人,就算作“不爱人”。

(5)一是而一非侔式推论

两个词句结构,用一种内容代入时二者相等,而用另一种内容代入时则不相等。用公式表示:f(A)=g(A),并且f(B)≠g(B),《小取》举例说:“之马之目盼,则谓之马盼;之马之目大,而不谓之马大。”即这个马眼瞎,可说这个马瞎;如果这个马的眼睛大,却不能说这个马大。

3.援:以对方主张为前提的类比推理

《小取》认为,“援”就是援引对方的主张,作为类比推论的前提,以引申出自己同样的主张。换言之,你若赞成“彼”,我就可以援引你所赞成的“彼”,来类比论证我所赞成的“此”。例如:彼:“且入井,非入井也;止且入井,止入井也。”此:“且夭,非夭也;寿且夭,寿夭也。”

4.推:归谬式的类比推论

《小取》定义说:“推也者,以其所不取之,同于其所取者,予之也。”“推”是辩论中常用的一种反驳方式,其特点是以对方所不赞同的论点,跟对方所赞同的论点是属于同类这一点为根据,来反驳对方的所不取,用逻辑的力量迫使对方改变态度,变“不取”为“取”,从而达到在辩论中说服对方的目的。

墨子在论证“尚贤”学说时,指出现在王公大人杀一牛羊,必索良宰;做衣裳必索良工;治疲马必索良医,可见他们是知道尚贤使能的,但是王公大人对于治理国家大事,却不知道尚贤使能,这难道正常吗?

“推”这种反驳方式,应看做是类比推论和归谬法反驳方式的结合:就两件事情、两个论点相同、相似引出结论而言,是类比推理;就揭示两件事情、两个论点本属同类,但对方一为赞同,一为反对而言,就是归谬式。在论辩中,“推”这种反驳方式是非常有力的,常把论敌逼到自相矛盾、无言以对的难堪境地。

(三)“说”的规则

墨子研究了思维的基本规律在各种辩论方式中的表现,制定了“说”的规则。《大取》在论及“语经”即思维表达的规则时说“三物毕具”,然后辞足以生。“夫辞以故生,以理长,以类行也者”。

1.辞以故生:充足理由律

“辞以故生”,就是指某一结论或论题必须凭借充足的理由才能成立,这相当于西方传统逻辑中的充足理由律。建立一个论题,作出一个结论,如果说不出充分理由,就是虚妄不实。比如“天下雨了,所以地湿了”,“天下雨”可必然地推出“地湿”的结论。由此可见，分析事物的条件和因果关系，列出该论断之所以成立的充足理由是推理的基本任务。如果能做到这一点，一个论断的成立就毋庸置疑了。

2.辞以理长：形式有效律

所谓“辞以理长”，指一个结论的推出，即推论形式符合已经证明为真的一般规律或标准的法式，也就是推理形式有效，可称之为形式有效律。

在《墨经》中，道理、方法、法则可以互训。《经上70》说：“法，所若而然也。”法则就是遵循着它就可得到一个确定结果的东西。如“圆，一中同长也”的法则，用圆规画出封闭曲线（以规写交）的方式就可画出标准的圆形。《小取》说：“效者，为之法也。所效者，所以为法也。故中效则是也，不中效则非也。”“效”就是提供标准的法式，也就是在进行正确的“演绎推理”，那么结论是正确的。

3.辞以类行：同类相推论

类是由事物性质所决定的同异界限与范围。《经说上86》：“有以同，类同也。”《经说上87》：“不有同，不类也。”墨家所谓“辞以类行”，即指同类才能相推的原则。认为建立一个论断，如果混淆事物类别，就要立即遭到困难。《小取》提出“以类取，以类予”，即搜求例证进行证明、反驳，要符合事物同异的类别。墨子之所以拿盗窃行为与大国掠夺小国的行为作类比，就是二者在不劳而获这一点上是一致的。

墨家逻辑即墨辩，是可与西方亚里士多德的逻辑学和印度因明学相媲美的体系，其基本形式和规律是一致、互通的。这说明逻辑并非为某个民族所专有，而是全人类共同的认识和思维工具，是属于全人类的共同财富。

# 第二章 政治 经济 军事

## 第一节 政治学说

建立在“兼爱”学说基础上的“尚贤”、“尚同”论，既是墨子的政治理想也是他的政治理论。墨子的尚贤主张，较儒家详尽深刻。为政必须尚贤，其正确性古今无别。而“尚同”认为政治必须由贤人在位，统一思想，清除百人百义交相非的纷乱局面，建立起强有力的中央政府，这是针对当时天下诸侯攻伐兼并、处士横议而提出的顺应潮流的进步主张。因而“尚贤”、“尚同”思想被后世儒家、法家等吸收，以致成为封建统治思想中的重要组成部分。

### 一、“兼爱”

“兼爱”既是墨子整个思想体系的核心，也是他的政治学说的核心，同时还是他的伦理规范，它贯穿于墨子理论和实践的始终。墨子心目中的理想社会就是一个兼爱人人、和睦相处的人间天堂。

墨子的“兼爱”大体包括两层意思：一是每个人都是平等的，应不分人我，不别亲疏、贫富、贵贱，毫无差别地爱一切人；二是人与人之间应和平相处，对等互报，互爱互利。墨子的“兼爱”已把局限于统治阶级范围内的“亲亲、尊尊”的爱发展成为包括统治阶级在内的针对所有人的爱，即不分血缘关系的亲疏远近和等级身份的高低贵贱的普遍平等的爱。墨子第一次把千千万万“饥者不得食、寒者不得衣、劳者不得息”的贫苦大众推为爱的对象，抛弃了统治阶级视人民为牛马的阶级偏见。

战国时代，由于各个诸侯国的割据混战使整个社会陷入了相互斗争、相互倾轧、相互篡夺的状况之中：“若大国之攻小国也，大家之乱小家也，强之劫弱，众之暴寡，诈之谋愚，贵之敖贱”[1]，比比皆是。针对这种“别相恶、交相贼”的混乱局面，墨子以天下为己任，站在小生产者和广大劳动人民的立场上，从道德的角度出发，指出天下一切祸乱产生的根源在于人们“不相爱”。所以他提倡并大声疾呼要“兼相爱”、“交相利”。在他看来，只要实行“兼爱”，社会上一切祸乱灾难皆可以消亡，天下便可以达到大治。“兼爱”成了墨子治理乱世的基本途径和重要方法。

那么，如何才能实行“兼爱”呢？墨子主张“视人之国，若视其国”，即要求每个人从思想上抹去人与人之间的差别与冲突，把别人的国、家、身当做自己的国、家、身一样去尊重和爱惜，把别人的父母、兄弟、妻子、儿女当做自己的父母、兄弟、妻子、儿女一样去亲爱。如果能够做到这些，那么“诸侯相爱，则不野战；家主相爱，则不相篡夺；人与人相爱，则不相贼……君臣相爱，则惠忠；父子相爱，则慈孝；兄弟相爱，则和调。天下之人皆相爱，强不执弱，众不劫寡，富不侮贫，贵不敖贱，诈不欺愚”[2]，天下一切祸乱怨恨便会烟消云散。

## 二、列德尚贤

在春秋以前，基本上依据宗法血缘的“世卿世禄”制度规定进

[1]《墨子·兼爱下》。
[2]《墨子·兼爱中》。

行任官和封赏,所谓"周道亲亲"、"立嫡以长不以贤"[1]。春秋中后期,政治、军事斗争日趋激烈,贤能人才的作用日益突出,各国统治者开始认识到人才的重要性,如晋文公虽仍"昭旧族,爱亲戚",但更重视"明贤良"、"赏功劳",以致"左右皆卿才"[2]。吴公子季札甚至说:"君子务在择人。"[3]但真正系统提出尚贤思想的是孔子。孔子不仅论述了尚贤的重要作用、贤能的标准,而且也提出了识贤的原则和用贤的策略。当然孔子的"尚贤"还局限在贵族阶级内部,与一般平民无涉。墨子在继承孔子尚贤思想的基础上,结合当时的社会现实,又发展了这种尚贤思想,在选贤、用贤等方面提出了较为系统的理论观点和具体方案,含有平等选拔人才的民主因素和合理使用人才的思想,这是具有创新意义的。

(一)尚贤的作用:为政之本

墨子总结了"贤者为政则国治,愚者为政则国乱"的历史经验,从国家行政管理的角度指出,君主欲成就大业,只靠君主一人之力是难以奏效的,必须要选贤用贤:"见贤而不急,则缓其君矣(缓,怠慢)。非贤无急(急,危难),非士无与虑国。缓贤忘士,而能以其国存者,未曾有也。"[4]继而指出,一个国家任用贤良之士的数量亦与国家兴衰密切相关:"国有贤良之士众,则国家之治厚;贤良之士寡,则国家之治薄。"[5]国家用贤的多少,决定国家的治乱兴衰,肯定贤良之士是"国家之珍,社稷之佑",明君"得贤人而使之"[6],可以更好地进行统治。在墨子看来,"国家之乱,社稷之危"的主要根源是为政者"不明乎尚贤使能为政也",并抨击"不知使能以治之,亲戚则使之,无故富贵,面目佼好则使之"[7]的任人唯亲、任人唯贵、任人唯美,必然造成吏治腐败和政事混乱,明确地说:"贵且智者为政乎,愚且贱者则治;愚贱者为政乎,贵且智者则乱。"[8]因而得出结论:

❶《公羊传·隐公元年》。
❷《左传·昭公十三年》。
❸《左传·襄公廿十九年》。
❹《墨子·亲士》。
❺❻《墨子·尚贤上》。
❼❽《墨子·尚贤中》。

"义人(贵且智者)在上,天下必治"[1],贤人治国,"故国家治则刑法正,官府实则万民富"[2],"尚贤者,政之本也"[3]。

(二)贤能的标准:德才兼备

墨子吸收了孔子关于"德才兼备"尤重其德的思想,并提出了选贤的三个具体标准:"厚乎德行,辩乎言谈,博乎道术。"[4]即德行高、口才好、学识广博的人才可称为贤者,强调贤才必须具备高尚的道德和丰厚的学识。他还认为贤才最根本的标准有两条,一是"义",二是"能"。所谓"不义不富,不义不贵,不义不亲,不义不近"[5],就是说不义之人绝不可能成为贤才,只有讲"义"的"兼士"才有可能成为贤才。"兼士"就是"有力者疾以助人,有财者勉以分人,有道者劝以教人"的兼爱之人。"义"指道德品质和志向,是一个道德范畴,墨子将其放在首位,主张为政要"列德尚贤","以德就列"[6]。"能"则指才能,"辩乎言谈,博乎道术"即贤者必备才能,故曰"有能则举之,无能则下之"[7]。

(三)识贤的原则:听其言,迹其行

墨子主张对贤者要进行全面的考察了解,认为"尚贤"方针能否得到真正推行,主要即在于为上者能否审核贤与不肖之别,不但"听其言",更要"迹其行"、"察其所能",通过对被荐者的言谈、行为、能力等多方面的综合考核,然后确定其是否为贤才;对于真正的贤才也要据其德才之高低"慎予之官"[8],即授予合适的官职。

(四)举贤的范围:不分贵贱,唯才是举

墨子基于以"兼爱"为标准的人才范式,在举贤范围上,已完全打破了讲"亲疏尊卑之异"即"亲亲"、"尊尊"的血缘宗法等级制的藩篱,不问贫富贵贱,面向社会的大多数人荐贤、举贤。墨子思想的核心是"兼爱",这是一种无差等的全人类之爱,它已冲破血缘宗法

❶《墨子·非命上》。
❷❽《墨子·尚贤中》。
❸❹❺❻❼《墨子·尚贤上》。

制的束缚，具有广泛的社会性。在这个基础上，墨子提出了“举义不避贫贱”、“举义不避亲疏”、“举义不避远”[1]三条关于选贤范围的基本原则。根据这个原则，选贤不仅包括了士君子阶层，也包括了生产劳动者平民阶层：“虽在农与工肆之人，有能则举之”，以至“远鄙郊外之臣，门庭庶子，国中之众，四鄙之萌（民）人”[2]，也都具备被选拔的资格。墨子已将举贤的范围扩大到整个社会，主张对所有人一视同仁：“不辨贫富、贵贱、远迩、亲疏，贤者举而尚之，不肖者抑而废之。”[3]并且墨子所讲的贤才，不仅指国家的管理人才，而且还包括有特殊技艺、一技之长的人，像“良医”、“良工”、“良宰”、“善射御之士”等所有能“兴天下之利”、“中国家百姓之利”者[4]。因此，墨子举贤之广是前所未有的。

（五）用贤的策略：以德就列，以劳殿赏

墨子在用贤方面提出了“以德就列，以官服事，以劳殿赏，量功而分禄”[5]的策略。这个策略比较全面、合理。“以德就列”就是根据一个人的德才来安排他的官位：“可使治国者使治国，可使长官者使长官，可使治邑者使治邑。”[6]务使各任其职，各尽其力，也就是量才录用，用其所长。“以官服事”就是根据自己的官位职责为国家办事：“贤者之治国也，蚤朝晏退，听狱治政，是以国家治而刑法正；贤者之长官也，夜寝夙兴，收敛关市山林泽梁之利，以实官府，是以官府实而财不散；贤者之治邑也，蚤出暮入，耕稼、树艺、聚菽粟，是以菽粟多而民足乎食。”[7]即要求为官者有尽心竭力的负责精神和干练的办事能力。“以劳殿赏，量功而分禄”，即根据各人的功劳和政绩进行赏赐，先评定劳绩大小，再确定应享受的俸禄。

（六）众贤之术：富之贵之，敬之誉之

所谓众贤就是设法增加贤才的数量。在墨子看来，因为贤才为

[1][2][5]《墨子·尚贤上》。
[3][6][7]《墨子·尚贤中》。
[4]《墨子·尚贤下》。

国家的根本，贤才越多，治绩越卓著，国力越强盛，社会就越稳定。所以招纳贤才不是一时权宜之计，而是治国的长远策略。正如江河容纳百川的涓涓细流而成其大、白裘云集狐狸腋毛而价值连城一样，一个国家必须网罗众多的贤能之士，才能达到天下大治。那么如何才能做到"众贤"？墨子认为："亦必且富之贵之，敬之誉之，然后国之良士亦将可得而众也。"[1] 又如何富之贵之，敬之誉之？应"高予之爵，重予之禄，任之以事，断予之令"[2]。即让贤才有职、有禄、有权，用高官、厚禄、权力建立起人们对贤才的敬服和崇信。墨子将此三条称为"置三本"[3]，认为"爵位不高，则民不敬也；蓄禄不厚，则民不信也；政令不断，则民不畏也"[4]。要做到这"三本"，国中之人必勉力从义，效法贤人，"然后国之良士，亦将得而众也"[5]。贤人必能大量增加，就可以达到招贤纳士、安邦治国的目的了。

"众贤"除"置三本"外，还要做到"官无常贵，而民无终贱"[6]，"有能则举之，无能则下之"[7]，即通过有效的监察和合理评判对做官的人该赏则赏，该罚则罚。要使官位、权力、爵禄都带有一定的竞争性、流动性，从而使每个人都有凭借个人德行、才能参与政事的机会。即使那些享受丰厚俸禄、处于尊贵地位的大臣，也必须兢兢业业地处理政事，否则就不能永远为官而富贵；即使那些"农与工肆之人"等平民百姓，只要崇尚才德，积极进取，也不会永远处于在野的贫贱地位。有了这样一心向往仁义的贤臣和良民，国家就不愁治理不好。因此，古代尧舜禹汤等明君，都善于识别人才、选择人才、使用人才和驾驭人才。

## 三、尚同

墨子理想中的政治体制，是建立天下吏民思想一致、高度集中

[1][2][6][7]《墨子·尚贤上》。
[3][4][5]《墨子·尚贤中》。

统一的贤人政治。为建立这种体制，他提出“尚同”思想，主张“天下之百姓，皆上同于天子”[1]：“以尚同一义为政”，那么“治天下之国，若治一家，使天下之民，若使一夫”[2]，各项法令政策便可畅行无阻，整个国家也可运于掌上。所以他认为：“尚同为政之本，而治国之要也。”[3]

(一)尚同的含义及提出

“尚同”即同于上，即提倡集权，统一是非，统一思想，统一步调。其具体内容包括以下几个方面：(1)天子由“天”选立；三公、国君由天子选立；左右将军、大夫、乡长、里长均由国君选立。(2)包括天子在内的各级“正长”(行政长官)，都选天下贤者担任。(3)“一同天下之义”是“天之欲”，“天之欲”就是爱人利人，就是“求兴天下之利，除天下之害”[4]。(4)天子必须顺“天之欲”，率领各级正长，以“一同天下之义”。(5)各级“正长”率领其管区人民，逐级向上认同学习，服从于上，一直尚同于“天”。墨子尚同论建立在“尚贤”论基础上，“尚同”、“尚贤”论又与他的“国家起源说”密不可分：“古者民始生，未有刑政之时，盖其语人(人人)异义，是以一人则一义，二人则二义，十人则十义。其人兹(滋也，益)众，其所谓‘义’者亦兹众。是以人是其义，以非人之义，故交相非也。”在墨子看来，在未有国家的古代，一人一义，十人十义，天下人没有统一的思想，因而导致人们不仅不能密切合作，反而“皆以水火毒药相毒害”，“天下之乱，若禽兽然”[5]。既然“天下之所以乱者，生于无政长”，那么上天就“选天下之贤可者，立以为天子”[6]；又因天子的力量有达不到的地方，天子又选出三公、诸侯(国君)辅佐治国；诸侯(国君)“以其力为未足，又选择其国之贤可者，置立以为正长”[7]，于是产生将军、大夫、乡长、里长等各级官长。“故古者之置正长也，将以治民也，譬之

❶❺❻❼《墨子·尚同上》。
❷❸《墨子·尚同下》。
❹《墨子·尚同中》。

若丝缕之有纪，而网罟之有纲也。将以连收天下之淫暴而一同其义也。”[1]墨子认为，君主的产生起源于避乱就治的选择，各级官吏是选拔出来辅佐君主的，国家机器就是为了保证社会秩序化而建立的。因而天下士民认同、服从于上级官长是人类社会发展的必然，是天经地义的事情。但是墨子的“尚同”以“尚贤”为条件，即从天子、三公、诸侯，到将军、大夫、乡长、里长等各级政长都必须由“天下之贤可者”充任。而对于桀、纣一类昏君，易牙、竖刁一类奸臣，需人人得而诛之，又岂能“尚同”？

（二）尚同“四法”

为了建立完善的“尚同”体制，墨子提出了四种有机联系、缺一不可的方法：

1.“上之所是必皆是之，上之所非必皆非之。”[2]这是“尚同”的根本方法。为了便于令行禁止，必须议定国是，统一认识，形成统一的是非标准。那么谁为“上”？依“尚同”的顺序看，最高的“上”应是“天”；因为有意志的“天”并不存在，所以最高的“上”实际上是天子。只有以天子的是非为是非，才能“一同天下之义”。是非统一，故刑罚得中：“上之所赏，而下之所誉也”；“上之所罚，而百姓所毁也”[3]。赏罚皆得民心，故可劝善惩恶。

2.“上同而不下比”，这是尚同的组织保证。上同即下级与上级同心，万民与天子一意；下比即臣民有异心，结党营私，勇于私斗，不服公义。“上同而不下比”，就是要去私服公，下与上同，民与君同，在行动上统一，“治天下之国若治一家，使天下之民若使一夫”[4]，天下运于掌中，这是“尚同”的最高境界。

3.“闻善而（或）不善，皆以告其上”[5]，即下情上达。彻底的专制主义学说，已取消人民的个人意志。墨子的“尚同”思想，仍为人民

[1]《墨子·尚同中》。
[2][3][5]《墨子·尚同上》。
[4]《墨子·尚同》。

保留发言的权利。他提出“上下情请为通”，“上有隐事遗利，下得而利之；下有蓄怨积害，上得而除之”[1]。这样做就能兴利除弊，增强君主的办事效力。特别是君主“非神也”，如果“助之视听者众，则其所闻见者远矣；助之言谈者众，则其德音之所抚循者博矣；助之思虑者众，则其谋度速得矣；助之动作者众，即其举事速成矣”[2]。如此便能永远立于不败之地，所以“上之为政也，得下情则治，不得下情则乱”[3]。

4.“上有过则谏，下有善则傍（访）荐之。”这是匡谬补缺、扩大善行之道。“尚同”并不是把人民的一切权力都交付君主，自己任凭宰割，而是随时可以监督、匡正统治者。如果统治者荒淫堕落，墨子也不反对进行推翻腐朽统治的革命，如汤、武革命他就认为是“诛”昏君[4]。然革命毕竟是十分痛苦的事，故墨子要采取积极的防范措施，特别提倡臣民进谏，反对阿谀逢迎，主张“君必有弗弗（咈咈，否决）之臣，上必有谘谘（争议）之下，分（异）议者延延（訚訚，谏诤），而支苟（忠于职守）者谘谘。焉（于是）可以长生保国”。否则，如果“臣下重其爵禄而不言，近臣则喑（沉默），远臣则唫（不言）。怨结于民心，善议障塞，则国危矣”[5]。可见进谏是尚同的重要内容，减少了专制统治的残酷和愚昧成分。

（三）“尚同”的实际功效

按照墨子的设想，“尚同”可以使思想统一，是非一致，赏善罚恶准确无误就有了保证；下情上达，“天子之视听也神”[6]，政令有了合乎实际的保证；匡过荐贤，避免失误有了保证；上同而不下比，令行禁止就有了保证。所以他认为：“尚同之为说也，上用之天子，可以治天下矣；中用之诸侯，可以治其国矣；下用之家君，可以治其家矣。”[7]

①②⑥《墨子·尚同中》。
③⑦《墨子·尚同下》。
④《墨子·非攻下》。
⑤《墨子·亲士》。

然而，墨子所制造的虚幻的上天，实际上对君主并无有效的约束力，并且只是强调君对民、上对下的赏罚之权，下对上、民对君只有规谏权，而在如何实施规谏上又没有具体制度，这就使人民意见不能保证及时畅达地反馈到统治者那里。也就是说，墨子的“尚同”，主要强调的是下对上的服从，而忽略了下对上的制约，尽管初选的“正长”不失为好官，仍难免不受权力的腐蚀。因此，“尚同”思想很容易成为专制主义理论的温床。

## 第二节 经济思想

一个国家发展经济，既要注重开源，也要注重节流。墨子提出的节用、节葬、非乐是节流方面的主张，而劝人强力生产、强力从事则是主张开源。此外，墨子还研究了商品交换关系，提出“价宜则售”等观点。他的经济思想，主要反映在《节用》、《节葬》、《非乐》、《七患》、《辞过》、《经上下》诸篇。

### 一、赖其力者生：论强力生产和强力从事

人与动物相区别的本质特征是什么？墨子认为，动物仅是靠自己的身体条件（羽毛蹄爪等）和现成的自然条件（如水草果实）来求生存，而“今人与此异者也：赖其力者生，不赖其力者不生”[1]。关于“力”，墨子认为，“力”是形体运动的原因（“力，形之所以奋也”[2]），生命则是形体和知识能力的结合（“生，刑〔形〕与知处也”[3]）。可知墨子所说的“赖其力”的“力”，是指人改变自然、创造财富而从事生产的能力，既包括“思虑之智”的脑力，也包括“耕稼纺织”一类的体力。在墨子看来，人为了生存发展，必须要与自然抗争，进行生产劳

[1]《墨子·非乐上》。
[2]《墨子·经上21》。
[3]《墨子·经上22》。

动，从无到有地创造财富。劳动不仅创造经济价值，如粟米布帛，也创造政治价值，如国泰民安。“赖其力者生，不赖其力者不生”，揭示了人与动物的根本区别之所在，即劳动与否是人与动物的根本区别。墨子这种精辟的见解，为他的关于人的价值的确定提供了基本依据，既然“力”与人的生命创造活动密切相关，“力”又与人的生产劳动须臾不可分离，那么劝人劳动就成为必要的合情合理的事情。

墨子劝“劳”的直接目的在于发展生产，那么发展生产有哪些手段和途径呢？

（一）要强力劳作

墨子认为人们对于价值的追求、渴望总是高于实际创造价值的能力，只有“庶人竭力从事”，“士竭力从事”，“将军大夫竭力从事”，“三公诸侯竭力听治”，才能“谋事得，举事成”[1]。庶人竭力从事，就会创造更多的物质财富。上世的穷民，就是因为“贪于饮食，惰于从事”，从而导致“衣食之财不足，而饥寒冻馁之忧至”[2]。在墨子时代，最重要的经济活动当然是农业生产，农业生产关系到人的衣食问题：“凡五谷者，民之所仰也”，“食者，国之宝也”，“故食不可不务也，地不可不力也”[3]。想要五谷丰登，就要把握季节时令，充分利用土地，如此才能“以时生财”。为了提高生产能力，墨子鼓励农民加长时间，勤奋劳动。他说农夫应该“早出暮入，强乎耕稼树艺（耕种禾谷，栽植蔬果），多聚菽粟”；妇人应该“夙兴夜寐，强乎纺绩织纴（纺纱织布），多治麻丝葛绪”[4]。只有这样，社会才会富足，人们才会吃饱穿暖。

墨子同样要求社会的统治者（三公诸侯、将军大夫、士）也必须要“强力从事”。墨子追求和向往的功业，表现在治国方面，就是“富其国家，众其人民，治其刑政，定其社稷”，实现“刑政治、万民和、国

①《墨子·尚同中》。
②《墨子·非命上》。
③《墨子·七患》。
④《墨子·非乐上》。

家富、财用足”，“百姓皆得暖衣饱食，便宁无忧”的政治理想。但要实现这样一种理想决不是轻而易举、一蹴而就的。作为统治者，必须要运用高度的智力，付出艰辛的劳动。每一个从事政治活动的人都应该知道，对于国家来说，“强必治，不强必乱；强必宁，不强必危”；每个身任要职而居于高位的人更应懂得，对于他个人来说，就是“强必贵，不强必贱；强必荣，不强必辱”①。

(二)要坚持“分工”和“互助”的原则

墨子说：“凡天下群百工，轮车、鞼鞄、陶冶、梓匠，使各从事其所能。”②就是要求车工、皮革工、陶工、冶金工、木工等各种行业，各自发挥自己的专长，“修舟车，为器皿”，制造各种产品，以供给社会的需要。他还说，“能筑者筑(打模板)、能实壤者实壤(打地基)，能欣者欣(望也，即测量)，然后墙成也。为义犹是也，能谈辩者谈辩，能说书者说书，能从事者从事，然后义事成也”③。这种分工合作的观念十分重要，它是增加生产的重要方法，也是生产进步的必然要求。墨子进一步提出，在劳动创造活动中，每个人的劳动能力是有区别的，有人长于此而短于彼，有人长于彼而短于此，为了使人们的劳动能力得到充分发挥，就要合理地进行劳动分工，以便使每个人都“各从事其所能”④，创造出更多的衣食之财。同时互助本身又是为贤之道，人们在劳动中分工合作，互帮互助，必能产生良好的道德观念。

(三)要增加人口

在墨子时代，劳动人口是最重要的生产力；增加劳动力，就是促进生产，创造价值，增加社会的物质财富。因而他常把“人民之众”与“国家之富”、“刑政之治”并列，同时当做国家强盛的目标。他提出“非攻”，反对诸侯攻战，认为统治者频繁发动战争，使人民在

①《墨子·非命下》。
②《墨子·节用中》。
③《墨子·耕柱》。
④《墨子·公孟》。

战乱、饥荒、疾病中转死沟壑，使“男女久不相见”，从而造成劳动力急剧下降；他反对“久丧”，因为“久丧”“败男女之交”；反对统治者“蓄私不节”，搜求大量的美女充当侍妾，造成生育人口的减少。墨子认为，这些都是“寡人之道”。为了增加人口，他主张从法律上规定：“丈夫年二十，毋敢不处家；女子年十五，毋敢不事人。”[1]他提出男二十、女十五的结婚年龄，是针对战国时代的经济条件而言的，有其时代必要性。

### 二、节用、节葬、非乐：论节俭

“国家贫，则语之节用、节葬”[2]。节俭既是墨子的重要经济思想，又是他的一个治国方略。事实上，在任何时代，生产条件都是既定的，劳动财富的创造都是有限的，因而提倡节俭都有重要意义。节俭是针对过度消费而言的。墨子站在“农与工肆之人”的立场，无情揭露了“王公大人”搜刮民财、穷奢极欲、浪费无度的种种恶劣行为：在住的方面，“当今之主……必厚作敛于百姓，暴夺民衣食之财，以为宫室台榭曲直之望，青黄刻镂之饰，为宫室若此，故左右皆法象之，是以其财不足”；在衣服方面，“以为锦绣文采靡曼（轻丽）之衣，铸金以为钩，珠玉以为珮”；在食的方面，“以为美食刍豢蒸炙鱼鳖，大国累百器，小国累十器，美食方丈，目不能遍视，口不能遍味，冬则冻冰，夏则飾饐（腐臭）”；在行的方面，“饰车以文采，饰舟以刻镂”；在蓄私（纳妾）方面，“大国拘女累千，小国累百，是以天下之男多寡无妻，女多拘无夫”[3]；在丧葬方面，“必大棺中棺，革阓（鞼）三操（刺绣的皮革绕三道），璧玉既具戈剑鼎鼓壶滥（鑑），文绣素练，六鞅銮铃，舆马女乐皆具”。还有三年之丧，“哭泣不秩（迭）”，“处倚庐，寝苫枕块”，“强不食而为饥，薄衣而为寒。使面目陷陬

❶《墨子·节用上》。
❷《墨子·鲁问》。
❸《墨子·辞过》。

(绐),颜色黎黑,耳目不聪明,手足不劲强","必扶而能起,杖而能行",甚至杀人殉葬:"天子杀殉,众者数百,寡者数十。将军大夫杀殉,众者数十,寡者数人"[1]。由于统治者如此挥霍浪费,造成"民苦于外,府库单(殚,尽也)于内"[2],导致侈靡浪费成风,社会财富锐减,不仅劳动者衣不蔽体,食不果腹,而且官吏日益腐化,国家行政事务得不到正常处理,如再加上外敌入侵,国家的破灭之灾便会如期而至。

面对国家贫穷、统治者奢侈浪费的情形,墨子提出了"节用"的经济对策。他说:"圣人为政","因其国家,去其无用之费"[3],即去掉政府不必要的浪费,停办不必要的活动,节省费用,成倍增加国家的利益。节用的原则是:"凡足以奉给民用则止。诸加费不加于民利者,圣王弗为。"[4]这个原则建立在"民用"、"民利"的基础上,凡是能增加国民所得、改善人民生活的就实行,否则就废止。作为一个圣明的君王,"必务求兴天下之利,除天下之害,将以为法乎天下,利人乎即为,不利人乎即止"[5]。

基于节用原则,墨子为统治者制定了衣、食、住、行等方面的具体标准:

在饮食方面,能够"增气充虚,强体适腹"就可以;在穿衣方面,能够"冬以御寒,夏以御暑"就可以;在居住方面,能够"避润湿"、"御风寒"、"别男女之礼"就可以;在舟车方面,能够"完固轻利"、"任重致远"就可以;在蓄私方面,要在"不以伤行",即不夺人所爱,"蓄私不可不节"。

节葬是墨子节俭思想的内在要求,也是"节用"思想的推衍。墨子说:"衣食者,人之生利也,然且犹尚有节;葬埋者,人之死利也,夫何独无节?"[6]即穿衣吃饭是活人的利益,都要有"节",埋葬之事

❶❻《墨子·节葬下》。
❷《墨子·七患》。
❸《墨子·节用上》。
❹《墨子·节用中》。
❺《墨子·非乐上》。

是死人的利益，为什么就不讲“节”呢？为此墨子提出“葬埋之法”：“棺三寸足以朽骨；衣三领，足以朽肉。掘地之深，下无菹(沮)漏，气无发泄于上，垄足以期其所，则止矣。哭往哭来，反从事乎衣食之财。”墨子提倡薄葬短丧，认为“厚葬为多埋赋财”，“久丧为久禁从事”，不能富贫众寡，也不能定危治乱，不利于生人，也无利于死人。“此非仁非义非孝子之事也”[1]。死后即葬，大家赶快各就各业，努力生产、工作，以便好好祭祀，表示孝敬父母之心。

“非乐”是墨子节俭思想的又一个重要内容，墨子认为，“儒之道足以丧天下者四政焉”，其中一政为“弦歌鼓舞，习为声乐”[2]。所以墨子作“非乐”、“三辩”等篇，首先反对统治者的纵情音乐，同时，也反对纵情于美色、甘味、安居等享乐。

墨子“非乐”，提出两条主要理由：

(一)“为乐”“不中圣王之事”。墨子征引先王之书记载：“万舞洋洋，黄言孔章，上帝不常(式，重用)，九有(州)以亡，上帝不顺，降之百殃，其家必坏丧”，认为“为乐”“上者天鬼弗戒，下者万民弗利”[3]，若一味纵情歌舞之乐，必受上天的惩罚，导致国家的灭亡。所以古来的尧舜禹汤圣王是不刻意追求歌舞声乐的。

(二)王公大人“为乐”不中万民之利。墨子指出，当时“民有三患：饥者不得食，寒者不得衣，劳者不得息”。在人民饥寒并至的情况下，王公大人等统治者非但没有半点哀怜之心，反而不顾人民死活，纵情于音乐享受，这必然“厚措敛乎万民”，“亏夺民衣食之财”[4]，加重人民的负担和痛苦。首先，要演奏音乐，必先制造乐器，这要浪费大量财物；乐器造好后，为王公大人演奏也是一种沉重的负担。如“齐宣王使吹竽，必三百人”[5]，“齐康公兴乐《万》”[6]需一万名演员，而且击鼓、吹竽、舞蹈者都由年轻力壮的聪慧敏捷之人充

❶《墨子·节葬下》。
❷《墨子·公孟》。
❸《墨子·节用上》。
❹❻《墨子·非乐上》。
❺《韩非子·内储说上》。

任，势必耽误男耕女织。他们不仅不从事生产劳动，而且还要别人来供养。而演奏音乐又需要人去欣赏，欣赏会占用人们的劳动时间，既会占用王公大人、士君子从政的时间，又会占去一般庶民从事农业、手工业生产的时间。墨子认为统治者如此大办音乐舞蹈，等于剥夺了广大人民的衣食之财，因此必须加以反对。

**三、价宜则售：论商品交换**

墨子时代，伴随着农业、手工业的发展，商人阶层已经形成。农民、手工业者、商人构成“农与工肆之人”。墨子说：“商人之四方，市价倍蓰（蓰为五倍），虽有关梁之难，盗贼之危，必为之。”[1]由于商品交换的发展和货币的广泛流通，促使“农与工肆之人”的代表墨子钻研商品交换规律。

首先，墨子分析了物价与市场需求的关系。价格适宜就出售，理由在于卖完存货（“价宜则售〔雠〕，说在尽”[2]）。因为起卖时价格较高，买主挑质量好的买，剩下质量差的，就削价卖完。出售质量好的货物，可以捞回本钱；卖完剩余的质量较差的才能赚钱（“价，尽也者，尽去其以不售〔雠〕也”[3]）。物价的高低，要看买主的需要而定，价格的适宜不适宜与买主的想要不想要成正比（“宜不宜，正〔舌〕欲不欲”[4]）。

其次，墨子论述了货币与物价的关系。墨子说，物价不昂贵，原因在于可用货币调节物价，使它回复到一定行情（“买无贵，说在反其价”[5]）。古时称钱为刀（齐鲁盛行刀币），王刀即政府铸造通用的货币。在古代农业社会，一切物价，通常以谷价为标准，墨子认为，币值与谷价是互为升降的。大钱（刀重）体重，值大，不易找钱，不好携带，所以使用不方便，若市面上流行大钱，则农家不愿卖粮，所以

❶《墨子·贵义》。
❷《墨子·经下31》。
❸❹《墨子·经说下31》。
❺《墨子·经下30》。

买粮不易，粮价就要上涨；反之，小钱（刀轻）体轻而值小，容易流通，农家多愿卖粮换钱，粮价就不会贵（“刀籴相为价，刀轻则籴不贵，刀重则籴不易”①）。此外，政府发行的货币币值一定，但谷价则因岁收丰歉而有涨跌，所以说“王刀无变，籴有变”。而“岁变籴，则岁变刀若鬻子”②，是说粮价既然随着丰歉而每年有变化，那么政府就应适当变更轻钱、重钱的发行量，用来调节粮价。如果物价贵币值轻，要用许多小钱才能买东西，就发行重币加以调节；如果币值重物价贱，钱重找钱不易，就多发行轻币与重币并用，重币买贵的东西，轻币买贱的东西，这样大小钱都方便使用。

## 第三节　战争观和军事防御思想

墨子不仅是杰出的思想家，而且也是别具特色的军事思想家和军工技术专家。《墨子》53篇中，《非攻》、《七患》、《天志》、《鲁问》、《公输》、《备城门》、《备高临》、《备梯》、《备水》、《备穴》、《备突》、《备蛾傅》、《迎敌祠》、《旗帜》、《号令》和《杂守》16篇，集中反映了墨子的战争观和军事防御思想。

### 一、墨子的战争观

墨子的战争观，以“非攻”为核心，而“非攻”思想又是建立在“兼爱”学说基础之上的。“兼爱”的基本要求是，人不分老幼贵贱，天下之人皆相爱，“视人之国若视其国，视人之家若视其家，视人之身若视其身”，以求达到建立一个“强不执弱、众不劫寡、富不侮贫、贵不敖贱、诈不欺愚”③的理想社会。著名思想史家蔡尚思教授认为：“兼爱是正面，相攻是反面。兼爱就必须非攻。”④而在当时，由于

①②《墨子·经说下30》。
③《墨子·兼爱中》。
④蔡尚思：《中国古代学术思想史论》，广东人民出版社1990年第1版，第170—171页。

"攻无罪"是天下最大的乱源,所以墨子提出了"非攻"主张,但墨子的"非攻"是针对"攻无罪"的战争而言,他不提反对一切战争,相反,他严格区分"攻无罪"和"诛无道"这两类性质不同的战争,明确表示要拥护和支持"诛无道"的正义战争。这是一种充满辩证思想的进步的战争观,而这种进步的战争观,正是他的军事防御思想展开的逻辑基础。

(一)声讨和反对"攻无罪"的不义战争

墨子所处的春秋战国时代,是中国由奴隶制向封建制过渡并逐步完成的历史时期。在这个时期,物质生产方式发生了根本变化,即土地由国家占有的分封制进入到封建领主掠夺兼并的私有制,相伴权力和利益再分配的是连绵不断、非常尖锐的政治斗争、经济斗争和军事斗争。特别是各诸侯国之间的频繁战争,成为长达数百年的重要社会现象。"春秋时代王纲解纽,篡弑频仍,兼并盛行"[1]。"有国强者,或并群小以臣诸侯,而弱国或绝祀而灭世"[2]。《春秋》所载242年间,弑君36,亡国52,诸侯奔走不能保其社稷者不可胜数。到战国时代,兼并战争更加频繁,以至到战国中期,诸侯国已由春秋时期的147国锐减到万乘之国7个,千乘之国5个。在列国兼并、群雄争霸的过程中,夹在诸侯列强之间的宋、郑、鲁、卫、蔡等小国、弱国,成为大国弱肉强食的对象,饱受蚕食鲸吞之苦。兵燹过后,城摧垣破,土地荒芜,死者枕藉,民不聊生。夹在晋、楚大国之间的宋国甚至到了"易子而食,析骨以爨"[3]的悲惨境地。因此弱小国家的广大民众特别希望弭兵息战以休养生息,安居乐业以发展生产。墨子作为"农与工肆之人"思想的代表,以其宽厚仁慈的博大胸怀,深深同情、关心着那些蒙受战争灾难的劳苦民众,以无畏的胆识提出了系统的"非攻"主张,严厉地抨击大国对小国的"繁为攻

❶童书业:《春秋史》,山东大学出版社,1978年第1版,第239页。
❷司马迁:《史记》,第1442页。
❸左丘明:《左传》,第137页。

伐,此实天下之巨害也"[1],认为这种攻伐与盗窃一样,都是"不与其劳获其实,以非其所有而取"的不义行为,故要坚决反对和制止。

墨子着重指出不义战争的罪恶,表现为三个方面:

首先,战争残害无辜,导致劳动力大量减少。大国君主命令军队进攻小国,"攘杀其牲牷,燔溃其祖庙,劲杀其万民,覆其老弱"[2],对稍有反抗的百姓,即刻杀害;对无反抗之意者,就用绳索牵回为奴,男服苦役,女做奴婢。从而造成小国劳动力日益减少,生产难以为继。

其次,攻伐贻误农时,斩断了百姓衣食之源。农业是"以时生财"之业,而大国之君兴兵动武专挑春秋季节进行,这就必然贻误农时,破坏生产,"春则废民耕稼树艺,秋则废民获敛"[3]。只要耽误一个农时,百姓冻饿而死者,就不可胜数。

其三,战争对于大国来说,也是沉重的负担。大国一次出征,动辄"兴师十万,出师千里"。由于各种原因,在路途上死去的就很多。战争的结果,丧师多不可胜计。即使攻下一个三五里的小城,"杀人多必数于万,寡必数于千",而且大国疆域辽阔,地广人稀,有许多不毛之地尚未开垦,最缺乏劳动力,"今尽王民之死……以争虚城,则是弃所不足,而重所有余也"[4],实在是罪恶而愚蠢的行为。

(二)歌颂和支持"诛无道"的正义战争

墨子"非攻",反对的是不义战争;但作为清醒、进步的思想家,墨子深知反对不义战争绝不可能靠空谈,而只能靠正义战争。

首先,他对战争的工具——兵器持肯定态度。墨子曰:"其为甲盾五兵何以为?以圉寇乱盗贼。若有寇乱盗贼,有甲盾五兵者胜;无者不胜。是故圣人作为甲盾五兵。"[5]在他看来,"甲盾五兵"是圣人所作,不仅不可废弃,还要不断追求,使其"加轻以利,坚而难折",

❶❷《墨子·非攻下》。
❸❹《墨子·非攻中》。
❺《墨子·节用上》。

这样才能有效地抵御“寇乱盗贼”。“寇”为何？敌国之军队也，“兵作于内为乱，于外为寇”[1]。他认为“库无备兵，虽有义不能征无义”[2]。先进的兵器是克敌制胜的必要手段，故而他下工夫研制兵器，并有惊人的成就。

其次，墨子把国家防御看做是关系到国家安危祸福的战略问题。军事问题在墨子的治国大政中占有十分重要的位置。他说：“备者，国之重也。食者，国之宝也；兵者，国之爪也；城者，所以自守也；此三者，国之具也。”[3]在他列举的立国的三个条件中，“兵”与“城”都与军事问题有直接联系，可见军事问题的极端重要性。他把“自以为安强而无守备，四邻谋之不知戒”[4]，列为导致亡国的“七患”之一。

其三，墨子还直接歌颂和拥护“诛无道”的正义战争。当时有些喜好攻伐的国君非难墨子说：你以为攻战为不义，其实不是很有利的吗？从前禹征有苗，汤伐桀，武王伐纣，这几位后来都立为圣王，这是什么缘故呢？墨子反驳他们说：“子未察吾言之类，未明其故者也。彼非所谓攻，谓诛也。”[5]他明确指出，“好攻伐者”混淆了正义战争（诛）和不义战争（攻）两个概念。如“禹征有苗，汤伐桀，武王伐纣”之类的正义战争，不仅不应反对，而且要蓄意追求。他一生追求的理想政治的一个重要表现就是“入守固”，“出诛胜”[6]，即在防御国家城池坚不可破的同时，也要夺取“诛无道”战争的胜利。墨子认为残暴的不义之徒不在“兼爱”的范围内，因而他反对儒家倡导的“君子胜不逐奔（君子战胜后不再追赶那些败逃的人），掩函不射（敌人卸下甲衣就不再射他），施则（弛败）助之胥车（敌车陷住了就帮助他们推）”；认为儒家所为，使“暴乱之人也得活，天下害不除，是为群残父母而深贱（贼）世也，不义莫大焉！”[7]

❶左丘明：《左传》，第102页。
❷❸❹《墨子·七患》。
❺《墨子·非攻下》。
❻《墨子·尚同中》。
❼《墨子·非儒下》。

## 二、墨子积极防御的军事思想

积极防御是墨子军事思想的核心。在大国进攻小国、强国欺凌弱国的形势下，墨子取守"小国、弱国"的战略立场，主张对于大国、强国发动的侵略战争，必须进行积极的防御，打败敌人的进攻，保卫小国的独立与安全。墨子"善守御"[1]，"止楚攻宋"即是一个成功的范例，故历史上有"墨翟之守"的美誉，这说明墨子提出的积极防御的军事思想，在当时取得了相当的成功。墨子积极防御的军事思想主要表现在四个方面：

### (一)"有备无患"是积极防御的基本前提

墨子指出，国家的七种大患具体表现为：内外城池壕沟都不能守，而去修治宫室；敌兵临境，四方邻国不来救；耗费民力去做无用的事，赏赐无才能的人，民力财力因而耗尽；官吏只顾俸禄，士子只顾结交朋友，国君修订法律诛杀大臣，人臣都畏惧不敢违逆；国君自以为聪明神圣，不过问国家大事，自以为国家巩固强盛，不做防守准备，邻国正在图谋攻打，尚不知戒备；所信任的人并不忠实，而尽忠的人反不被信任；家畜、米粮都不够吃，大臣对于国事不胜任使等。他进而断定："以七患居国，必无社稷；以七患守城，敌至国倾；七患之所当，国必有殃。"[2] 在墨子看来，一个国家的安全和防御绝不是一时一地的局部的短期的事情，而是涉及长远、全局性的基本国策问题。那么治理国家者，特别是小国之君，都要树立"有备无患"的战略思想，在和平时期就要在粮食、武器装备、城防工程、防御计划、内政外交等方面做好抗敌自卫的准备，而不是在战争爆发后再想到备战。这与孙武提出的"故用兵之法，无恃其不来，恃吾有以待也；无恃其不攻，恃吾有所不攻也"[3] 的军事思想是相通的。

### (二)全方位的防御思想

❶司马迁：《史记》，第2350页。
❷《墨子·七患》。
❸孙武：《孙子兵法》，北京燕山出版社1995年版，第95页。

战国时代小国所守城池经常是“率万家而城方三里”[1]，而要抵御的敌人往往有十万之众，而对敌众我寡、敌强我弱的严峻形势，墨子清醒、理智地分析了守城战斗的有利形势和坚守城池的有利条件，提出了全方位立体防御的战略思想。

墨子在《备城门》等篇中提出了“城可守”的十四个必要条件，即：(1)城墙修得又厚又高(城厚以高)；(2)护城河挖得又深又宽(壕池深以广)；(3)城门楼修得坚固(楼斯修)；(4)防守器械经过修缮，坚锐可用(守备缮利)；(5)柴草粮食可以维持三个月以上(薪食足以支三月以上)；(6)守城人员经过训练选拔(人众以选)；(7)官吏和百姓关系融洽(吏民和)；(8)君臣一致，大臣肯效忠(大臣有功劳于上者多)；(9)国君对百姓讲信用，受到百姓拥护(立信以义，万民乐之无穷)；(10)有父母的坟墓在此，百姓会誓死保卫(父母坟墓在焉)；(11) 有山林草泽的丰富特产可资利用 (山林草泽之饶足利)；(12)有难攻易守的地形以利用(地形之难攻易守也)；(13)有敌人播下的深仇大恨和立下赫赫战功的勇士 (有深怨于敌而大功于上)；(14)赏赐功劳明确，足以使人信赖；处罚罪过严厉，足以使行为不端的人畏惧(赏明可信而罚严重可畏)。

墨子认为，只要具备了上述十四个条件，人民就不会怀疑国君，再加上有四方邻国的支持，那么城池就可以守住了。“十四者无一，则虽善者不能守矣。”[2] 从上述所列的十四个必要条件看，墨子并没有把守城的必要条件局限在军事方面，而是十分强调从内政、外交、经济和财力各方面做好准备工作。这种全方位立体防御的思想，不仅在古代战争中被证明是行之有效的，就是在现代战争条件下也是具有积极意义的，因为战争的胜负是由综合国力(包括军事力量、后勤供应、人心向背、外交形势等)所决定的，这是古今战争

❶《墨子·杂守》。
❷《墨子·备城门》。

的一般规律。

(三)建立赏罚严明、高效畅通的防御指挥系统

墨子认为,在做了充分的守城准备后,还要建立高效畅通的防御指挥系统,才能保证守城战斗的胜利。墨子在城守各篇,详细地规定了从士卒、伍长、什长、佰长到尉、将帅,再到郡守的严密而有序的军事组织系统。伍长、什长和佰长是下级军官,尉是中级军官,将帅是高级军官,而郡守则是一郡的行政和军事首长,也是守城保卫战的最高指挥官。他们都有明确的隶属关系、识别旗徽和号令范围,各自承担不同的守城任务。

为保证指挥系统的畅通和夺取守城战斗的胜利,墨家制定了严格的赏罚标准,并发布实施。《号令》篇说,论功行赏和论罪处罚都必须出于公心,不徇私情,不泄私愤。赏赐功劳的命令足以对人有利,能调动起士兵和百姓杀敌立功的积极性;惩罚罪过的命令要足以使人畏惧而不敢犯罪。指挥官的命令下达后必须执行,要派人随时去检查执行的情况,还要顺便观察命令有无不妥和需要改进的地方。

(四)全民皆兵的群众战争思想

作为一个"万家之邑"的小城,以每家五口人计也不过五六万人,况且还有许多人是老人和孩子,那么如何才能抵御十万大军的进攻呢?墨子认为,小城人口虽少,但只要做到全民皆兵,万众一心,拼死作战,就一定能打败强敌。

《备城门》说:如果十万敌军列队进攻,但总共不会超过四队;队宽者不过五百步,中等宽的三百步,短的则为五十步。如果队宽不到五十步,那么对守城的一方是十分有利的。若要防御宽五百步的敌军,需男子一千人,成年女子二千人,老人儿童一千人,总共四

千人，这样就足以抵挡敌军的进攻了。

为了调动一切积极因素服务于战争，就要最大限度地团结城内一切可以团结的人，这是由战争的残酷性决定的。作为守城最高指挥官的郡守，要有周密的守城计划和部署，要做好战前总动员，及时宣布各项命令，使所有具备一定战斗力的人都来参加守城，即全民皆兵。组织妇女参战是墨家积极防御战的一个重要特色。墨子认为，妇女人数众多，又有坚韧细心的长处，是一支重要的力量。《号令》篇说，要组织几千名青壮年妇女，到守城的各岗位报到，按照男左女右的规则分道而行，并且与男子一样手持戈矛，时刻准备投入战斗。凡女兵作战勇敢、立下战功者，可同男兵一样受到嘉奖，如赐钱、免征租税、徭役优待等。

墨家还主张要把老人儿童也动员起来。《旗帜》篇规定，老人和儿童都有各自的旗帜，上面分别画有老人和儿童的图像。凡年龄在六十岁以上的老人，可以做后勤供应工作，承担巡逻、联防的任务。巡逻主要是盘查往来的行人，以防奸细混入城中捣乱破坏。十五岁以下的儿童，不能参加守城部队，但可以把他们组织在官府和长官处服杂役。墨家主张把各行各业有一技之长的人都动员起来，用其所长，全部纳入战时体制。《迎敌祠》说，要让屠夫、卖酒商人为军队置办伙食；各种手工工匠要利用他们的专长，参与军事工程的构筑。《备城门》说，“令陶者为罂”，令“明习橐事者”“疾鼓橐以熏之”[1]，即让制陶工匠做成粗而长的瓦管，然后埋在地下，再命熟悉冶炼鼓风的工匠鼓风熏烟，以打退从地道里进攻的敌人。

墨家还特别强调，在守城战斗的非常时刻，郡守要采取开明宽松的用人方针，要化消极因素为积极因素。不必拘泥于平时的用人标准，最大限度地团结一切可以团结的人。在一个拥有数万人口的

[1]《墨子·备城门》。

城市中，三教九流，各色人等，无所不有，有平时乐善好施、乐于助人、善于出谋划策的；有能工巧匠，有勇猛无畏的侠客义士，当然要很好地使用他们，发挥他们的重要作用。即使平时爱说别人坏话、品行不端、爱打架的人，只要能参加守城战斗，也应欢迎。从外地过来不久的新住户，应与本地居民一样对待，不能歧视。总之，凡参加守城战斗的人，不论其出身、身份、职业、才能、品质，“守必察其所以然者，应名乃内（纳）之”[①]，分配给相应的工作，发挥他们的长处，结成最广泛的抗敌守城战线，以保证防御战的最后胜利。

### 三、墨子军事思想与《孙子兵法》

著名学者岑仲勉认为：“墨子这几篇书（指城守各篇——作者注），我以为在军事学中，应该与《孙子兵法》同当做重要资料，两者不可偏废。”[②]对墨子军事思想做了高度评价。那么，墨子军事思想与《孙子兵法》又是什么关系呢？任继愈先生认为，“墨子约生于公元前480年，约死于公元前420年”[③]。他比孙武子略后二三十年出生，基本上可以肯定两人是同一时期的人，但两人是否相见过史无记载。作为中国兵学圣典的《孙子兵法》与墨子军事著作，既然撰述年代相近、相同，并且都是传播甚广的兵书，按常理推断，就有可能互相借鉴和影响。从内容上看，两者既有许多相通、相似的地方，也有很多不同的地方。

两者相通、相似的地方甚多，最主要的有以下六个方面：

一是在对待战争和和平的关系上，孙子与墨子都表现出“自古知兵非好战”的态度，都热切地追求和平，不希望进行战争，但又都主张不放弃武力，认为止戈为武，不战而胜，才是最高明的。

二是在军事目标上，孙子主张“必以全争于天下，故兵不顿而

①《墨子·杂守》。
②岑仲勉：《墨子城守各篇简注》，中华书局1958年第1版，第2页。
③任继愈：《墨子》，上海人民出版社1956年第1版，第13页。

利可全”,“百战百胜,非善之善者也;不战而屈人之兵,善之善者也”[①]。这与墨子主张的“兵革不顿,士民不劳,足以征不服,故霸王之业可行于天下矣”[②],更是完全一致的。

三是在取胜方式上,孙子把“伐谋”、“伐交”、“伐兵”、“攻城”依次作了比较,认为攻城时“将不胜其忿,而蚁附之”,“攻城之法,为不得已”[③],攻城为下策。这与墨子所讲“蛾傅者,将之忿者也”[④]大致同。

四是在选才用将上,孙子与墨子都把将领受到国君的信任作为作战取胜的主要条件之一。孙子说:“将听吾计,用之必胜,留之;将不听吾计,用之必败,去之。”[⑤]墨子也说:“且守者虽善,而君不用之,则若不可以守也”,“然则守者必善而君尊用之,然后可以守也。”[⑥]

五是在作战时间上,孙子和墨子都主张速胜,反对久战。墨子说:“凡守城者以亟伤敌为上,其延日持久以待救之至,明于守者也,不能此。”[⑦]孙子也说:“其用战也胜,久则顿兵挫锐,攻城则力屈,久暴师则国用不足。”“故兵贵胜,不贵久。”[⑧]

六是在治军方面,孙子与墨子都主张要赏罚严明,令行禁止。墨子说:“命必足畏,赏必足利”,“令必行”[⑨]。孙子也说:“卒未亲附而罚之,则不服,不服则难用也。卒已亲附而罚不地,则不可用也。故令之以文,齐之以武,是谓必取。”[⑩]

当然,墨子军事思想与《孙子兵法》也有许多不同之处。

首先,最大的不一致表现为,墨子立足于小国、弱国,强调防守,以防御战见长,而孙子则立足于大国、强国,强调进攻,以进攻战见长。

其次,墨子着眼于军事技术和武器设备的改进,孙子则着眼于

①③孙武:《孙子兵法》,第35页。
②《墨子·辞过》。
④《墨子·备蛾傅》。
⑤孙武:《孙子兵法》,第21页。
⑥《墨子·备城门》。
⑦《墨子·号令》。
⑧孙武:《孙子兵法》,第28页。
⑨《墨子·号令》。
⑩孙武:《孙子兵法》,第30页。

谋略、战术的运用。

其三，墨子严格区分两类不同性质的战争，明确表示要以正义战争去反对不义战争，并且在组织积极的防御战中，重视发挥广大劳动群众的重要作用；而今存《孙子兵法》13篇，对于战争的性质没有论及，对于群众在战争中的作用也缺乏明确的表述。因此，孙子在这两个问题上的认识，明显逊色于墨子。

# 第三章　历史　文学　教育

## 第一节　社会历史观

墨子是一位以救世为己任的思想家。他认为,"圣人"以"治天下为事"①,"仁人之所以为事者,必兴天下之利,除天下之害"②。因此,他的一切作为的总目标就是拯救衰败混乱之世,即改造社会。要改造社会,墨子可能要考虑以下问题:社会存在的基础是什么?社会是否发展变化?社会是否可以改造?推动社会发展依靠什么力量?

《墨子》一书,虽然没有明确概括地表述社会历史观,但确实渗透和间接反映了墨子对社会历史的看法。在墨子看来,社会存在的基础是生产劳动;社会是变化的,虽可以在不同时期有倒退,但总的来说是进化的,因而社会是可以改造的;社会发展的动力在于圣君贤相、王公大人实行"先王之道"③。

### 一、社会的存在以生产劳动为基础

墨子指出:"今之禽兽、麋鹿、蜚鸟、贞虫,因其羽毛,以为衣裘;因其蹄爪,以为绔履;因其水草,以为饮食,故虽使雄不耕稼树艺,

①《墨子·兼爱上》。
②《墨子·兼爱中》。
③《墨子·耕柱》。

雌亦不纺绩织纴，衣食之财，固已具矣。今人与此异者也！赖其力者生，不赖其力者不生。”[①] 在这里，墨子发现了人与禽兽的根本区别：人能生产，而禽兽等动物则不能。禽兽等动物是依靠自己身体的结构和本能，并利用自然界所提供的现成条件（如水草花果等）来维持生存；而人则要靠种庄稼、栽果树、种蔬菜、纺纱织布等生产劳动来维持生存。勤奋劳动就生存，否则就不能生存的观点，间接地表达了墨子这样一种思想：人类社会赖以生存的基础是生产劳动；没有生产劳动就不会有人的生存，也就不会有人类社会，更谈不上社会的发展；既然生产活动是第一位的，那么它是决定其他活动能否进行的基本因素。

**二、今胜于古的历史进化观念**

墨子与中国古代的许多思想家一样，也有崇古的思想。他认为：“三代圣王既没，天下失义，诸侯力正，是以存夫为人君臣上下者之不惠忠也，父子弟兄之不慈孝弟长贞良也，正长之不强于听治，贱人之不强于从事也，民之为淫暴寇乱盗贼，以兵刃毒药水火，退（追）无罪人乎道路率径，夺人车马衣裘以自利者并作，由此始，是以天下乱。”[②] 就是说，今不如古，从“三代圣王”到墨子当时这段时间来看，历史是退化的，从治世退到乱世。他着意美化“三代圣王”或先王，认为“先王之道”是“天下所以生者”，甚至谈到要“祖述尧舜禹汤之道”。他作为真理标准的“三表”、“三法”，第一项即为“上本者古之圣王之事”，“考先圣大王之事”，可见其对“古者圣王之事”的重视。

但是，墨子尊古，很大程度上是出于“世俗之人多尊古而贱今，故为道者必托之于神农、黄帝而后能入说”[③] 的考虑，即托古改制的

❶《墨子·非乐上》。
❷《墨子·明鬼下》。
❸《淮南子·修务训》。

需要。在实际上,墨子并不认为"先王"治世是古已有之的,而是经历了一个逐渐进化、长期发展的过程;在"先王"治世以前,天下曾是混乱不堪的"乱世":"古者民始生,未有刑政之时","无君臣上下长幼之节、父子兄弟之礼"[①],"是以人是其义,以非人之义,故交相非是也。……天下之百姓,皆以水火毒药相亏害","天下之乱,若禽兽然"[②]。当人们明白了"天下所以乱者,生于无政长"时,就"选天下之贤可者,立以为天子……三公……诸侯…正长"[③],所以才逐步出现了"先王"的盛世之治。很明显,从人与禽兽无别的乱世进到先王盛世,这是社会的进步。

在社会的物质文明方面,墨子也认为大致经历了一个逐渐发展的过程,而不是古已有之的。墨子明确指出,在上古之世,人们曾经备受"猛禽狡兽"的暴害,"因陵丘堀(掘)穴而处"[④],"衣皮带茭","重任不移,远道不至"[⑤],生活十分艰难。后来只是由于圣人的教诲和作为,才出现了"甲盾五兵"、"舟楫"、"舟车"、"宫室"等,人们"治丝麻,梱(捆)布绢"而"为衣服","耕稼树艺以为民食"[⑥]。在墨子看来,在圣人产生之前,人类经历了一个几乎没有物质文明的时代。

墨子在后来对尧、舜、禹、汤和"圣王之道"有了更为全面、进步的看法。他说,尧以仁义治天下,有名有实。名者,谓尧在今日有"义治"的称誉;实者,谓尧在往古有"义治"的事实。由于往古和现在的社会条件不一样,时移事异,对"仁义"的理解和规定已有很大区别,说"尧有义治"是指他所在的古代,而不是指现在,现在的"义治"则指另一回事("尧之义也,生〔声〕于今而处于古,而异时,说在所异二"[⑦])。从这个角度出发,墨子认为:尧善治,"自今在诸古也。自古在之今,则尧不能治也。"[⑧]即如果说"尧善治",是指尧所处的那个时代,这个命题是对的;如果说的是现在,那么这个命题就要

❶《墨子·尚同中》。
❷❸《墨子·尚同上》。
❹《墨子·节用中》。
❺❻《墨子·辞过》。
❼《墨子·经下53》。
❽《墨子·经说下17》。

用反命题“尧不能治”来取代。依此类推，墨子认为，舜、禹、汤、文、武等古代圣王，都是“善治古而不能治今”的。墨子在此已清楚地认识到，古今异时异事，社会已发生了很大变化：“化，征易也。”[1]变化就是特征、性质的变化。古今对比，性质大不同，今天的情况又远比古代复杂，不能盲目崇古，学古，还需要提出新的改革思想，才能达到积极救世的目的。

### 三、述而且作的社会改革理想

基于历史进化的观念，墨子在社会生活和社会问题上，不是唯古是从，而是采取分析和批判的态度，主张“述”、“作”并举，继承和创建并重。

(一)对盲目推崇古代先人的“言”、“服”，持否定态度

儒家弟子公孟子提出“君子必古言服，然后仁”[2]。墨子驳斥道，此种见解不对：“昔者商王纣卿士费仲，为天下之暴人；箕子、微子，为天下之圣人。”他们说的是同一种形式的语言，却有“仁”与“不仁”之分；“周公旦为天下之圣人，关叔为天下之暴人，此同服或仁或不仁”[3]，“仁”与“不仁”哪里又在穿的衣服相同呢？并且，所谓古代的“言”和“服”，对于更古的时代来说，都曾经是新的，“而古人言之服之，则非君子也？然则必服非君子之服，言非君子之言，而后仁乎？”[4]

(二)提倡“述而且作”

对于公孟子提出的“先人有则，三而已矣”[5]的观点，墨子反对说：“孰曰先人(有)，则(之)而已矣？子未智(知)人之先而有后(在焉)。”意即谁说先人有的东西，仿效就行了？你不知道无论如何久远的“先人”，对于更古的先人来说，他们必定也是后生。所谓“则”

❶《墨子·经上44》。
❷❸《墨子·公孟》。
❹《墨子·非儒下》。
❺《墨子·耕柱》。

先人，其实是"则"后生，这就从逻辑上驳倒了公孟子。

针对儒家提出的"君子循而不作"，墨子回应说："古者羿作弓，伃作甲，奚仲作车，巧垂作舟。"[1]按照"君子循而不作"的标准，那么现在的"鲍函车匠"，都是君子，而羿、伃、奚仲、巧垂等创造者都成了小人，岂有此理？因此，他鲜明地指出："吾以为古之善者则诛（述）之，今之善者则作之，欲善之益多也。"[2]主张对于古代好的东西必须要继承，对于现在只要是好的东西，就要大胆地创作。这种要使未来超过往昔和今天的变革愿望，鲜明地表达了墨子所具有的历史发展和社会进步的观念。

## 第二节　文学成就

《墨子》一书，由于语言质朴，文采较少，其文学价值常为人们所忽略。公正地说，《墨子》不仅是先秦时代一部"成一家之言"的理论著作，而且也是一部重要的散文作品。

### 一、承上启下的过渡文体

先秦诸子散文体裁，前期以语录体为主，代表作是《论语》；后期以专论体为主，代表作是《荀子》、《韩非子》。《墨子》的文体恰是上述两种体裁的过渡形态，既有语录体，也有专论体，以《尚贤》等"十论"表现这种特点最典型。早于《墨子》的《左传》确有完整的记事和议论，但它是历史，不属于专门阐发思想观点的诸子著作。

与《论语》相比，墨子"十论"有如下几个方面的进步：

一是每篇都有鲜明的标题以概括其中心思想。如《尚贤》、《尚同》、《兼爱》、《非攻》、《节用》、《节葬》、《天志》、《明鬼》、《非乐》、《非

❶《墨子·非儒下》。
❷《墨子·耕柱》。

命》等。《论语》每篇虽然都有标题，但并不代表该篇中心思想，只是任意摘取各篇首章首句两三字，有的甚至不成词汇。如《论语》中的《学而》，这两个字根本不能构词。《墨子》的文章从无中心的标题到有中心的标题，不但表现出思想理论的系统化，也说明写作技巧的进步。

二是每篇各段之间有密切联系，而不是把同类性质的话简单化地凑集。与《墨子》成书期相近的《吴子》，是吴起的语录汇编，各段语录互相独立。《墨子》不同，每篇所有墨子的话已化为有机整体。其承接方式，一是自设问答，二是假设反对者的诘难。问答式的论辩《论语》已有，但都是对话：或师生谈话，或君臣问对，属于依实记录，自然成篇。《墨子》的问答则是作为自己假设，属于有意识做文章。从不自觉到比较自觉，不能不说是一种演进。

三是文章有头有尾，层次分明，章法井然。《论语》多独白，往往三言两语，对话长的不多，基本上无章法可言。《墨子》文章比《论语》长得多，第二组24篇，最长的《明鬼》篇2433字，最短的《非攻上》也有420字。每篇都有精心安排的章法，往往一开头就明确提出论旨，然后展开分析论证，或步步推进，或正反对比，或先分后合，或先合后分，最后归纳出结论，与开头相呼应。后世所谓"起承转合"的文章写法，在《墨子》中已见其端倪。

**二、有意识地在论说文中运用形式逻辑**

《墨子》一书，特别是其中的《墨经》部分，有丰富而系统的逻辑思想，例如"类"（种类）、"故"（原因）、"悖"（矛盾）等重要逻辑学概念，"辟"（比喻）、"侔"（比较）、"援"（引证）、"推"（推理）等论证方法，和以"本"、"原"、"用"——"三表"作为衡量言谈是非的标准等，在《墨子》全书中，几乎随处都可以找到运用这些方法的典型实例。

所谓“明故”，即着重体现因果律。如《兼爱上》，熟练地使用归纳法、对比法和三段论，因果关系辨析非常清楚。

归纳推理法是《墨子》最擅长的，尤以《所染》最为突出。该篇既是“辟”——以物喻人；又有“侔”——正反对照；还有“援”——引证历史；而通篇都是“推”，主要是从个别到一般的归纳推理，同时也包含从一般到个别的演绎推理。无论从形式逻辑还是文章写作来看，水平都相当高。

如果把《墨子》文章的逻辑性同其他先秦诸子相比，它的地位更清楚。孔子主张“正名”，注意概念和定义的准确性，但《论语》论证过于简单，往往没有展开。《孟子》长于比喻，艺术表现力比《墨子》要强，但有时推论不免牵强，不如《墨子》严谨。《庄子》汪洋恣肆，充满想象，但充满诡辩，许多言论不顾形式逻辑。只有荀子批判墨子的“尊天”、“明鬼”、“非乐”，指出其经验论的片面性，强调理论思维的重要性。他的思想比墨子全面、深刻，文章也比墨子分析透彻，议论精详，辞藻富丽，句法整饬。可以说，正是荀子使先秦议论文臻于成熟。《韩非子》的论辩也非常有力。然而不论是《荀子》还是《韩非子》，其文章技巧和逻辑思想，都与《墨子》有着不可分割的联系，其间的学习与继承关系是无可否认的。

### 三、曲折完整的故事——《公输》：叙事文学的典范

《墨子》继承了《左传》叙事文学的优良传统，创作了长篇曲折完整的故事——《公输》。《公输》的文学成就主要表现在以下几个方面：

首先是十分注意语言的修饰和锤炼。如描述墨子在驳公输般

时一连用了五个相同句型，构成一个排比句式："不可谓智"、"不可谓仁"、"不可谓忠"、"不可谓强"、"不可谓知类"，其势如破竹，干脆利落，毫不含糊。在劝说楚王时，从三个方面列举事实，极力夸张形容，铺张排比，行文如滚滚大江东去，一泻千里。

其次是情节复杂多变，扣人心弦。公输般为楚设云梯以攻宋，墨子从远道赶来加以劝止。开始墨子故设圈套，出重金请公输般杀人；公输般说"吾义固不杀人"。墨子便抓住这句话加以批评，指斥公输般攻宋是"不杀少而杀众"。接着又去见楚王，设喻说有人舍其文轩而窃人敝舆，舍其粱肉而窃人糟糠，此何故也？楚王说："必为有窃疾矣。"墨子于是指出，以有余之楚攻不足之宋，正与有窃疾者同。楚王无话可说，就让公输般与墨子比赛攻守之术。斗技之后，胜负已决，双方已想到下一步怎样制服对方。公输般吞吞吐吐，暗藏杀机。墨子洞悉一切，又偏不说破。双方都在卖关子，为文章蓄势，待到楚王发问，读者也急于想知道结局时，才亮明底牌，揭穿公输般的阴谋，同时交代墨家弟子在宋国城上早有准备。这样曲折多变，引人入胜的戏剧情节，只有在早出的《左传》中才能找到。

其三是有意识地刻画人物。《论语》、《孟子》也能在一定程度上显示某些人物个性，但只是素描速记式的，很难说是着意描写。《公输》有《左传》的风采，写墨子，不仅极状其能言善辩、机敏老练、善于以理折人的过人智慧，而且着重展现其深谋远虑、不怕牺牲、安排周到、敢于以实际行动制止侵略战争的胆略。最后用归宋遇雨而守门人不纳，只好在门楼下过夜做尾声，烘托出墨子立大功而不居的利他主义的无私品德，使人物形象显得更加平凡而伟大。次要人物公输般，也能看出种种神态和心理活动。所有这些，都出于作者精心构思，决非简单记录可比。

## 第三节　教育思想和教育成就

墨子的教育思想自成体系，不论从教学目的、教学原则、教学科目，还是从教育方法、教学心理来分析都是完整的，墨子无愧于中国历史上伟大教育家的称号。他在世之时，从属弟子甚众，已遍布天下；在他去世后，他的学说通过他的众多弟子的传播，成为“盈天下之言”，与儒学分庭抗礼，儒、墨并列为“世之显学”。在墨子辛勤不懈地教育和感召下，原先少数表现不好的几个墨子弟子，也培养教育成新人。像高何、县子硕“齐国之暴徒也”，素为乡人所痛恨，在接受墨子教诲后，成为品德才智俱佳、备受王公大人礼遇的“天下名士显人”[1]，墨家后学“显荣于天下者众矣”[2]。这不能不归功于墨子教育思想的巨大力量。

### 一、关于教育的作用和教育的目的

墨子的教育事业与他的救世活动和“兼相爱，交相利”的社会政治理想的推动紧密联系在一起。为了救世，墨子极其重视教育，除了奔走各国，游说其治国思想以外，就是辛勤不懈地从事教育工作。

墨子对教育的重要作用有深刻的认识：

一是他首先创立了“人性素丝论”。孔子认为，人的本性和天赋不是一样的，有的“生而知之”，有的“学而知之”，有的“困而不学”[3]。根据这种判断，每个人就不能也没有必要受到平等的教育。墨子则相反，他认为人的本性生下来如同“素丝”，“染于苍则苍，染于黄则黄”[4]。正因为人性都是一样的，所以每个人都有平等受教育

❶《吕氏春秋·尊师》。
❷《吕氏春秋·当染》。
❸《论语·季氏》。
❹《墨子·所染》。

的权利。墨子提出的这种教育理论，使教育从贵族手中进一步解放出来成为可能。在中国古代教育史上，只有墨家才真正做到了“有教无类”。

二是提出“教育救世论”。墨子一生“上说下教”，孜孜不倦，为墨家教育事业倾注了最多的心血，因为他知道教育的作用是巨大的，“不强说人，人莫知也”①。通过教育，可使天下之人都行仁义之事，就可以达到挽救衰败之世、实现天下大治的政治理想。墨子的教育目标是培养“为义的兼士”。所谓“兼士”，就是各尽其能去实行“兼相爱、交相利”的义士，它是与“只知有己，不知有人”、不能实行“兼爱”的“别士”相对立的。“兼士”没有人我之分，“必为其友之身，若为其身；为其友之亲，若为其亲。……是故退睹其友，饥则食之，寒则衣之，疾病侍养之”②。“兼士”不仅对朋友要不分彼此，关心朋友甚于自己，更重要的是能够实行“有力者疾以助人，有财者勉以分人，有道者劝以教人”③的主张，以此兼爱天下。可见墨子以教育“农与工肆”之人成为“兼士”，以求“兴天下之利，除天下之害”④作为教育的终极目的。

二、关于教育的内容

墨子的教育内容服务于他的教育目的，因而他从当时的社会实际，从生产发展的需要出发，对儒家的教学内容采取择其善者而从之，对不善者则弃之的态度。从整体上看，他所设置的课程内容尽管与儒家有相同的方面，但区别还是相当明显的。

墨子也很重视道德观念的教育。他将“兼爱”与“正义”作为最高的道德理想，并看做是“上说下教”的教育内容的根本，谆谆教导弟子要“视人之国若视其国，视人之家若视其家，视人之身若视其

①《墨子·公孟》。
②④《墨子·兼爱下》。
③《墨子·尚贤下》。

身"[1],实施无差别无等级的爱。为了培养高尚的品德,他十分注意对弟子进行刻苦俭朴的德教。他提出"节用"、"节葬"的主张,教育弟子"自养俭"[2],认为"俭节则昌,淫佚则亡"[3]。

在墨子的教学内容中,生产劳动知识及其技能的教育占有很大比重。他不仅教育弟子要努力掌握一定的生产技术和技能技巧,而且他本人就能直接从事生产劳动,并有高超技艺。他在生产实践中所总结出来的许多很有实用价值的生产知识,如杠杆、滑轮、斜面原理以及建筑知识等,都是他教学的内容。

墨子十分重视自然科学知识的研究和传授。他把"农与工肆之人"以及自己在生产实践中获得的许多感性认识加以概括、总结,上升为理性认识,经过长期的积累和刻苦的研究,从中提炼出许多有科学价值的思想,并用来教育弟子。墨子在自然科学方面的教学内容主要涉及数学、几何学、物理学、光学等,其内容之丰富,在古代教育史上可叹为观止。现存《墨子》一书中的《经》(上、下)、《经说》(上、下)以及《大取》、《小取》6篇著作,可以视为墨子和墨家进行自然科学知识教育的主要教材。墨子关于自然科学知识的教育,在中国古代无与伦比。

墨子很重视军事知识的教育,他自己对此有很深刻的研究。他之所以重视军事知识教育,是为了培养一批懂军事的人才,做好反侵略战争的准备,实现他的"非攻"学说。今存《墨子》中《备城门》以下11篇,可以称为比较全面的军事防御的学说。从助宋御楚的历史事实看,他和他的弟子也确实具备军事防御的知识和能力。

辩学,即今天所说的逻辑学,是墨子施教中的又一门重要课程。"辩乎言谈"是墨子心目中贤良之士的必备条件。可以说,墨子是中国古代教育史上进行系统逻辑学教育的第一人。墨家逻辑学

[1]《墨子·兼爱中》。
[2]《墨子·七患》。
[3]《墨子·辞过》。

内容全面、系统、深刻，至今仍具有强大的生命力，墨子是中国历史上逻辑学教育最重要的奠基人。

### 三、关于教育方法

墨子与孔子在教育方法上既有相同的一面，也有不同的一面。就相同一面看，他们都主张因材施教，即在充分了解学生德行、才智、个性的基础上，从学生的实际出发，进行教学。墨子特别要求弟子"能谈辩者谈辩，能说书者说书，能从事者从事"[1]，很注意发展学生的特长与个性。他们也都提倡学思并重、身体力行的学习方法。孔子认为"学而不思则罔，思而不学则殆"[2]。墨子也很注意学思结合，认为在学习时，不但要知其然，更要认真思考所以然。墨家还是一个力行学派，提出："士虽有学，而行为本"[3]，再三强调"口言之，身必行之"[4]，坚决反对只说空话和不务实际。

墨子与孔子在教育方法上也有明显的不同之处，主要表现在三个方面：

一是孔子在教学活动中，主要采用启发式。他强调学生要有积极的学习态度和主动思考精神，当学生在学习中形成积极的求知态度时，教师再加以启发指导。而墨子在教学中偏重于注入式教学，而且不厌其烦，要求"强行"、"强为"，反对儒家所说的君子如钟、击之则鸣、不击不鸣的方式，认为对于重要的问题，即使学生内心还没有产生学习的要求，教师也必须予以教诲，"虽不叩，必鸣者也"[5]。

二是墨子的施教方式是纯理智的，让学生把"心"作为认识的主体，把自然界作为认识的对象，十分重视天人关系。

三是墨子重视指导学生进行实际操作和科学实验的方法，启

①《墨子·耕柱》。
②《论语·为政》。
③《墨子·修身》。
④⑤《墨子·公孟》。

发锻炼学生的实际工作能力和抽象思维能力。墨子本着重实践贵功能的精神，在教学中强调理论联系实际，教育弟子一切都必须依据一定的准绳——“规矩”。他在整个教学活动中，不论传授何种知识，都依据一定的客观标准，这一教学方式，很值得后人珍视。

# 第四篇

# 自然科学知识及实用工艺成就

墨子及其弟子在自然科学方面所取得的成就在中国古代独树一帜。墨子及其弟子之所以在当时能够发现如此众多的科学规律，绝非偶然。首先，任何科学技术的产生都是生产实践的需要。春秋战国时期是中国由奴隶制向封建制过渡的时期，生产关系的变革极大地解放了生产力，社会生产和经济生活发生了巨大变化。具有勃勃生机的社会制度和蒸蒸日上的社会生产活动呼唤人们去总结生产经验和科学知识。其次，当时社会已经具备进行科学总结的必备要素。从夏商到战国，在一千五六百年的发展中，中国从新石器时代、青铜时代进入铁器时代。铁器的发明和广泛使用，不仅使农业生产工具有了很大改进，而且也促进了手工业的发展。《周官·考工记》说："攻木之工七，攻金之工六，攻皮之工五，设色之工五，刮摩之工五，抟填之工二。"可见当时手工业分工的细密。当时的手工业主要有制陶、冶铁、纺织、制衣、制鞋、制甲、造轮、造兵器、皮革加工等行业，到战国末年出现了拥有数百人的手工作坊。随着农业和手工业的发展，商业日趋繁荣，许多城池发展成为新兴的商业都城。在长期的生产实践中，劳动人民积累了丰富的生产经验，创造发明了大批劳动工具，越来越多地了解了各种自然现象及自然规律。其三，墨子及其弟子具备了进行科学总结的主观条件。墨子把"兴天下之利，除天下之害"作为终身之志，又是积极救世的改革家。墨家成员多为手工业者，长期从事生产工具的发明和制作，墨子本人就是一位具有高超技术的能工巧匠。他们恪守"利于人谓之巧，不利于人谓之拙"的信条，孜孜不倦地从事工艺科学研究，以求造福于民。特别重要的是，墨子及其弟子组成的墨家创造并掌握了科学的认识方法——逻辑学，从而掌握了一套严密的逻辑推理系统，这为他们深入研究自然现象并准确归纳一系列自然科学知识提供了科学的思想方法。

# 第一章 自然科学知识

墨子关于自然科学的知识,大致可分为几何学、力学、物理学、光学几个方面,主要集中在《经》上、下和《经说》上、下四篇中。

## 第一节 数学知识

墨子作为一个工匠,他在实践中总结出了许多画线、选点、为方、画圆、取高的方法,并把这些方法逐步抽象成一般规律,归纳出中国最早的较成体系的几何学知识。墨子之所以要进行这样的抽象总结,为的是使"百工从事,皆有法所度"①。如制方要用矩尺,因为它合乎方的规律;制圆要用圆规,因为它合乎圆的定义;取直要绷紧墨线弹,因为两点之间直线最短;取垂直要以悬挂的垂线为标准,因为悬锤拉紧之线无处不垂直;取直要用水平仪,因为水为流体,易于自然平衡。依据这些操作规则,巧匠所制工件才能合乎标准;刚入门的工匠也可以使工作尽快步入正轨。

在《墨经》中,有19条涉及数学方面的知识,主要集中在《经上》篇中,其内容大部分是几何学的定义和有关定义的推论。虽然《墨经》还没有出现定理,也没有采用符号表示和图解说明,但墨家所作的几何学定义简略精当,已展现出纯科学的萌芽,接近了数量

①《墨子·法仪》。

科学的大门。就其整体水平看，大约相当于公元前7世纪末6世纪初古希腊泰勒士早期的水平。这些定义涉及几何学中的一些基本概念，主要有点（端）、线（尺）、面（区）、体（厚）、圆（圜）、正方形（方）、长方形（矩）、平行（平）等。另外，对数学中的建位规则，整体与部分、有穷与无穷的关系也有论述。

**一、论方、圆、直线、垂直与水平**

墨子及其弟子从千百次的工艺实践中，为造方物、圆物，为取直、取垂直、取水平制定出标准和方法，然后再概括出一般方法和规律。

（一）方

墨子说："百工为方以矩。"《墨经》从工匠用矩尺做方的技巧中总结出"方"的定义："方，柱、隅四讙（权）也。"[①] 柱是边，隅是角。方就是四个边和四个角相等。如何做"方"？"矩见支（交）也"[②]。即用矩尺做出的四边、四角相等的封闭图形就是"方"。

《墨经》以方为例，提出判定两个几何图形相等的方法："合，与一或复否，说在矩。"[③] 即检验两个图形是否相合（相等），那就拿这两个图形跟第三个事物（即共同标准）相比较，看它们是否重叠，若完全重叠则相等；若不完全重叠，则不相等。例如以两图形跟矩尺相叠合，来判明它们是否为相等的方形。

（二）圆

圆的定义："圜（圆），一中同长也。"[④]"心（圆心），自是（圆心）往相若也。"[⑤] 即圆就是只有一个共同的圆心并且半径都相等的几何图形。如何做圆？"规写支（交）也。"[⑥] 其方法是用圆规的一脚抵住圆心，另一脚从某一点开始，依次画出圆滑的闭合曲线。

❶《墨子·经上59》。
❷《墨子·经说上59》。
❸《墨子·经下12》。
❹《墨子·经上58》。
❺《墨子·经说上54》。
❻《墨子·经说上58》。

《墨经》还从“同异交得”(同一性和差别性相互渗透)的辩证观点出发，发现一个圆的圆心的点，可以转化为另一个圆的圆周的点:“中央,旁也。”[1]如图中甲圆的圆心O(中央),同时又是乙圆的圆周(旁)(如图4-1)。

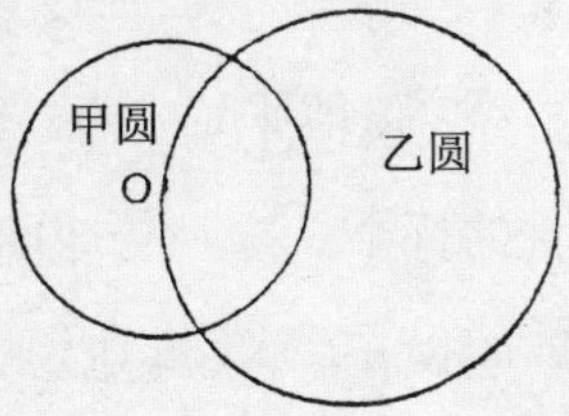

图 4-1

(三)直线的性质以及直线与圆的关系

墨子说百工“直以绳”[2],即工匠取直,要以拉紧的直线为标准。他对于直线性质的认识，已接近古希腊数学家欧几里德(Euclid,公元前330—前275)几何中的公设：从每一点到另一点可引一条直线(如图4-2)。

图 4-2

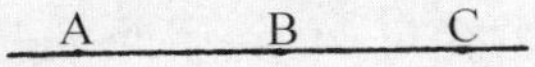

图 4-3

在此基础上,《墨经》提出直线性质的另一条规律:“直,参也。”[3]《广雅·释言》:“参,三也”。“三”即有第三个东西加入到两个东西之间。这一命题又与欧几里德的公设相同:同在一直线上的三点,有一点恰好介于其余两点之间(如图4-3)。

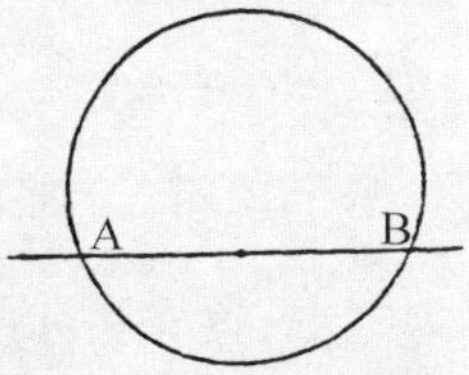

图 4-4

不仅如此,《墨经》还发现了直线与圆关系的定理,且在该定理中隐含了关于直线性质的公理:“圆无直。”即“一圆周上任何三点都不在一条直线上”[4],因为直的定义是“参也”,即三点中有一点恰好介于其余两点之间。其推理如下:定理:一直线与一圆的公共点不能多于两个。推论:无任何圆能通过同在一直线上的三点(如图4-4)。

(四)正:垂直

❶《墨子·经说上89》。
❷《墨子·法仪》。
❸《墨子·经上57》。
❹沈有鼎:《墨经的逻辑学》,中国社会科学出版社1980年版,第69页。

墨子说百工“正以悬”①，即各种工匠取垂直，要以悬垂的直线为标准。例如筑墙、立桥墩等，为了防止倒塌，需要取垂直。墨子已意识到，下悬重物自由下垂的直线，跟地平面是垂直的，能够作为取垂直的标准。这一与地面垂直的线（铅垂线）就叫做正（如图 4–5）。

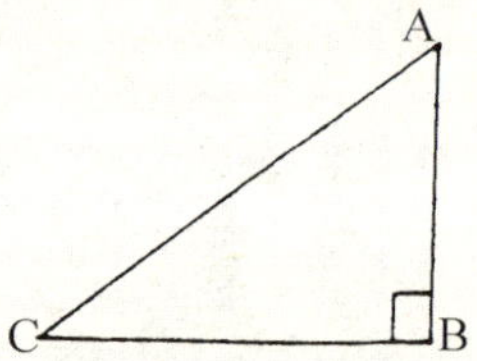

图 4–5

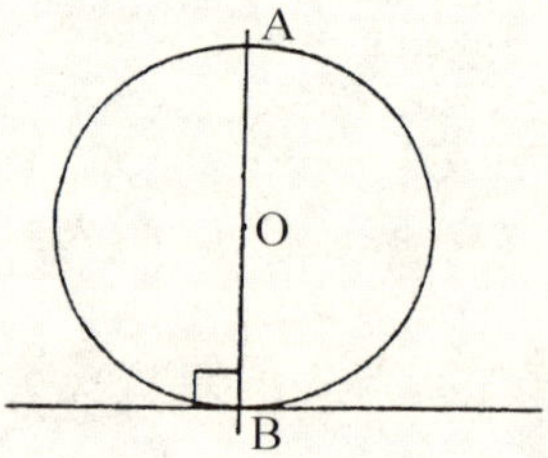

图 4–6

《墨经》说：“缶而不可擔，说在抟。”②“九（丸）无所处而不中县（悬），抟也。”③《说文》：“团，圆也。”即圆球可以在平面上运转自如，随遇而平衡，其原因在于该物重心的垂直线 AB，总是能通过球心 O 和球面与平面的接触点 B（如图 4–6）。

（五）平：水平

墨子说百工“平以水”④，即各种工匠取平，以小范围的静止水面为标准，这是讲水平仪的作用。何谓平？《墨经》定义为：“平，同高也。”⑤即两条线平行或两个面平行，指它们之间的距离（过任意点所引垂线）处处都相等。

## 二、论点、线、面、体

《墨经》中有一套几何学的专用词汇，如端、尺、区、厚，分别表示几何图形的元素点、线、面、体。

（一）端（点）

端（点）是《墨经》几何学中的一个基本概念，所言不下十余次。“端”的定义是：“端，体之无序而最前者也。”⑥对它的补充解释是：“端，是无同（间）也。”⑦体是部分，“体，分于兼也”⑧。兼是一个整

①④《墨子·法仪》。
②《墨子·经下 62》。
③《墨子·经说下 62》。
⑤《墨子·经上 52》。
⑥《墨子·经上 61》。
⑦《墨子·经说上 61》。
⑧《墨子·经上 2》。

体，这个整体被分成许许多多的部分。在这些部分中，没有厚度，也没有长度和宽度，而又处于物体最前部的东西，就叫做“端”。《墨经》的“端”相当于欧几里德几何学中的“点”。欧氏把点定义为“不可分”。《墨经》也认为：“非半弗斫则不动，说在端。”[①]“斫半，进前取也。前则中无为半，犹端也。前后取则端中也。斫必半，毋与非半，不可斫也”[②]。即一个有穷长的物体，如一根棍子，不管是从一头往前取半，还是从两头往中间取半，总有一个时候不能再取半，这时就出现了“端”，即不可分的点。

当然，科学证明，原子也是可分的，至今人们仍未达到物质分裂的最后界限。但从几何学上看，需要假定这种不可分的点（端）的存在。如作直线，考虑从一个点出发引申，或从两点相连等，都不需要考虑这些点的再分。而且，也只有把这个点假设为没有长、宽、厚的东西，才能进行线、面、体等几何单位的演算。所以从几何学上看，《墨经》关于“点”的定义是深刻、严密、准确的。

（二）论点、线、面、体的关系及其定理

1.论点和线的关系是部分与整体的关系

《墨经》说：“体，分于兼也。”[③]所举之例有“若尺之端也”[④]。“体”是个体或部分，“兼”为个体的集合体；尺即直线，端即点。即线和点的关系是整体与部分的关系，并且表明点可积为线，线可分为点，线大于点，线与点为不可逆的关系。

《墨经》又说：“损，偏去也。”[⑤]“损，偏也者，兼之体也。其体或去或存，谓其存者损。”[⑥]这从另一角度论述了部分与整体的关系：“偏”为不全。对于“兼”来说，“体”是它的“偏”，而“兼”是“体”的集合。若在“兼”中去掉一部分“体”，那么没有去掉的部分，就是“损”。

2.论点线相交

❶《墨子·经下60》。
❷《墨子·经说下60》。
❸《墨子·经上2》。
❹《墨子·经说上2》。
❺《墨子·经上45》。
❻《墨子·经说上45》。

《墨经》说："撄，相得也。"[1]"尺与尺，俱不尽。端无（与）端俱尽。尺与端或尽或不尽。"[2]撄是接触、交叉或至少有一部分重合，相得即相互占有。

点与点相交，则双方完全重合。因为点被想象为没有长、宽、高，而有确定位置的几何单位，所以两点一旦相交，则双方彼此完全占有对方，没有剩余，即"端与端俱尽"。

线与线相交，不论交点在哪里，双方都不完全重合。因为线被看做是无数点的集合，线与线相交，只能交于一点。从两条线来说，即"俱不尽"。

点与线相交，不论这点与线上哪个点相交，则从点这方面来说，是完全重合（尽）；而从线这方面来说，是不完全重合（不尽），所以叫"或尽或不尽"。

3.论两个形体比较

两个形体比较是有条件的："异类不仳，说在量。"[3]即只有同类的形体才可以互相比较，不同类的形体不能比。"仳，两有端而后可。"[4]即必须是两个有一定大小的有限形体才可以比较。如果有一个形体广大无边，即无"端"，则无法进行比较。

比较的方法是："仳，有以相撄，有不撄撄也。"[5]即两个同类的有"端"的几何形体对它们进行比较时，应按叠置法进行。如果两个形体处处相交，那就完全相等；如果只有一部分相交，两个形体就只有一部分相等。

4.论图形相切

《墨经》说："次，无间而不撄撄也"[6]；"无厚而后可"[7]。"次"指线与面或面与面相切，相切是指两个图形有一个公共点并且只有一个公共点；"无间"是指两图形之间没有一点空隙；"不相撄"是说

❶《墨子·经上67》。
❷《墨子·经说上67》。
❸《墨子·经下5》。
❹《墨子·经说上68》。
❺《墨子·经上68》。
❻《墨子·经上69》。
❼《墨子·经说上69》。

不相交。"无厚而后可"是规定这里讨论的不是体积，而是没有厚度(高度)的线或面(如图 4–7)。

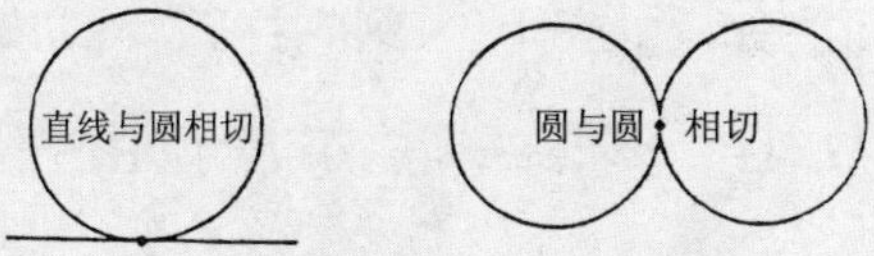

图 4–7

5.论图形相离

《墨经》说："有间，中也"①；"谓夹之者也"②。"间，不及旁也"③；"谓夹者也。尺前于区穴而后于端，不夹于端与区内。及，非齐之及也"④。"纑，间虚也"⑤；"虚也者，两木之间，谓其无木者"⑥。

上述言论主要论述图形的相离。两形相离，中间形成间隙、空虚之处。如一座建筑或一架连弩车的两根立柱之间的空隙。这个空隙之处是可以计算的。不过在计算时只计算两形所夹的空隙，不把两形本身包含在内，故曰："间，不及旁也"，又特地说明"及"不是"齐及"(相等)之意。

另外这里还论及点、线、面之间的关系："尺前于区"相当于欧几里德几何中的定义："面的界限是线"(如图 4–8 中的 a 面的界限是 AB、BC、CD、DA 四条线)；而"(尺)后于端"相当于欧几里德几何中的定义："线的界限是点"(如图 4–9 中的 b 的界限是 A、B 两点)。

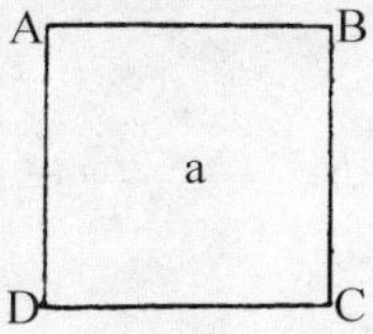

图 4–8

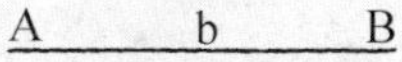

图 4–9

三、建位规则

《墨经》说："一少于二而多于五，说在建位"⑦；"一，五有一焉；一有五焉；十，二焉"⑧。此即举例说明建位问题。

"建位"即建立个、十、百、千、万……的数字之位。同一个数字，可以处在个位，也可处在十位、百位、千位；处在不同位，就代表不同的

❶《墨子·经上 62》。
❷《墨子·经说上 62》。
❸《墨子·经上 63》。
❹《墨子·经说上 63》。
❺《墨子·经上 64》。
❻《墨子·经说上 64》。
❼《墨子·经下 59》。
❽《墨子·经说下 59》。

值。如一处在个位，则它比二少；如果处在十位，那它为十个，比五多，故曰："一少于二而多于五，说在建位。""五，有一焉"，是说五之中含一，这个一是处在个位；"一，有五焉"，是说一之中含五，这个一处在十位；"十，二焉"，是说处在十位中的一含有两个处在个位的五。墨家的建位规则，用十分简练的语言说明了复杂的数学道理。

**四、倍数与分数**

（一）倍数

《墨经》说："倍，为二也"[1]；"二尺与尺但去一"[2]。即所谓某数加倍就是把数乘以二，如二尺是一尺的加倍；但从二尺中减去一尺还余一尺，这是倍数的举例兼论乘法的还原。

（二）分数

墨子对小国小城人民在防御战中节约粮食问题，大量使用分数进行精密计算："斗食，终岁三十六石。三食，终岁二十四石。四食，终岁十八石。五食，终岁十四石四斗。六食，终岁十二石。斗食，食五升。三食，食三升小半。四食，食二升半。五食，食二升。六食，食一升大半。"[3]

也就是说每天吃一斗，一年以360天计，吃36石；一日三食，即每日食$\frac{2}{3}$斗，一年吃24石。$\frac{2}{3}$斗即6.6升多，每天三顿饭，故曰"三食，食三升小半"。日四食、五食、六食分别为每天食24斗、25斗、26斗。那么上述粮食消耗的比例式（年与餐关系）如下：

$$36:24:18:14.4:12=5:3\frac{1}{3}:2\frac{1}{2}:2:1\frac{2}{3}$$

[1]《墨子·经上60》。
[2]《墨子·经说上60》。
[3]《墨子·杂守》。

## 第二节 力学、物理学知识

墨子结合农业、手工业、建筑业和军事工程方面的实践，深入观察思考了自然界中的物理、力学现象，做出了准确的概括。

### 一、物质运动的动力——“力”

物质是运动的，但物质运动的动力是什么？墨子细心观察了生产和生活中大量的物质运动实例：“今有人于此，负粟息于路侧，欲起而不能，君子见之，无少长贵贱，必起之。”[1]他从一个人帮助另一个人扛起一袋粮食这件事，认识到力量的重要。所以《墨经》做出了科学归纳：“力，形之所以奋也。”[2]《广雅·释古》云：“奋，动也”，奋即运动之意；“形”即形体、物体。意谓“力”使物体运动，改变其原来的静止状态。

《墨经》还认识到物体自由下落，是重力在起作用，如果以绳系物，自上向下牵引物体则不用费劲；如果要上举物体，则必须克服重力作用，就必须要向上用力，即“挈，有力也；引，无力也”[3]。

### 二、运动的具体形式

墨子观察、研究了大量的物体运动现象，进行了归纳和描述。根据现代物理学的分类，机械运动主要包括移动、转动、振动等。墨子在这里所谈的运动，主要是机械运动。

(1)“俱动”和“俱止”。《墨经》说：“尽，莫不然也”[4]；“俱止、动”[5]。“尽”和“俱”都是全称量词。就一个特定区域而言，全部个体都静止，叫“俱止”，都运动叫“俱动”。如在步兵操练时，让大家都走步，

❶《墨子·贵义》。
❷《墨子·经上21》。
❸《墨子·经说下27》。
❹《墨子·经上42》。
❺孙诒让：《墨子间估》。

这叫“俱动”，都休息，这叫“俱止”。

(2)位移。《墨经》云：“动，或(域)从(從)也。”[1]即物体在空间中的位置移徙，是一种运动形式。如像除去门闩以后门户会绕门轴转动(“偏祭〔际〕从〔從〕者，户枢免瑟〔阏〕”[2])。

(3)“无久”运动和“有久”运动。《墨经》说：“无久之不止，当牛非马，若矢过楹。有久之不止，当马非马，若人过梁。”[3]“无久”指瞬间，其时间值接近零，但不等于零。一支疾速飞行的箭穿过一根很细的柱子，这就是瞬间运动；“有久”则指经过一段相当长时间，如一个人缓缓地走过一座桥梁，这就是较长时间运动。

(4)物体运动的连续性和间断性。《墨经》云：“儇(環)，秵(俱)柢(柢)。”[4]《说文》：“柢，根也。”即一个直立在地上的环在滚动时，地面与环会形成一系列连续性的切点，此点为“柢”，如树木之“根”。当切点形成的刹那，环的运动似乎停止了，即运动出现了间断，却很快又形成新的切点，切点不断形成，环不断地滚动，从而实现了物体运动连续性和间断性的统一。

### 三、正球体的运动

《墨经》云：“缶(正)而不可担(儋)，说在抟(圜)”[5]；“正。九(丸)，无所处而不中县(悬)，抟也”[6]。“正”指正球体，“儋”，静也。即一个球状物体在光滑的平面上自由滚动不停止下来，其原因在于它的中心到球面上的任意一点的距离相等。进一步说，不论球丸转动到何处，过切点的半径总是垂直于平面的，这是由球体切面的性质所决定的。

### 四、力的平衡：杠杆原理

《墨经》深入研究了力的平衡问题，对杠杆原理作了准确概括：

[1]《墨子·经上49》。
[2]《黑子·经说上49》。
[3]《墨子·经说上50》。
[4]《墨子·经上47》。
[5]《墨子·经下62》。
[6]《墨子·经说下62》。

"负而不挠(桡),说在胜。"[1]即杠杆负重后仍保持平衡而不偏斜,在于它能胜任所加给它的重量:由于支点选择得当,力臂和重臂各当其重,从而使力矩相等。

《墨经》以称衡为例,对杠杆原理作了完整阐述(如图 4-10 所示):(1)"衡木,加重焉而不挠(桡),极胜重也。右校交绳,无加焉而挠(桡),极不胜重也。"[2]桡,曲木也,指弯曲,偏斜。极,《说文·木部》云:"极,栋也",极即屋栋,横木,此指称的横木。交绳,"谓系权之绳"[3],即系秤锤之绳。意谓对于秤的横木来说,如果在系重物的一端加挂重量,并且保证横木不致发生倾斜,就要将秤权(秤锤)向外移动,以保持力矩始终相等,即以较长的力臂来支撑较大的重量。如果把系秤权(锤)的交绳调向右边,而又不在系秤权的一端加挂重量,称衡的横木必定向重臂(系重物一端)一边偏斜,因为这时力臂(系秤锤一端)长度减弱,较短的力臂不能支撑较大的重量。

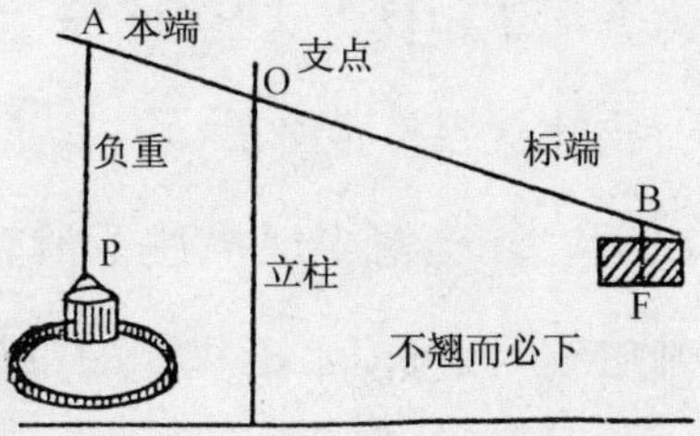

图 4-10

(2)"衡,加重于其一旁,必捶(垂),权重相若也。相衡则本短标长。"[4]即秤平衡时,不论在系秤权一端加挂重量,还是在系重物一端加挂重量,凡是加挂重量的一端必定下垂。因为秤处于平稳状态时,秤权之重与物体之重是相匹配的。权重与物重之比,等于力臂与力臂之反比。这时重臂短力臂长。

(3)"两加焉,重相若,则标必下,标得权也。"[5]《墨子·经说下26》意谓在系秤权一端和系重物一端加挂相同重量,力臂方面的力矩必定大于重臂方面的力矩而偏下。力臂的偏下,得益于加权,因为权加一分,重物应加数分,才可与之相匹配。

❶孙治让:《墨子间诂》。
❷❹❺《墨子·经说下 26》。
❸吴毓江:《墨子校注》,重庆独立出版社 1944 年线装本。

### 五、反作用力的体现：滑轮装置

《墨经》云："契(挈)与枝(收)板(反)，说在薄。"[①] 挈，收也；薄，迫近，逼迫。即利用滑轮可使物体上升或下降，提拉的力和收引的力方向正相反。其原因在于，物体(由于地心引力)自然下落时，另一物体就自然上升。

《墨经》精当地描述了滑轮的操作及其运行奥妙：利用滑轮提升重物时，可使下落物体的重量略大于被提升物体的重量。这样重物体(受地心引力作用)自然缓缓下落，系绳也逐渐加长；与此同时，较轻的被提升物体通过绳的提拉缓缓上升，系绳也逐渐减短。较轻物体越升越高，而较重物体越降越低。当较轻物体升到最高处时，较重物体恰好坠落于地面，这正符合提升物体的要求。所以说："上者愈丧，下者愈得，上者权重尽，则遂。"[②] 如果滑轮两方的绳长相等，物重也相等，那么提升物体的力和收引物体的力大小相等，方向相反，物体静止不动，既不上升，也不下降。故曰："绳直权重相若，则心(止)矣。"[③]

### 六、发之绝否：关于弹性力学的奇想

战国公孙龙曾有"发引千钧"(一根头发牵引三万斤重量)的论题。《墨经》对此问题有惊人的见解："均之绝，不，说在所均"[④]；"发均，悬轻、重。而发绝，不均也。均，其绝也莫绝"[⑤]。即一根头发断绝或不断绝，要看它的各部分是否都十分均匀。如果头发的各部分都十分均匀，那么它就可以悬挂或轻或重的物体。头发断裂，是由于它结构不均匀；如果绝对均匀，那么头发就不会断绝。这种见解虽不合乎当时一般人的常识，但却包含着关于弹性力学和分子物理学的智慧之光，是非常富有科学内涵的大胆想象。

①《墨子·经下27》。
②③《墨子·经说下27》。
④《墨子·经下52》。
⑤《墨子·经说下52》。

### 七、偏去莫加少：物质不灭定律

《墨经》云："偏去莫加少，说在故"[1]；"偏：俱一，无变"[2]。意谓一个整体去掉一部分，留下一部分，从总量来说并没有减少，因为留下的部分和去掉的部分加在一起，就是原来的整体（《广韵》："故，旧也。"故即原物）。从另一方面看，去掉的和留下的都是整体的一部分，把部分的量加起来，就得到全部的量。因而就量而言，各部分的量与原来整体的量并没有什么不同。这里很鲜明地表达出现代物理学中的物质不灭定律。

## 第三节　几何光学知识

《墨经》从影到像，创造性地系统论述了几何光学方面的基本问题，如物影的定义和成因，本影、半影的现象和成因，小孔成像实验和光的直线传播原理，光的反射性、物影变化的规律以及球面镜、凹镜和凸镜成像的规律等，是世界科学史上时间最早、内容最完整的几何光学著作。限于当时条件，它虽然没有附以图表、公式，缺少定量的描述，但作者进行了有意识、有计划的科学实验，作了理论上的分析、论证和说明，内容前后连贯，逻辑严谨，井然有序。

### 一、"影不徙，说在改为"：论物影的定义和成因

《墨经》说："影不徙，说在改为"[3]；"光至，影亡。若在，尽古息"[4]。这里"影不徙"（影子是不迁徙的）是论题，"说在改为"是申述理由，做出论证。即平常人们所看到的影子迁徙不固定，是由于光源和物体的相对位置改变的缘故。影子是物体遮蔽光线而形成的。如果物体不动，光源移动，或光源不动，物体移动，光线照到原先物体蔽光

❶《墨子·经下 8》。
❷《墨子·经说下 8》。
❸《墨子·经下 18》。
❹《墨子·经说下 18》。

成影的地方，则影子就消失了（“光至，影亡”）。如果光源、物体和影屏相对位置永久不变，则影子也就永久不变（“若在，尽古息”）。从影子的存在和不存在、迁徙和不迁徙两面，正确论述了物影的定义和生成原因，其中隐含断定光能直线传播的前提。

### 二、“影二，说在重”：论本影和半影现象及其成因

《墨经》通过实验观察，揭示了本影和半影现象的成因：“影二，说在重”[①]，“二光夹一光，一光者影也”。即一个物体有两个影子（影二），是由于有光源从不同角度重复照射的缘故（说在重）。两个光源所造成的两个半影夹着一个本影（“二光夹一光，一光者影也”，此影即本影）。如图 4–11，由两个光源 $S_1$ 和 $S_2$ 形成两个半影夹着一个本影。

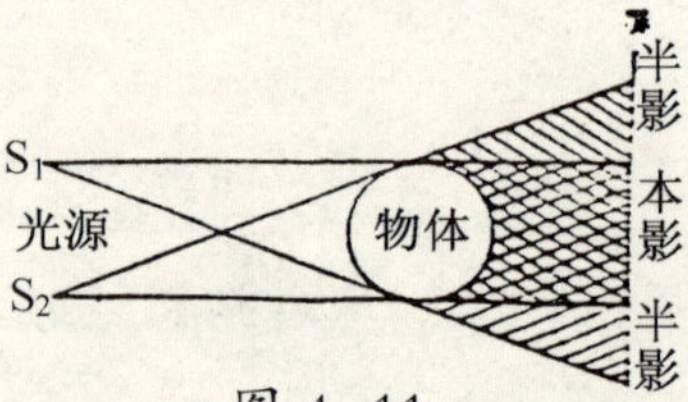

图 4–11

### 三、“光之入照若射”：用小孔成像实验说明光的直线传播原理

《墨经》指出，在暗室（窟）内得到一定长度倒影的条件，是让光线照到一个人身上，交错于屏上的一个小孔。这里的关键在于要有一个小孔（“影倒，在午（孔），有端与影长，说在端”[②]）。而且光线的传播就像射箭一样，是直线进行的（“光之入照若射”，此种比喻非常恰当，至今人们犹说光线照射）。下边的光线照进暗室，射到墙壁上边，上边光线照进暗室，射到墙壁下边。人的脚遮蔽下边的光线，所以成影在上边；人的头遮蔽上边的光线，所以成影在下边。由于在光线中或远或近存在一个光屏中的小孔，所以就在暗室的墙壁上形成倒影（“下者之入也高，高者之入也下。足蔽下光，故成影于上。首蔽上光，故成影于下。在远近有端与于光，故影窟〔庫〕内也”[③]）。如图 4–12：

①《墨子·经下 19》。
②《墨子·经下 20》。
③《墨子·经说下20》。

这里细致描述了小孔成像的实验，从而清楚地证明了光的直线传播原理。这种实验和证明，具有某种超越其时代的现代风格，直到现在的光学教科书也还是这样来叙述和证明的。

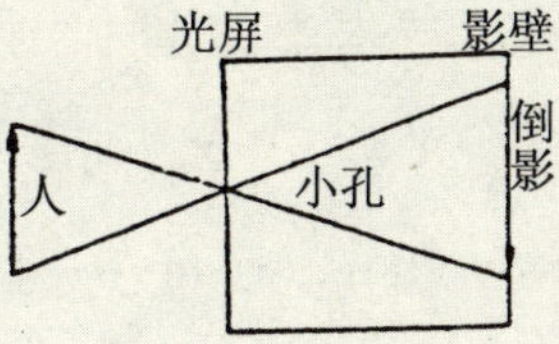

图 4-12

### 四、“影迎日，说在抟”：论光的反射

《墨经》说：“景(影)迎日，说在抟(转)”[1]；“景(影)，日之光反蚀人，则景(影)在日与人之间”[2]。“抟”和“反蚀”都是反射之意。即日光照物，物成影，影心背日，这是常见的。但有时影却迎日，是因为日光首先照射到人体后面的发光晶体上(如平面镜)，然后其光反射到人体上，人影遂在日与人之间。如图4-13所示，人R站在太阳S和平面镜J之间，太阳光从S射于平面镜J，而被反射照于人身R，则成影R′在太阳S和人R之间。这个实验清楚地说明了光具有反射的性质。

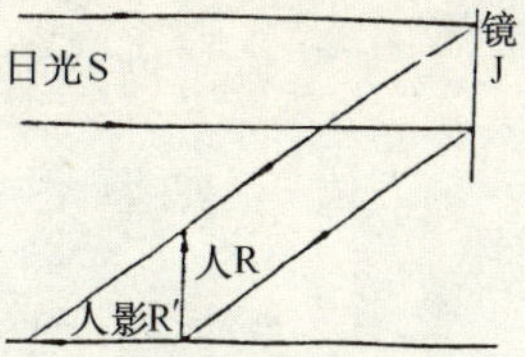

图 4-13

### 五、“影之大小，说在斜正远近”：论物影变化的规律

《墨经》说：“影之大小，说在地缶远近”[3]；“木柂，影短大。木正，影长小。光小于木，则影大于木。非独小也，远近”[4]。这里是用一根木头做实验，就木头摆放的斜或正、光源比木头的小或大、光源离木头的远或近不同情况，论述了物影的变化规律。

1.木斜，则影短大。

当木头斜放时，则影屏上影子短而宽(大解为宽)，如图4-14。

2.木正，则影长小。

1《墨子·经下21》。
2《墨子·经说下21》。
3《墨子·经下22》。
4《墨子·经说下22》。

当木头正放时，则影屏上影子长而窄（小解为窄），如图 4–15。

3.光小于木，则影大于木。

当光源长度小于物体长度时，则物影长度大于物体长度，如图 4–16。

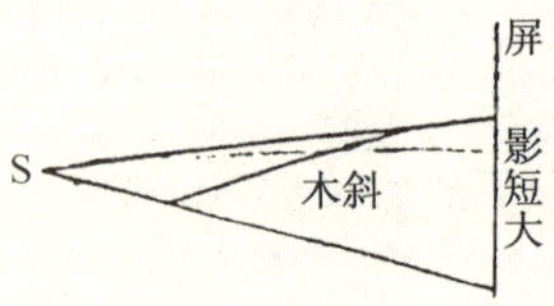


图 4−14

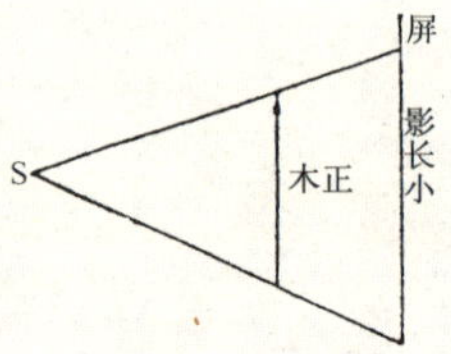


图 4−15

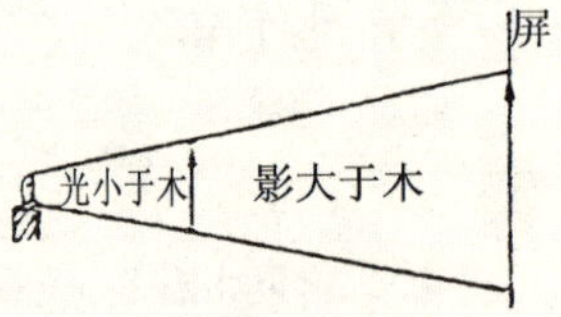


图 4−16

4.光大于木，则影小于木。

当光源长度大于物体长度时，则物影长度小于物体长度，如图 4–17。

5.光远，则影小。

当光源离物体较远时，则物影较小，如图 4–18。

6.光近，则影大。

当光源离物体较近时，则物影较大，如图 4–19。

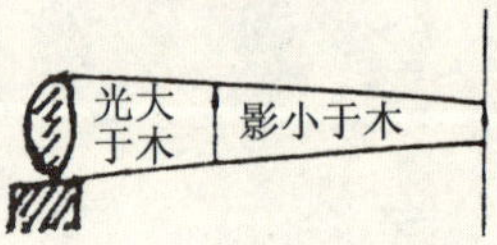


图 4−17

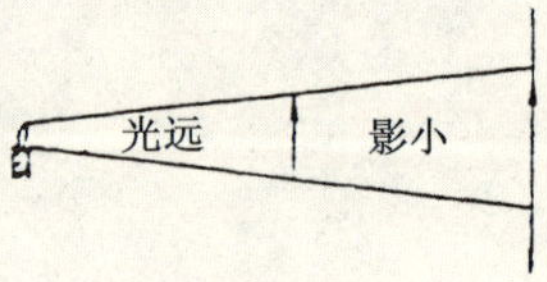


图 4−18

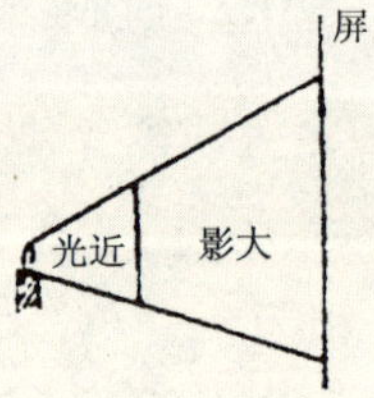


图 4−19

### 六、“影一小而易，一大而正”：论凹镜成像规律

《墨经》讨论了凹面反射镜（简称凹镜）的成像规律。实验者用自己的身体作为发光体，把自己的眼睛作为观察的仪器。从凹镜的远处走向镜面，可以观察到自己小而倒立的像，自焦点迎面而来。如图 4–20 中的 1 和 1′。待实验者走过焦点，再向镜面走去，可观察到大而正立的像成于镜后，如图 4–20 中的 5、6 和 5′、6′。这就是“鉴凹，影

一小而易，一大而缶”[1]的意思。

《墨经》接着论述了物体在焦点之内成像的情况：当实验者接近焦点时（如图4–20中的5），则成像较大（图4–20中的5′）。当实验者远离焦点时（如图4–20中的6），则成像较小（如图4–20中的6′）。但以上成像都是正立的。这就是“鉴者近中，则所鉴大，影亦大；远中，则所鉴小，影亦小，而必正”的意思。“起于中缘正而长其值也”[2]，指光线从焦点（和球心）开始，沿着约与镜面正对的方向，向镜后延长相交而成像。

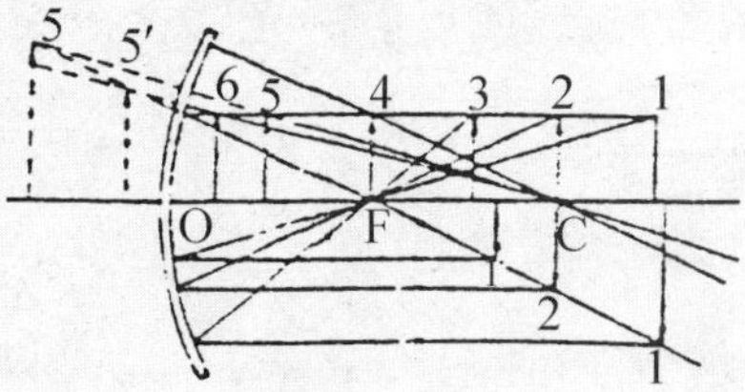

图 4–20

《墨经》还论述了物体在焦点之外成像的情况：当实验者接近焦点时，则成像较大（如图4–20中的1和1′）；当实验者远离焦点时，则成像较小，如图4–20所示；若人站立位置比1离焦点更远，则像在焦点下和1′之间，显然比1′更小，但以上所成之像都是倒立的。这就是“鉴者近中，则所鉴大，影亦大；远中，则所鉴小，影亦小。而必易（倒）”的意思。“合于中而长其值也”[3]，是指光线通过焦点（和球心），而在焦点（与球心之间）会合相交的成像。

**七、“鉴团，景一小一大”：论凸镜成像规律**

《墨经》讨论了凸镜成像的规律。团即圆，鉴团即凸镜。墨家认为，凸面镜成像有两种情况：其一，物体置于离镜面较远处，在镜后生成一个较小而正立的虚像；其二，物体置于离镜面较近处，在镜后生成一个较大而正立的虚像（无论如何，虚像总比物体小）。而且这两种情况生成的像都必定是正立虚像，其关键在于物体与镜面的距离关系必须适宜、得当，即“鉴团，景一小一大，而必缶（正），说在得”[4]。

❶《墨子·经下24》。
❷❸《墨子·经说下24》。
❹《墨子·经下25》。

《墨经》对此成像规律作了进一步解释：如果物体离镜面较近，那么，物体发射的光线或反射的光线在镜面上所占的面积较大，在镜后生成的正立虚像也较大；如果物体离镜面较远，那么，物体发射的光线或反射的光线在镜面上所占的面积较小，在镜后生成的正立虚像也较小。但无论如何，生成的像都必定是比物体小的正立虚像。这就是“鉴者近，则所鉴大，景亦大；亓（其）远，则所鉴小，景亦小，而必正”①的含义。如果物体置于距离镜面相当远处，超过了生成正立而较小虚像所需要的距离限度，虚像将变得模糊不清，无法辨认，即“景过正，故招（招摇）”②，如图 4–21。

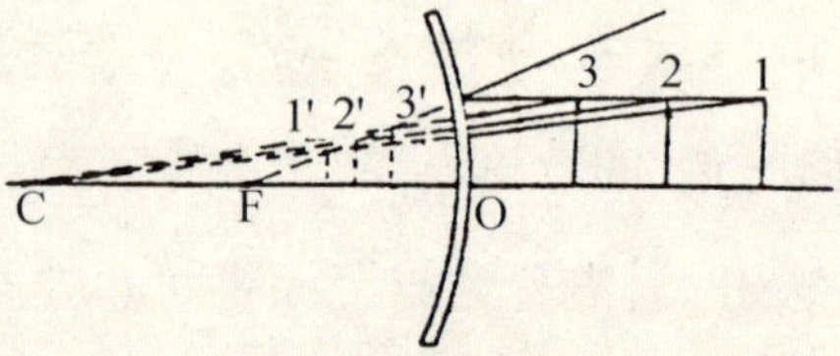

图 4–21

**八、“影倒，多而或少”：总论球面镜成像规律**

《墨经》概括和论述了球面镜（包括凹镜和凸镜）成像的特殊规律和一般规律。

当一个人正立在一个球面镜前，形成倒立的像（倒影），这是凹镜成像的特殊规律；而形成缩小的像（多而若少），这是凸镜成像的特殊规律，即“临鉴而立，影倒，多而若少，说在寡区（面积不大）”③。

球面镜成像的一般规律是：

1.球面镜成像的范围大小、状貌形态、明暗程度、距离远近、位置正倒都会同物体有所区别（“正鉴，影寡。貌态、白黑、远近、斜正，异于光”④）。

2.如果在镜中成像，镜和像同时存在，则物体和像接近或离开镜面的运动也同时发生，并且物体和像的运动方向总是相反（“鉴、

①②《墨子·经说下25》。
③《墨子·经下23》。
④《墨子·经说下23》。

影当俱,就去亦当俱,俱用背”[1])。

3.物体的容貌在镜中都会有所反映。镜像的容貌多种多样,并且跟物总有区别。就磨制不均匀的镜面而言,在同一地方的物体,镜面的不同部分会形成不同的像(“鉴者之容,于鉴无所不鉴。影之容无数,而必过正。故同处,其体俱然鉴分”[2])。

以上八条构成了一篇完整的关于几何光学的实验记录和理论说明。前五条分别论述了阴影的产生和消失、本影与半影的现象及成因、小孔成像实验及成因、日光反射使人影反转现象以及同一物体阴影的大小长短的现象及成因,详尽分析了光、物、影的关系,这五条可合称为“影论”。第六、七、八条论述凹面镜、凸面镜中物与像的关系。文虽8条,寥寥几百字,但对光学中影和像的问题作了完整论述,完全“可称二千多年前世界上伟大的光学著作”[3]。

❶❷《墨子·经说下23》。
❸詹剑峰:《墨子的哲学与科学》,人民出版社1981年第1版,第142页。

# 第二章　实用工艺成就

墨子是实干家，一生不脱离生产劳动，十分注重于工具、工程等方面的改进、创新和发明，成就突出。以下着重介绍他在生产工具、防御武器、防御工事方面的贡献。

## 第一节　生产工具的改进

墨家主张造福于民，最注意生产工具的改进和创新。

### 一、改进桔槔机

以桔槔作为提水工具，早在春秋末期已有应用，墨子及其弟子作了深入研究并大力推广使用。《墨经》记载了利用桔槔机起重的力学原理，揭示了"举之则轻，废之则重"的科学谜底。

《墨经》说："贞（负）而不挠（桡），说在胜（指杠杆支点另一侧的标端重力矩大于本端和重物的重力合力矩）"[1]。

《墨经》解释为："横木加重焉，而（标端）不挠，极胜重也（标端重力矩大于本端和重物的重力合力矩）。右校交绳（调节移动支点），无加（重）焉而挠，极不胜重也（标端矩不大于本端重力矩）。衡（平衡），加重于其一旁，必垂。权、重相若也，相衡（平衡）则本短

[1]《墨子·经下 26》。

标长。两加焉，重相若，则标必下，标得权也(因为本短标长，在本、标两端加相等的重量，则标端必然下垂，这相当于标端比本端多出一个重量)。”①

这就是桔槔“举之则轻、废之则重”的原因所在。《墨经》作者虽然没有像现代科学家一样，以精确的公式表达出杠杆原理，但他们经过反复试验，已在实际上掌握了这一原理的精髓，并将它运用于简单机械的设计和制造。

## 二、滑轮和轮轴的研究

《墨子》中有多处关于研究和应用滑轮、轮轴的记载。滑轮和轮轴都是属于杠杆类简单机械，利用它们可以改变作用力的方向或大小，从而减轻人类繁重的体力劳动，并提高工作效率和准确性，那么滑轮的具体工作原理怎样呢?

《墨经》说：“挈，有力也。……长重者下，短轻者上。上者愈得，下者愈亡。”②这是说，向上提升重物时，用一个比重物更重的权牵拉，则重物自动被提升。而重物越往上升，则权越往下落。

《墨经》说：“引，无力也。……绳直，权重相若，则止矣。”③这是说，当重物与权重量相等时，保持静止牵引状态不变。

《墨经》又说：“收，上者愈丧，下者愈得。上者权重尽，则遂。”④这就是说，当权略轻于重物时，则重物下降而被收取。权越往上升，则重物越向下落。重物降到地面，而权升到顶端，就可以开始下一个提升重物的过程。

“上者愈得，下者愈亡；上者愈丧，下者愈得”，这种谜语式的表述，正是墨家对于滑轮、轮轴装置妙用的生动写照。

❶《墨子·经说下26》。
❷❸❹《墨子·经说下27》

### 三、斜面原理及其妙用

以墨子为代表的墨家集团制造器械的技能可媲美于公输般，公输般为楚国制造攻城云梯就是斜面原理的运用，墨子对此有更深的研究。

《墨经》以车梯为典型,在比较垂直和水平中阐明了斜面原理及其妙用。

车梯,顾名思义,是兼有车子和梯子两种功能于一身的器械。其构造特点是,后边两轮高,前边两轮低,上铺木板以构成斜面。由于车梯重心偏前,所以要在车前加重,即以绳索系在车的前端,下悬重物,以为平衡。当把人或物装上车子时,卸下前悬重物,用人力拉车前行。

那么,用车梯搬运重物,与垂直和水平搬运有什么区别呢?墨家对此做出分析:凡重物,上边不提举,下边不牵引,旁边不推拉,则垂直自由下落。而在斜面上滑动的重物,由于受斜面的限制,不能垂直自由降落。以人力引绳拉车行车,就跟用绳子牵引船前面的横木、拉船在水中前进一样。因此,用斜面搬运重物,所用的力只是物体重量沿斜面的分力,所以它要比垂直和水平搬运重物省力,这就是斜面原理的妙用。

## 第二节　防御武器的发明

墨子及其弟子为了反对侵略战争，站在守小国、弱国的立场上,下大力气研制防御武器,取得了突出成就,在中国古代兵器发展史上占有重要位置。

## 一、籍车

籍车，即掷车，是一种大型的远距离的抛石机。其结构大致是：用几根长木捆在一起，箍成一根粗木杆，谓之“夫”，长三丈五尺，即抛石机之长臂；然后将其架在两根柱子之间的支柱上；柱高七尺，另有四尺埋在地下，木杆顶端有固定套环，叫做“马颊”，可装放石块等投掷物。木杆末端系上绳子。战斗时，一队士兵站在车后，用力将绳子末端向下拉，运用杠杆原理使木杆突然撬起，将顶端之石抛向敌军。通过增减拉绳的士兵，还可以调整距离，命中目标。籍车显然是《墨经》中力学知识的运用。

## 二、转射机和连弩车

这两种大型机械都是利用机械力来放箭射敌的。《中国军事史》认为，转射机是“可以转动变换方向的弩架”[1]。它机身长八尺，埋入地下土中一尺。因为发射时机身要承受巨大的反作用力，所以要将机柱深插入土中。还要用两根粗重的木头合成车，压在机弩后部，以保持机身的稳定性。在车当中凿两个孔，连上通臂，并使通臂之长度伸到城垣。命善射者操纵，另一个人协助，不能离开。

连弩车则是专门用来对付攻城之敌的重武器。连弩车的长度与城墙的厚度相等，有两个车轴，四个轮子，底架距地面八尺，弩臂与车架齐平，架子的两部分由柱和四寸内径圆榫连接的横杆组成。弩用绳或弦系在柱上，中心勾弦叫“牙”，用以固定发箭的主弦。还有一个瞄准仪，可以上下调整。使用这种武器时，射手双脚踏上弩干两边的弩背，把弦向上沿弩干提起，够到“牙”，将弦扣住，然后拉动扳机放箭。做这种连弩车要用铜一百五十斤，一架连弩车需十人操纵。其箭长达十尺，能一次发射六十枝，而且箭尾可以用绳子系

❶《中国军事史》第5卷，解放军出版社1990年第1版。

上，发射后可以收回再使用。这种连弩为墨家首创，是古代世界最强劲的弓，可称当时“世界之最”。

### 三、蒺藜

《墨子》书中多次提到蒺藜。铁蒺藜，高四尺，广八寸，长六尺以上；木蒺藜，去地二尺五寸。蒺藜要犬牙交错地施放，布置于敌军必经之通道上，以阻断敌方车马和士兵的行动。

### 四、渠

渠即梯渠，其形制如下：渠柱长一丈五尺，埋入土中三尺，外露一丈二尺，渠臂长六尺。竖立于城上，离城堞五寸。先立一柱，凿两孔，再以一根中部凿孔的横木（即臂）与柱交叉作成十字，然后再张渠面。埋柱处须用瓦块填充使之牢固。其作用如城上固定的大盾牌，用来阻挡敌军的矢石。

### 五、籍幕

长八尺，广七尺，张之城上以挡矢石，作用犹如今之苫布。《中国军事史》认为它是“用粗麻绳排列制成的软帘”。

### 六、攒火

其柄之长以城之高下为度，其末置火，即火把，束之矢末，投射城下以烧敌军。

### 七、冲车

《中国军事史》认为冲车是“载有巨木的小型撞车，用以在城上冲撞敌方攻城的云梯”。

八、轺车

用桧木制作，车辕长一丈，有四轮，轮宽六尺，为板箱，长与辕相等，高四尺，箱上加盖，使可载箭。

## 第三节　防御工事的建构

墨家十分重视被围城市防御工事的建造。《墨子·备城门》说：“凡守围城之法，城厚以高，濠池深以广，楼斯修，守备缮（善）利”，“然后城可守”。

一、城头的报警措施

《墨子·号令》篇说：“昼则举烽（烟），夜则举火。”敌情紧急引火反复上下。见寇举一烽，入境举二烽，到外城举三烽，到内城举五烽。还有鼓声多少，传达敌情缓急。再有树表、举旗、派兵侦察敌情，预作标记。城上用军旗指挥，建立各种旗语。这是最早的军事符号的运用。

二、濠池设防

在护城河中，布置一丈二尺宽的竹箭带，放在水面下五寸，使敌人看不出来。竹箭外面的一排尖端向外，里面的一排尖端向内，使敌内外受阻。在护城河与城墙之间布满层层战栅，由大小树木组成。“小大尽本断之，以十尺为断，离而深埋之，坚筑，毋使可拔”[1]。再把断木上方削得尖利，周身涂上厚泥。这样一大片尖端的木桩，

[1]《墨子·备梯》。

拔又拔不去，烧又烧不掉，使敌人大队人马进退两难。



**三、活动吊桥**

离城门三十尺远，挖一条壕沟，深一丈五尺，上面敷设吊桥，桥上有活动桥板，以机关控制，桥两边有沟垒，不可逾越。《墨子·备城门》说："而出挑（战）且（佯）败，敌人遂入，引机发梁，敌人可擒。"后世有所谓"转关桥"，就是墨家"发梁机巧"的应用。

**四、城门**

城门关锁除要求特别坚固外，还增设"悬门沈机"。悬门长宽与城门相当，门上涂泥，并备有救火设备。设专人管理，如有敌情，即开动机关，将悬门放下，以固城防。城上建楼亭，"城四面四隅，皆为高楼，使重室子（贵家子）居其上候敌，视其状态与其进退左右所移处"。如有接近，则用利箭射击。

**五、暗渠**

又叫"幽渎"，广三尺，高四尺，共十条，穿城墙地底而过，最后通入外濠——"堑"。主要作用是把城内之水排到城外。

**六、罂听装置**

罂是一个大陶罐，小口大肚。《墨子·备穴》载："令陶者为罂，容四十斗以上，固顺之，以薄辂革（薄皮裹口），置井中，使聪耳者伏罂而听之，审知穴之所在，凿穴迎之。"这种测声仪器，是用来测知敌人挖地道偷袭的，可说是近代"声纳"的先导，十分珍贵。唐李荃《太白阴经》和杜佑《通典》，以及宋王致远的《开禧德安守城录》，都有

“地听”和“瓮听”的记载，其渊源即是墨家的“罂听”。

### 七、窑灶鼓橐

即用风箱吹动烟火窒息敌人。《墨子》中《备城门》、《备穴》、《备突》三篇，详细记叙了这种设施的构造和操作方法。用窑灶连接瓦制管道，管道中放置引燃生烟的炭糠混合物。穴中与敌相遇，则皆御而勿追，且假装战败以待炉火之燃。冶铁鼓风技师谨守灶口，疾速鼓动排橐（即风箱系列），发出浓烟，窒息敌人，还可用来保护城门。《墨子·备突》说：“门旁为橐，充灶伏柴艾，寇即入，下轮而塞之，鼓橐而熏之。”这种战术和现代使用的催泪瓦斯极为相似。不仅如此，墨家还知道当我方被烟熏中毒后，可用酒精溶解有害气体，其所用解毒方法，与现代防毒面具的原理十分类似。

# 第五篇

## 墨学流传、研究和影响

自墨家学说问世,其命运颇富戏剧性。在两千多年里,墨学经历了兴盛、衰落和复兴的三大过程。在每一个过程中,墨学的流传、研究和影响都有很大差别。

# 第一章 墨子学说的兴盛与衰落

墨学产生后,经历了几百年的兴盛繁荣。以后直到清中期,在大约两千年的时间里,由于封建统治阶级的冷落和压制,墨学发展的过程中断,墨学几成绝学。

## 第一节 言盈天下的"显学"

《韩非子·显学》指出:"世之显学,儒墨也。儒之所至,孔丘也;墨之所至,墨翟也。"孟子也说:"圣王不作,诸侯放恣,处士横议,杨朱、墨翟之言盈天下;天下之言,不归杨则归墨。"[1]可知墨子及其创立的墨家学派在先秦时期曾在很长一段时间与孔子及其创立的儒家学派处于并驾齐驱、分庭抗礼的显赫地位,这绝不是偶然的。

### 一、墨子的思想主张符合时代潮流

春秋战国之际,社会处于大变革之中。奴隶、平民反对奴隶主阶级的斗争风起云涌,阻碍社会生产力发展的大奴隶主贵族土地所有制逐渐被土地私有制所代替,阶级关系也发生了巨大变化:奴隶主阶级日益没落,新兴地主阶级蓬勃兴起。一些平民和奴隶在斗争中,逐步摆脱了奴隶制的束缚,成为农民和小手工业者,比过去

[1]《孟子·滕文公下》。

有了较多的自由和积极性。急剧变革的时代要求振聋发聩的启蒙思想，劳动群众的力量在社会变革中发挥了重要作用，也必然要在社会思想政治领域有所反映，因而产生了“政之所兴，在顺民心；政之所变，在逆民心”的民本倾向。在这样的历史条件下，以启蒙性和人民性为主要特点的墨子学说，不仅得到了刚刚翻身获得一定自由的广大自耕农和手工业者的热烈拥护，而且也被那些招贤纳士、图谋国家富强的各诸侯国的统治者所宽容。这就是墨子学说成为天下显学的社会历史原因。

**二、墨子创立先秦时代优秀的社团**

墨子以非儒起家，他的思想很快成为先秦的“显学”，除了他的思想激进、口号响亮之外，还依赖于一个组织严密、富于战斗力的墨家团体。

墨子一手创立的墨家团体是当时一个庞大的民间社团组织，它有杰出的领袖、严密的组织系统、严明的纪律和严格的训练。墨家团体既是私人学校，又是军事化的战斗组织，因而具有很强的战斗力。

从领袖方面看，墨家学派的创始人墨子，出身于手工业者阶层，学识渊博，勤于实践，意志坚定，吃苦耐劳，不仅是伟大的学者、卓越的教育家，又是非凡的社会活动家。墨子去世后，先后担任墨家钜子（领袖）的孟胜、田襄子、腹䵍都是墨家杰出的人物，都有很高的威望和绝对的号召力。

从组织系统看，墨家组织严密，分工明确。组织上钜子是最高领袖，墨家任何成员对钜子必须绝对服从。钜子以下分为财务、执法、成员训练和分派三大子系统。墨家的财务来源，主要由本组织成员缴纳,然后由财务人员统一管理使用。至于工作上的分工,墨子根据弟子的性格和能力,把他们分成谈辩、说书、从事三组,先进行严格训练,再分派到各地去工作。

从管理、控制方面看,墨家一方面由钜子率领成员从事各种活动,另一方面派遣成员到各国去参政。全体成员除服从钜子命令外,还必须遵守“墨者之法”。墨家执法如山,赏罚严明,有功者必赏,有罪者必罚,任何人不得徇情枉法。

从训练方面看,墨子有一套完整的训练方法和教学课程。从今存《墨子》53篇看,《墨辩》6篇以及《法仪》、《天志》等是“谈辩者”的教材;自《尚贤》以至《非命》等23篇,则是“说书者”的教材;而《备城门》以及诸篇则是“从事者”的教材。教材虽然不同,训练方法也有异,训练的目标则是一致的,即要求弟子们必须除去六种褊狭的情绪,做到“默者思,言则诲,动则事……手足口鼻耳目,从事于义”,人人成为“言必信,行必果”的“兼士”。

墨子就是率领这样一个有理想、有目标、有组织、有纪律的庞大团体四处呼号,积极救世,逐步把墨学推上“天下显学”的地位。

## 第二节　三墨分道与墨侠的兴起

墨子的主要活动年代在公元前5世纪,即相当于春秋末期和战国初期。在他去世后的150年间,他的弟子及再传弟子继承和发展了他的学说,并综合各家之长,使墨家学说更加光辉灿烂,成为先秦诸子学说中最具备科学价值的学说。

与其他学说的发展规律一样,墨学在其发展过程中也逐步分化和完善,有所谓“三墨分道”之说。韩非认为:“自墨子之死也,有相里氏之墨，有相夫氏之墨，有邓陵氏之墨。”他们“取舍相反不同”[1]，而皆自称真墨。《庄子·天下》篇也说：“相里勤之弟子，五侯之徒，南方之墨者苦(若)获、已齿、邓陵子之属，俱诵《墨经》，而倍谲(解释)不同，相谓别墨(称对方是非正统墨学)。以坚白同异之辩相訾，以奇偶不仵之辞相应(互相辩论)。以钜子为圣人，皆愿为之尸。冀得为其后世，至今不决(希望墨家代代相传，至今没有断绝)。”《吕氏春秋》提出“东方之墨者谢子”、“秦之墨者唐姑果”[2]，又说“孔墨之后学，显荣于天下者众矣，不可胜数”[3]。“孔墨之弟子徒属充满天下。”[4]可见在墨子死后，墨学确实有很大发展，墨门弟子遍布中国东西南北。

墨者又被称作墨侠，也非偶然，是时代的要求和墨家集团的特点决定的。著名学者顾颉刚指出：“然战国者，攻伐最剧烈之时代也。不但不能废武事，其慷慨赴死之精神有甚于春秋。故士之好武者正复不少。彼辈自成一集团，不与文士混。……文者谓之儒，武者谓之‘侠’，儒重名誉，侠重义气。……儒侠对立，若分泾渭，自战国以迄西汉殆历五百年。”[5]这里所讲“侠”，即指“墨侠”。墨家集团有着浓厚的军事性质，既有严密的组织，又有严格的纪律，并经过严格的军事训练，懂得守城、作战的各种知识。他们为了实现墨子的学说和“兼相爱”、“交相利”的理想事业，随时都要准备打仗，为保卫城池、抵抗大国侵略而英勇献身。由于墨家具备“士为知己者死”的侠士精神，所以他们就成为诸侯、王公大人特别需要的人才，墨家也出现了一大批勇士。《淮南子·泰族训》说：“墨子服役者百八十人，皆可使赴火蹈刃，死不旋踵。”像墨子派遣禽滑釐率300墨家弟子为宋守城；钜子孟胜率弟子184人为楚之阳城君守城，而不惜英勇战死，都是墨家侠义精神的真实写照。

1《韩非子·显学》。
2《吕氏春秋·去宥》。
3《吕氏春秋·当染》。
4《吕氏春秋·有度》。
5顾颉刚：《史林杂识初编》，中华书局1963年第1版。

## 第三节 墨学的衰落及其原因

秦灭六国，统一天下，秦始皇得以把法家思想定为国策，又颁令禁绝私学，焚烧百家之书，自然也包括禁绝墨家之学，焚烧墨家之书。西汉桓宽指出："昔秦以武力吞天下"，"专任刑法，而儒墨既丧矣"[1]。但作为天下显学的墨学并没有经过这次打击后销声匿迹，因为秦王朝存在很短，十几年后就灭亡了，要在这么短的时间内铲除一个流传了几百年、并且影响很大的墨学显然是不可能的。西汉初年，最高统治者崇奉"黄老之术"，提倡"与民休息"，无为而治，墨家学派又一度出现了复苏的迹象。汉代文献载："山东儒、墨咸聚于江淮之间，讲议集论，著书数十篇。"[2]但好景不长，墨学已无法得到封建统治者的承认和重视。到武帝"罢黜百家，独尊儒术"，定儒学为汉王朝的官方统治思想，遂使墨学遭到了灭顶之灾；以致生于西汉中期的伟大史学家司马迁在谈到墨子时，仅在"孟子荀卿列传"末附载二十四个字："盖墨翟宋之大夫，善守御，为节用。或曰并孔子时，或曰在其后。"[3]显然，从司马迁这极其简单并且不能肯定的记述可知，他不仅未读过《墨子》一书，而且对墨家事迹也知之甚少。这充分说明至少在西汉中期，墨学已相当衰微，近乎沦为绝学。

至于墨学衰微的原因，应当是多方面的。最基本的原因有二，一是墨学已不适应秦汉以来形成的封建宗法社会的需要；二是由于墨学自身的内在矛盾与弱点。

### 一、墨学不符合封建宗法社会的需要

中国自秦汉以来形成的以血缘关系为基础的农业宗法社会有两

①桓宽：《盐铁论·论诽》，《盐铁论》，上海商务印书馆1937年第1版。
②桓宽：《盐铁论·晁错》。
③《史记·孟子荀卿列传》。

大特点:一是在经济上,小农经济占统治地位。小农分散经营,一家一户是一个生产单位。由于分散的小农很难统一,这就需要强有力的统一的中央集权统治。二是在政治上,实行以宗法制为基础的君主专制。从进入阶级社会的夏代开始,以“家天下”为特征的宗族统治就建立起来。到商代武丁以后,确定嫡亲长子继承制,到周代则确立了按血缘关系来分封疆土的分封制,血缘宗法制已相当完备。当时天下为一家一姓所有,周天子既是全国最高统治者,又是天下这一大宗族的最大族长。周天子以血缘宗族为纽带,按父权家长制来分田授禄,设官分职。天子与诸侯、卿大夫、士,既是上下级的君臣关系,又是血缘的宗族关系。血缘宗族维护了君权,族权强化了王权,家规补充了国法,血缘则成为统治者内部关系以及统治者与被统治者之间关系的主要调节者。经过千年之后,到孔、墨时代,这种血缘宗法制已成为一种牢固的民族心理和社会心理。孔子非常赞美并充分肯定这种血缘宗法制[1],提出了“君君,臣臣,父父,子子”的伦理规范。再到西汉中期,儒家思想、小农经济、血缘宗法,早已三位一体地渗入到中国社会的内部肌体,成为中国社会存在和发展的基本条件和推动力量。

墨学则严重地不适应这种宗法社会的需要,为它所不容。

首先,从小农经济的基础要求来看,儒墨都关心劳动者,都有“爱人”的主张,但墨家对农民的关心不如儒家。

儒家主张对农民要“既庶矣”,又“富之”、“教之”[2]。孟子就主张制民之产[3],给农民每人百亩之田,五亩之宅,再予其好的农业政策,不违农时,不过重剥削,从而保证农民好好种地,使农民“谷不可胜食”,“养生送死无憾”,而封建统治者也可以安心地“王天下”了。孟子的这种王道主张,虽然在霸道横行的先秦还没有市场,但在大一统的封建秩序建立起来的西汉,却是非常合适的。

[1]《论语·八佾》:“周监乎二代,郁郁乎文哉!吾从周。”
[2]《论语·子路》。
[3]《孟子·梁惠王上》。

墨家所代表的主要是兼有商人身份的手工业者阶层的利益。这个手工业者阶层，是在春秋战国时期摧垮旧的“工商食官”制度后，从官私作坊中解放出来的奴隶和具有奴隶身份的工匠。他们无恒产(土地)，无恒心，在动荡不定的社会里非常活跃，而一旦国家统一，社会趋于稳定，他们便会失去立身之所，特别是在秦汉以后的农业社会里，统治者把重农抑商、扬本(农)抑末(商)作为基本国策，手工业者阶层就为新的社会所不容，失去了独立存在的社会土壤，从而成为一个变动不居、非常不稳定的阶层。在这种情况下，作为主要代表和反映手工业者阶层思想的墨学，就很难存在和发展下去。

其次，从宗法政治的要求来看，墨家的主张与这种要求发生了严重矛盾和冲突。

1.“兼爱”的冲突。“兼爱”是墨家思想的基础和核心。儒、墨两家都讲“爱人”、“利人”，但“爱”的本质和内涵却不相同。儒家所讲的“仁爱”，是有差等的爱，是从血缘宗族本位出发，由亲到疏，由近及远，层层推出，并为统治者设计出一套“修身、齐家、治国、平天下”的治国方略，很符合血缘宗法政治的要求。而墨家所提倡的“兼爱”，则是博爱、泛爱，不分远近、彼此、亲疏、国别、族别。这种“爱无差等”的平等之爱，从本质上讲，是对血缘宗法道德和等级制度的否定和突破。事实上，这种不讲宗族、不分亲疏的爱，与宗法农业社会的心理人情是不相容的。中国人的宗法观念历来极强，家族要修家谱、祠堂和祖坟，用血缘纽带来沟通宗族之间的关系。宗族里若有人发迹，则被视为全族的光荣。每个宗族成员都希望能够光宗耀祖。因而墨子的兼爱主张不符合浸透了血缘宗法思想的一般人的心理，故而在宗法农业社会难以立足。

2."尚贤"的冲突。墨子严厉抨击宗法制下的世袭制度,反对"其所富,其所贵,皆王公大人骨肉之亲",推崇"古者圣王为政,列德而尚贤。虽在农与工肆之人,有能则举之",甚至还破天荒地提出了"官无常贵,民无终贱"的口号,要求统治者举贤"不党父兄,不偏富贵,不嬖(偏爱)颜色"。墨家这种不分亲疏贵贱、唯贤是举的思想,是小生产者希望参与政治、改变自身政治及经济地位要求的反映,却是对传统的"亲亲有术(等级)"的宗法等级思想的否定,因而与血缘宗法制格格不入,必定遭到统治者的排斥。

3."非攻"的冲突。建立在"兼爱"基础上的墨家"非攻"思想,是墨子针对春秋战国时期长达几百年的战乱提出来的,其主旨是反对"大国之攻小国","大家之乱小家",站在弱国、小国的立场上,反对大国的侵略和攻伐。墨家的"非攻"思想,在烽火连天的战国,理所当然地受到屡遭攻伐的弱国、小国君主大臣的欢迎和赏识,但在封建大一统的汉代,从国内形势看,地方割据势力不复存在(景帝时基本被铲除),"非攻"失去了存在的社会条件;就汉代的对外关系看,汉王朝要抵抗匈奴的侵略,收复失地,要臣服周边弱小国家,在对外战争中开疆拓土,一般的文臣武将也渴望在疆场上建功立业,那么"非攻"思想就显得不合时宜。

4.墨家科学和逻辑学的冲突。墨家的科学和逻辑学思想十分丰富,在当时达到了很高的成就,但它却不能像古希腊的科学、逻辑思想那样,成为西方近代科学的酵母,而是为宗法社会所不容。宗法农业社会不需要科学,因为科学的任务在于探究自然的规律,而血缘宗法制则崇拜祖先,崇拜圣贤,敬天事鬼,依靠愚昧、迷信维持其统治,迷信的天敌正是科学。作为封建统治经济基础的小农经济自给自足,封闭保守,墨守成规,不求变革,无须科学,科学被斥为

"君子不齿"、"壮夫不为"的"雕虫小技"和"奇技淫巧"。在这样的社会氛围中,墨家的科学和逻辑学发挥不了实际作用。

5."墨者之法"和墨家任侠思想带来的冲突。《墨子·经上19》和《墨子·经说上19》规定"任"的定义为"士损己而益所为","为身之所恶,以成人之急",可见任侠就是己诺必诚、不爱其躯,把个人生死置之度外的一种牺牲精神。任侠思想在春秋战国时代确有很大的进步意义,如墨子分派大弟子禽滑釐率三百弟子帮宋国守城,有反对大国进攻小国、保卫小国人民和平劳动的正义性。但随着国家的统一、封建政权的巩固,墨家任侠思想和墨者之法就与封建国家发生了冲突。韩非说:"侠以武犯禁。"《墨子·经上37》定义说:"罪,犯禁也。"违犯国家禁令就算犯罪了。这样秦汉统治者镇压墨侠,也就有了法律依据。生活在秦国的墨家钜子腹䵍执意要实行"墨者之法"而杀其子,而拒绝秦惠王给予的劝告和赦免,这是明显地把"墨者之法"凌驾于国家法律之上,暴露出"墨者之法"与封建国家法律的矛盾。为了维护封建国家法律的尊严和中央集权统治,墨者之法和墨家任侠言行就必然遭到禁止,墨侠也终将遭到镇压。

由上可知,不符合封建宗法社会的需要,是墨学衰微、中绝的根本原因。

**二、墨学自身存在不可克服的矛盾和弱点**

墨学存在不可克服的内在矛盾。墨子"十论"(尚贤、尚同、兼爱、非攻等)是积极救世的十大纲领,其矛头直指社会的各种弊端,但这些主张之间彼此是有矛盾的:它既讲"非命"又讲"天志";既说"节葬",又要"事鬼"。"非命"即反对命定论、宿命论。墨子认为人们的贫富、寿夭以及国家的治乱兴衰都不是命定的,而是人为的,"命定论”是昏庸的统治者制造出来愚弄人民的。然而他又认为上天是有意志、无所不能的，人们必须要服从和执行天的意志。尽管墨子的“天志”即民意，他提出“天志”是为了警诫统治者，但“天志”毕竟是属于客观唯心主义的东西，与他的“非命”主张存在明显矛盾。并且他提出的天子顺从天意、天意服从民意、民意再服从天子，是带有诡辩性质的循环论。他在《墨子·明鬼》中论证了鬼神的存在以及鬼神的威力无比，要求人们以诚惶诚恐的态度对待鬼神，但又坚持主张“薄葬”，明显地轻视和怠慢“鬼神”，违背了正常的心理人情。

墨学存在两大弱点。一是墨家主张缺乏实行的社会力量。“兼相爱，交相利”是墨家的根本主张，但不论是天子、诸侯、士大夫等贵族统治者，还是“农与工肆之人”等小生产者，都不可能真正实行这种主张。对中国古代的小生产者来说，如果说要求他们相亲相爱，患难相扶，对等地施予和报答别人的爱惠，是可以接受的道德情感和要求，但如果要求他们不分远近厚薄地像爱自己一样去爱别人，则是根本办不到的，是违背小生产者本性的。小生产者爱惜自己的劳动，勤俭节约，厌恶别人对自己的欺凌和掠夺，这种心理和行为是十分普遍的；但要求他们成为纯粹的利他主义者则是不可能的。小生产者的经济状况、社会地位以及由此形成的思想意识决定了他们都把自我利益看得比他人利益更重要，他们不可能毫无私心杂念地去爱利别人。一方面，墨家学说主要代表了小生产者等劳动者的利益，另一方面，这种主张又不可能受到劳动者的真心拥护，这种学说就陷入了无法解脱的矛盾之中。一种再好的社会主张，如果没有实行的社会基础和社会力量，它只能是可望而不可即的空中楼阁。

墨学的另一弱点是，墨子倡导的生活方式在很大程度上背离人的本性。墨子为实现"兼爱交利"的社会理想，对其弟子门人提出了近乎苛刻的要求。他要求其信徒活着要像夏禹一样，"以裘褐为衣，以跂跻为服"，"量腹而食，度身而衣"，"日夜不休"地劳作，反对一切带有享乐性的生活，包括听音乐在内，并认为不这样就不是真正的墨家弟子。同时在节用、节葬思想的指导下，墨子还要求门徒死后一定要木棺薄葬，不给死者享受天堂心理的补偿。这样生也苦，死也苦，人生是一片苦海，既没有现实的乐园，也没有来世的希望。墨子所提供给人的只是吃苦，这便违背了人们追求幸福和满足欲望的本性。正如庄子所讲："墨子泛爱兼利而非斗……其生也勤，其死也薄，其道大觳。使人忧，使人悲，其行难为也。恐其不可为圣人之道，反天下之心，天下不堪。墨子虽独能任，奈天下何！"[①] 正因为墨子提倡的这种苦行僧式的生活方式，违背了人的本性，所以他的学说不可能得到人们普遍、长久的支持。

### 三、墨学缺乏应有的调节机制

任何一种学说的产生与生存发展，都不可能不与别的学说发生关系。如何在众多学说中保持相对的独立性，不断地从其他学说中汲取对己有利的因素，是其生存和发展的必要条件。这就要求这个学说必须具备内外两种调节机制，在与其他学说的撞击过程中，不断自我调节，自我完善，适应社会的需要。内在调节机制是指学说内部能自我和谐、自我保持其固有的特性，以防发生质变而成为其他事物的机制；外在调节机制，是指学说处于半开放状态，在保持其本质的前提下，具有消化吸收其他学说能力，以适应社会需要的机制。

在先秦诸子百家中，儒、墨、道、法是四大家，其中儒、道、法都

①《庄子·天下》。

曾上升为封建国家的官方学说，唯独作为“显学”之一的“墨学”，不仅未曾成为官方学说，反而遭到禁绝，从其自身看，是因为缺乏内外调节机制。

一种理论要想成为国家学说，要积极干预世事，符合现实，符合统治者的要求。儒、墨都主张有为，积极干预世事，主张建立大一统的国家。但他们两家所遵循的原则和主张却有很大不同。在春秋战国人各亲其亲、子其子的血缘宗法社会里，儒家首先承认了这一社会现实，承认了事物的多样性，提出以处于等级结构家庭中的个人为中心，把个人的情感外推、合理化，从而导致了“亲亲有术”、“爱有差等”的伦理原则。在这个基础上，家庭关系也被合理地外推到整个社会组织，形成儒家的家庭社会同构理论。墨家则反对儒家的这种思维方式，它主张从非血缘宗法的角度去看待个人，认为人不是天生就有等级贵贱，人的社会位置也不是一成不变的，因而形成了墨家功利主义的价值观和“兼相爱”、“交相利”的伦理观，带有相当强烈的平等、民主色彩。从内在调节机制看，墨学不符合宗法社会的实际，不符合统治者的需要，它也就不可能成为官方统治思想。

墨学同时也不具备外在调节机制。道家主张消极无为，不干预世事，与墨家强力从事、积极救世的主张恰成水火。法家力主有为和社会进步（今胜于古），但崇尚武力，迷信权力，抛弃伦理道德，主张实行法术势的极端专制统治，也与墨家倡导的“兼爱”、“非攻”和“贤君贤人政治”相去甚远。儒家主张积极入世，也主张“爱人”、“尚贤”、“尚同”等，但由于儒墨两家视角和思维方式不同，代表着截然不同、又难相通的两个方向，造成了两家在价值观、伦理观、政治观、认识论方面的巨大差异，比如墨家尊天敬鬼的热情不同于儒家的天命思想，墨家在认识方法上重经验和逻辑推理，也区别于儒家以圣贤之言为准、循理正名的方法。特别是自战国后几百年来，儒墨针锋相对，互相攻伐，势同水火，用墨必斥儒，用儒必斥墨，两家不可能成为外在的调节对象。

可见，墨学由于背离血缘宗法制度，既不能成为封建国家学说，又不能与儒、道、法互相调节，它就没有办法再生存发展下去了。

# 第二章　墨学流传和墨学研究

## 第一节　古代墨学研究

从墨学问世到清代鸦片战争前的两千多年里，墨学的命运大起大落，由“天下显学”降为“衰微之学”，几乎沦为“绝学”。在整个战国时期，诸子蜂起，百家争鸣，墨学被各家评说，墨学影响可与儒家并列。自汉武帝定儒学为官学后，直到清末，《墨子》少有人问津，研究、评论者更是寥若晨星。

### 一、汉武帝以前的墨学研究

自战国至秦汉，评墨、论墨的主要有儒家的孟子、荀子，道家的庄子、司马谈，《淮南子》的作者刘安，法家的韩非，杂家《吕氏春秋》的作者吕不韦等。

战国时期是百家争鸣的时代。诸子由于政治主张不同，代表着不同的阶级或阶层的利益，而为了游说各国君主、推行自己一派的主张，彼此之间展开辩驳问难，固无可厚非。但就诸子评墨来看，有的比较公允，有的失之偏颇。孟子、荀子以阐释和捍卫儒学为己任，批判墨学“无父无君”[①]，“欺惑愚众”[②]，判为“禽兽”[③]之学。韩非从

❶❸《孟子·尽心上》。
❷《荀子·非十二子》。

法家立场出发，判定儒、墨同为“愚诬之学”、“杂反之学”[1]。相比较儒、法两家而言，道家的庄子、司马谈、刘安以及杂家吕不韦，则给予墨子和墨家以较高评价。他们推崇墨子、墨家效法夏禹，出以公心，为天下苍生而节俭苦干，讲求道德人格的修养，同时指出墨家学说“反天下之心”，迂阔不合实际，“恐其不可以为圣人之道”[2]。

（一）孟子评墨

孟轲（约公元前372—前289）是继孔子之后儒家最大的学者，宣称“如欲平治天下，当今之世，舍我其谁也”[3]，明白地以积极救世的儒家领袖自居。所以当他看到“杨朱、墨翟之言盈天下；天下之言，不归杨则归墨”[4]时，心焦如焚，深感作为“圣人之徒”[5]，“正人心，息邪说，距诐行，放淫辞”[6]，责无旁贷。

那么杨、墨之道何以对孔子之道构成了莫大威胁，必欲除之而后快？因为“杨氏为我，是无君也；墨氏兼爱，是无父也；无父无君，是禽兽也。……邪说诬民，充塞仁义也。仁义充塞，则率兽食人”[7]。原来孟子是站在贵族统治阶级的立场上，维护血缘宗法等级制，他是以儒家“爱有差等”的观点来反对墨家的“兼爱”观点。在他看来，孔子讲“君君，臣臣，父父，子子”[8]，“必也正名乎”[9]，讲“长幼之节，不可废也，君臣之义，如之何其废之？”[10]都是讲君臣大义，天经地义，而杨朱一切只为自己，这是目无君主；墨子主张平等、无差别地爱所有的人，这是目无父母。这种无父无君之学，只能是异端邪说，禽兽之学。如果任其滋蔓，就会败坏民风，阻塞仁义的传播，最后导致人性堕落成兽性，出现人吃人的局面。所以他要“辟杨墨”，使儒家思想成为社会的正统。孟子辟墨，击中了墨学背离血缘宗法制的实质。他判墨学为“禽兽”之学，在以后几千年的封建社会里产生了重大影响，成为儒家和封建统治者对墨学的一般看法。但是，孟子由于阶级偏见和唯心主义

[1]《韩非子·显学》。
[2]《庄子·天下》。
[3]《孟子·公孙丑下》。
[4][5][6][7]《孟子·滕文公下》。
[8]《论语·颜渊》。
[9]《论语·子路》。
[10]《论语·微子》。

的认识方法,“辟墨”的言论充满矛盾、偏激甚至是错误的。如他以扫灭墨家学说为己任,又不断学习甚至引用墨家的方法、观点,墨家“类”的概念就被他在论辩中大量使用,“非墨子,其辩言正辞则与墨同”①。就是“他的王道主张以及仁义、禅让、诛暴等思想也无不是从墨学里派生出来的”②。孟子既判定杨墨之言为“邪说诬民,充塞仁义”,又认为“墨子兼爱,摩顶放踵,利天下为之”③。那么,“充塞仁义”的邪说何以又能“利天下”?既然兼爱学说是“禽兽”之学,又何以天下“不归杨、则归墨”呢?由于孟子对墨学缺乏公正的客观态度,对墨家的批判多主观武断,牵强附会,其学术价值偏低。

(二)庄子评墨

庄周(公元前369—前286)是道家的主要代表人物和道家思想的集大成者。他反对文明,主张消极无为,使社会倒退到混沌未开的原始社会。现存《庄子》一书的基本倾向,“完全体现了没落贵族的意识形态,抒发了对当时社会的极度仇恨”④。

庄子对墨子、墨家学说的评价,主要见于《庄子·天下》。《天下》篇反映出在学术上今不如昔的历史倒退观。庄子认为,墨家、宋尹、彭田慎的学说反映了道术的某些方面,然而这三家还是道术的外行。只有关尹、老子和他本人才是真正的得道之人,宣扬“以本为精,以物为粗,以有积为不足,澹然独与神明居”⑤,才是唯一的古之道术。

从这种基本观点出发,庄子对墨家有所肯定。首先庄子指出,墨家不以奢侈教后世,不浪费财物,不炫耀礼法,用规矩来勉励自己,以求备于当世的急需,“古之道术有在于是者”,这是值得肯定的。又指出墨家的主张和特点是:“墨子泛爱兼利而非斗,其道不怒,又好学而博,不异,不与先王同,毁古之礼乐。”⑥他说墨子及其弟子仿效夏禹,穿着用兽皮和粗布制成的衣服,穿木屐草鞋,日夜

①鲁胜:《墨辩注序》,见《晋书》。
②张知寒等:《墨子里籍考论》,山东人民出版社1996年第1版,第62页、第5页。
③⑤⑥《庄子·天下》。
④曹础基:《庄子浅注》,中华书局1982年第1版。

不停地劳作，以自苦作为行为的准则，以致“腓无胈，胫无毛”[①]，具有高尚人格和忘我的献身精神。他称赞“墨子真天下之好也，将求之不得也”[②]，认为只有墨子才可称得上天下有才能的救世之士。但是，庄子对墨家总体上是否定的。不论是对待思维与存在的关系上、看待知与求知的态度上，还是对于真理的有无和评判标准上，道家与墨家的观点都是根本对立的。庄子完全否定墨家关于形式逻辑的探讨：“骈于辩者，累瓦结绳窜句，游心于坚白与同异之间，而敝跬于无用之言，非夫。”[③]

其次，庄子还认为，墨家弟子活着时勤苦地劳作，死后丧事却非常简单，“其道大觳，使人忧，使人悲，其行难为也。恐其不可以为圣人之道，反天下之心，天下不堪”[④]。尽管墨子本人能实践自己的主张，但天下的人不能仿效。这种学说距王道太远，如果用来治国，这实在是乱国有余，治国不足。庄子这一批判是深刻的。他站在哲学思辨的高度指出，墨子以自苦为极的做法教人，其实与他的“兼爱”学说产生深刻矛盾：“以此教人，恐不爱人；以此自行，恐不爱己。”他指出了“兼爱”对个体人格自由的忽视这一明显弱点。

(三)荀子评墨

荀况(约公元前313—前238)是孔子之后仅次于孟子的大儒，是先秦时期最详尽地评墨批墨的代表人物。荀子之时，“礼乐灭息，圣人隐伏墨术行”[⑤]，墨学大有压倒儒学独霸天下之势。作为继承了儒家衣钵的荀子，很自然地要捍卫儒学的地位，与墨家一争高低。与其他诸子相比，荀子对墨家学说的批判较为深刻，但对其评价很低，认为墨子之言“足以欺惑愚众”[⑥]，与慎到、惠施等百家之说实在都是不祥之论：“慎、墨、季、惠，百家之说诚不详。”[⑦]

荀子从维护西周以来形成的血缘宗法等级制的基本立场出

①②④《庄子·天下》。
③《庄子·骈拇》。
⑤⑦《荀子·成相》。
⑥《荀子·非十二子》。

发，主要分析、批判了墨子的节用、节葬、非乐、兼爱等观点，针锋相对地提出，当时天下的灾祸是由社会的混乱造成的，而引起社会混乱的原因恰恰不是统治者的奢侈浪费和不能做到“兼爱”，而是礼乐等级制度的破坏。因此，当务之急是修复和强化这种制度。

首先，荀子认为，墨子指出“节用”、“节葬”的前提就不成立：“墨子之言，昭昭然为天下忧不足。夫不足，非天下之公患也，特墨子之私忧过计也。”[1]在荀子看来，墨子担心人们的日用不足，纯属庸人自扰。天下的客观事实是，天地间的万物，本来就是丰富有余的，如五谷果蔬，足以养活天下人；丝麻及鸟兽的羽毛皮革也丰富有余，足以供天下人穿衣之用。按照儒家的主张，必须用撞大钟、敲大鼓、吹笙竽、弹琴瑟来塞住人们的耳朵；必须用雕琢刻镂、服饰华美来蒙住人们的眼睛；必须用肉食、细粮、五味来堵住人们的嘴。在此基础上，才能聚集群众，设立官职加重奖赏，进行统治，因为作为人民的君主，“不美不饰之不足以一民也，不富不厚之不足以管下也，不威不强之不足以禁暴胜悍也”[2]。如果按照墨子的主张，纵然天下之人都穿粗布衣服，腰束绳索，吃野菜，喝白水，也不会使天下富足。荀子已看到了人类的创造性劳动可提供丰富的物质产品，其“富国论”与墨子“节用论”都是有价值的。

其次，驳斥“非乐”。荀子认为，墨子提出“非乐”是因为他对于先王的道术，“犹瞽之于白黑也，犹聋之于清浊也，犹欲之楚而北求之也”[3]。荀子说，音乐就是娱乐，这是人的情感的需要，人不能没有娱乐。人的娱乐，要通过声音实现，表现在动静之中。人的娱乐不能没有表象，而表象不遵循规律就会发生紊乱。先王正是憎恶这种紊乱才制作出雅、颂之乐来引导人民，使它的声音做到娱乐而不淫邪，使它的节文做到明晰而不堵塞，使它的曲直、繁简、刚柔、节奏

[1][2]《荀子·富国》。
[3]《荀子·乐论》。

足以感动人的善心，使那些污浊之气无法与人接触。不仅如此，音乐还是先王用来文饰喜悦的；而军队、斧钺则是先王用来文饰愤怒的，先王喜悦了，天下就附和他；先王愤怒了，天下就畏惧他。音乐之所以成为先王之道的重要组成部分，是因为音乐对人的内心的感化力量是非常深刻而迅速的。所以音乐中正平稳，人民就和协；音乐严肃端庄，人民就齐同不乱。人民和协齐同，国家的兵力就强大，城防就坚固，敌人就不敢来侵犯，这样百姓就会安居乐业。如果音乐妖冶险恶，人民就会陷于罪恶，发生叛乱和争斗，这样国家的兵力就会削弱，城防就要松弛，敌国就会乘机侵犯，百姓也就难以安居乐业了。“故乐在宗庙之中，君臣上下同听之，则莫不和敬；闺门之内，父子兄弟同听之，则莫不和亲；乡里族长之中，长少同听之，则莫不和顺。故乐者，审一以定和者也，比物以饰节者也，合奏以成文者也；足以率一道，足以治万变。”[①]由此，荀子认为，音乐关系到国家的安定与衰落，绝不是可有可无。墨子“非乐”，是要把人民置于叛乱而接受刑罚的境地。如果愚蠢的人听信了“非乐”的宣传，那么他自身就已很危险了。

其三，荀子批判墨子提出的“兼爱”说和强力从事的观点是“役夫之道”，决不可行。他指出，现在君主一个人治理天下，每天都有空闲时间，而行政事务显得不很多，是因为命令臣民去做的缘故。从大处说拥有天下，从小处说拥有一国，如果必须事必躬亲才可以的话，那么就没有比做君主更劳苦憔悴的了。如果真是这样，即便是像臧、获这样的奴隶也不肯与天子换一下工作。所以执掌天下，统管四海，又为什么非要亲自去做呢?“为之者，役夫之道也，墨子之说也。”[②]他批评墨子主张“兼爱”、“节用”等观点是“不知壹天下、建国家之权称，上功用、大俭约而慢差等，曾不足容辨异、县(悬)君

①《荀子·乐论》。
②《荀子·王霸》。

臣”[①]，认为墨子只看到了平等而没有看到差别，“有齐而无畸，则政令不施”[②]。

另外，荀子较好地研究和学习了墨家的逻辑学，他承认墨子学说“持之有故，言之成理”[③]，他的论说明显地继承并发展了墨家的某些逻辑思想。

（四）韩非评墨

韩非（约公元前280—前233）是法家思想的集大成者。他站在新兴地主阶级的立场上，为把法家思想定为一尊，对儒、墨学说进行了严厉批判。

首先，韩非断定儒、墨之学虽为“世之显学”，但却是“愚诬之学”[④]。他说，孔子、墨子都称道尧、舜，但他们对尧、舜的言论取舍不同，却都自称领会了尧、舜的真谛。孔丘死后，儒分为八派，有子张、子思、颜氏、孟轲、漆雕氏、仲良氏、孙氏、乐正氏；墨翟死后，墨离为三，有相里氏、相夫氏、邓陵氏。他们分别从孔子、墨子那里各取所需，主张互相矛盾，但又自称都从孔、墨那里得到了真传。既然尧、舜已死，那么又如何来判定他们当中谁得到了尧、舜的真传呢？显然是不可能的。由此，韩非认为，不经过检验就对尧、舜之道加以肯定，这是愚蠢的；既然不能加以肯定却还拿来作为立论的根据，这就是欺骗。“故明据先王，必定尧、舜者，非愚则诬也。”[⑤]

其次，韩非揭示了儒、墨两家学说的矛盾。韩非说：“墨家之葬也，冬日冬服，夏日夏服，桐棺三寸，服丧三月，世主以为俭而礼之。儒家破家而葬，服丧三年，大毁扶杖，世主以为孝而礼之。”韩非运用归谬法评论说，如果赞成墨家的节俭，就应当反对墨家的不孝。儒、墨学说中充斥着节俭和奢侈、孝与不孝的矛盾，而当世的统治者却都推崇它们，“故海内之士，言无定术，行无常议。夫冰炭不同

❶❸《荀子·非十二子》。
❷《荀子·天论》。
❹❺《韩非子·显学》。

器而久,寒暑不兼时而至,杂反之学不两立而治”①。

由韩非的评论可看出,他批评儒、墨以尧、舜之言作为立论根据,是不可验证、靠不住的,确属事实,因而是有力的。但他认为墨家同儒家一样唯古是从,是对墨家学说的歪曲;墨子尊古,常称道尧、舜,却主张社会进化、今胜于古,不是复古主义者。

而在事实上,《韩非子》一书明显地把墨家当做重要思想来源,吸收了墨子的许多观点:法家继承墨家非命强力论,并将它发展为重耕战的实际政策;墨子反对亲疏有别,认为贵贱无常,主张举贤不避“农与工肆之人”②,韩非就讲“宰相必起于州部,猛将必发于卒伍”③;墨子称颂“圣王制为五刑以制天下”④,韩非更将其发挥为系统的法制思想。因此,法家是墨家思想的重要继承者。

(五)吕不韦评墨

《吕氏春秋》系由秦国丞相吕不韦(?—前 235)召集门客写成,所持观点不统一,因而被视为杂家著作。考其全书,对儒、墨都推崇备至,尤对墨家未置一句贬词。《去私》篇记载了居秦的墨家钜子腹𦽣大义灭亲,行墨者之法,毅然杀掉犯了杀人罪的独子。由此说明墨家主张大公无私:“天无私覆也,地无私载也,日月无私烛也,四时无私行也。”《爱类》篇记载墨子为救宋难,“裂裳裹足,日夜不休,十日十夜至于郢”,以其胆略和才能折服楚王,终使楚国放弃攻宋的计划,并称赞墨子“能以术御荆免宋之难者”,“圣王通士不出于利民者无有”。《上德》篇记载,墨家钜子孟胜率弟子为楚阳城君守城,自己决然为阳城君赴死,弟子 183 人也同时殉难,称赞墨家是有德有义之人,阐述“为天下及国,莫如以德,莫如行义;以德以义,不赏而民劝”的道理。《节丧》篇完全同意墨子节葬的观点,认为“葬也者,藏也”,“以生之人心为死者虑也,莫如无动,莫如无发;无动

①③《韩非子·显学》。
②《墨子·尚贤上》。
④《墨子·尚同中》。

无发，莫如无有可利”，而世俗的做法却是“家弥富，葬弥厚，含珠鳞施，夫玩好乐宝，钟鼎壶鑑，辇马衣被戈剑”，统统埋入地下。这种做法决非为死者考虑，而只是活人之间的互相夸耀，“此非慈亲孝子之心也”。《当染》篇基本上引用了《墨子·所染》全文，重申并强调墨子的观点：后天的环境影响和教育，对人的品行具有重要意义；人性犹如素丝，“染于苍则苍，染于黄则黄”。并称赞孔子、墨子，“此二士者无爵位以显人，无赏禄以利人，举天下之显荣者必称此二士也”。

（六）刘安评墨

汉初宗室、淮南王刘安（公元前179—前122）召集他的门客著成《淮南子》一书，对墨家有所肯定。

《要略》篇说：“墨子学儒者之业，受孔子之术，以为其礼烦扰而不说，厚葬靡财而贫民，久服伤生而害事，故背周道而用夏政。”指明了儒、墨两家学说的来源不同。《泰族训》称颂“墨子服役者百八十人，皆可使赴火蹈刃，死不旋踵”，一方面概括了墨家具有侠勇和牺牲精神，同时也说明墨家的组织特点，即说明墨家首领在墨家组织内具有绝对的权威。

《齐俗训》指出儒、墨两家在服丧问题上都有不合人情的地方：儒家倡导服丧三年，这实际是强迫人做无法做到的事，用虚伪来文饰自己的感情；墨家倡导三月之丧，是断绝人的哀思，迫使人们在短时期内切断感情。但还是着重批判了儒家的厚葬“竭国糜民，虚府殚财”，“穷民绝业而无益于枯骨腐肉也”。

《汜论训》批判了儒、墨崇古的社会历史观，认为夏、商、周三代礼法不同，哪里谈得上“唯古是从”？圣人制定治世的法则，必须要了解这些法则产生的根源，才能做到根据不同的时代做出必要的改变；如果不知道这种法则产生的根源，一味循古而治，必定造成天下大乱。由此，刘安断定：儒、墨"称三代文武而弗行，是言其所不行也；非今时之世而弗改，是行其非也。称其所是，行其所非，是以尽日极虑而无益于治，劳形竭智而无补于主也"。

（七）司马谈、司马迁父子评墨

司马谈（?—前110）在《论六家要旨》中，将墨家与儒、名、法、道、阴阳并称为先秦六大学派，充分肯定了墨家的历史地位。他说："墨者俭而难遵，是以其事不可遍循；然其强本节用，不可废也。"[①]即墨家的长处在于"强本节用"，注重农业生产和节约开支，这是使家庭、国家的富足之道，但墨家的节俭却难以为大多数人所遵从，因为统治者都效法尧、舜："'堂高三尺，土阶三等，茅茨不剪，采椽不刮；食土簋，啜土刑，粝粮之食，藜藿之羹；夏日葛衣，冬日鹿裘。'其送死，桐棺三寸，举音不尽其哀"，"使天下法若此，则尊卑无别也"[②]。

司马迁（约公元前145或公元前135—？）对墨子的记述极为简略。他说墨子"善守御、为节用"，指出了墨家的特点，但从整体上来说，对墨子、墨家评价较低。他在《史记》中曾为名医、商贾、优伶、刺客、占卜者立传，将孔子列入"世家"，与帝王并称，还为孔子弟子立传，而对曾与孔子齐名的墨子却没有立传，仅在《孟子荀卿列传》末附缀24个字，还连用几个"盖"、"或曰"等不确定的表示推测的词语，这表明司马迁对墨子的生平事迹缺乏最基本的考证，也没有读过《墨子》一书。由此可以看出，到司马迁之时，墨学已十分衰微，不为世人所注意。

## 二、汉武帝到鸦片战争前的墨学研究（公元前140年—1840年）

墨学自秦汉衰微直到清后期的一千八百多年中，真正研究墨

①②《史记·太史公自序》。

学者寥若晨星，关于《墨子》的著述也十分稀少。在儒家思想定为一尊的封建大一统政治思想的局面下，墨家学说受到了最大的冷漠、鄙视和攻击，只有极少数“离经叛道”者花费较多心血研治墨学，并给墨学比较公正的评价。对《墨子》研究最有成就者，当推晋代鲁胜，他曾写过《墨辩注》，但已亡佚不传。清代毕沅也是墨子研究的集大成者，他的《墨子注》解决了《墨子》中不少疑难问题。

从文献记载看，这时期研读、评论过《墨子》一书的封建学者、文人、官僚不下几十人，主要有：东汉末年《孔丛子》的作者王肃；东汉的班固、王充、《太平经》作者；魏晋时期的嵇康、阮籍等崇尚清谈的玄学家，西晋隐士鲁胜；南朝的文学批评家刘勰；唐代的乐壹、魏征、韩愈；宋代的欧阳修、王安石、王令、程颐、朱熹、陈振孙；元代的黄震、马端临；明代的宋濂、焦竑、陆稳、潜庵子、李贽、胡应麟、郎兆玉等人；清代前中期的傅山、毕沅、汪中等人。

三国魏人王肃(195—256)托名孔鲋(公元前264—前208)撰《孔丛子》，在《诘墨》篇专门反驳《墨子·非儒》对儒家的攻击。《墨子·非儒》嬉笑怒骂，其目的是讥刺荀子当时嘲讽过的俗儒，很可能是墨子的再传弟子所作，不能代表墨子的观点。但《孔丛子》的作者却抓住一点，不及其余，对《非儒》有力批驳命定论、质疑君子必古言古服等避而不谈，却对墨家进行言过其实的人身攻击。这很能说明这位经学家的墨子研究水平。

东汉大儒王充(27—约97)是拥护墨家薄葬观点的，但同时指明墨家的丧葬观充满矛盾。他说：“圣贤之业，皆以薄葬省用为务。”[1]而儒家“畏死不惧义，重死不顾生，竭财以事神，空家以送终”[2]。这种奢侈做法极不可取。但墨家主“有鬼”说，又主“薄葬”说，二说矛盾，无法统一。首先，世上到底有鬼无鬼，无法验证。“死

[1][2]《论衡·薄葬》。

人暗昧，与人殊途。其实荒忽，难得深知。有知无知之情不可定，为鬼之实不可是。通人知士，虽博览古今，窥涉百家，条入叶贯，不能审知”[1]。其次，假若世上人死后真正有鬼，那么“墨家薄葬右鬼，道乖相反”[2]。因为“墨家谓鬼审人之精也，厚其精而薄其尸，此于其神厚而于其体薄也。薄厚不相胜，华实不相副，则怒而降祸……人情欲厚恶薄，神心犹然。用墨子之法事鬼求福，福罕至而祸常来也”[3]。王充指出墨家“薄葬”与“右鬼”充满无法调和的矛盾，无疑是准确的，但他断定这种矛盾就是“墨术所以不传”的原因，却是以偏概全，缺乏说服力。

西晋学者、隐士鲁胜精通天文历法，学识渊博，他在中国历史上第一次为《墨经》作注。《晋书》说鲁胜“著述为世所称”，可见其书在当时学术界是有一定影响的。可惜《墨辩注》一书“遭乱遗失”，仅能通过《晋书·隐逸传》中的《墨辩注序》(300多字)，来窥见他关于墨学的见解。(1)他首创“墨辩”之名，把《墨经》叫做《辩经》，认为《墨经》是关于辩论或辩论术的经典。(2)他揭示了先秦诸子逻辑思维和表达方式的共同性，揭示出“孟子非墨子，其辩言证辞则与墨同”。如墨子辩论，讲类、故、法，运用归谬式类比推理，孟子亦然。(3)他论述了《墨经》中坚白、同异、无厚、两可等辩论的逻辑学、认识论、方法论意义。(4)他对墨家逻辑的实践意义有精确了解。(5)提出了“引《说》就《经》”这一《墨经》研究的正确方法。虽然鲁胜存有惠施、公孙龙传习阐发《墨经》等错误论断，但不能掩盖他在《墨经》研究上的杰出贡献。

唐代大文豪韩愈(768—824)虽以儒家“道统”的继承人自居，但他比较同情墨家。在《读墨子》一文中，他认为儒家讥评墨子的尚同、兼爱、尚贤、明鬼之说，孔子实际上也有相似的观点，并认为：

[1][2][3]《论衡·薄葬》。

"孔子必用墨子,墨子必用孔子,不相用,不足为孔墨。"[1]不能否认孔、墨学说有相同的部分,但不能由此否定儒墨对立的基本事实。韩愈又认为儒墨之间的辩论,"生于末学各务售其师之说","非二师之道本然"[2],这种看法也不符合实际。就墨学已十分衰微的唐代来说,韩愈企图调和儒、墨两家的矛盾,在客观上抬高了墨家的学术地位,其积极意义应当肯定。

宋代评论《墨子》一书者甚多,然除欧阳修(1007—1072)对墨家强本节用之说有所肯定外,大多是出于"卫道"立场,对墨学加以贬低、痛斥。北宋王令(1032—1059)认为"墨翟固有罪",佛老与墨学都是"天下之大害者"[3]。南宋大儒朱熹(1130—1200)认为:"杨墨皆是邪说,但墨子之说尤出矫伪,不近人情而难行。"[4]程颐(1033—1107)以缓和的口气谈论韩愈的《读墨子》,实际上是为孟子辟墨辩解。北宋名相、大改革家王安石(1021—1086)写有《杨墨辩》一文,认为"墨子者,废人物亲疏之别,而方以天下为己任,是其足以利人者适足以为天下害也",贬低墨子的意思十分明显。

元代学者黄震对儒墨两家的学说进行了研究和对比,列举事实,指出儒、墨两家的差异。他一反韩愈"孔子必用墨子,墨子必用孔子"之意,而断定"孔子必不用墨子,墨子亦必不用孔子"[5]。

明初政治家宋濂(1310—1381)对墨子的肯定多于欧阳修。他说:"墨者,强本节用之术也。……墨子甚俭者乎,菲饮食,恶衣服,谓大禹之薄以自奉也。孔子亦曰:奢则不逊,俭则固。然则俭者,固孔子之所弃乎!"[6]

明代对墨子评价最高的是离经叛道的学者李贽(1527—1602)。他在《墨子批选》中极力推崇墨家的救世主张,认为"规矩是匠人的方圆,天志是为民的规矩","兼爱毕竟割舍不得"。他反驳孟

❶❷《韩昌黎集》卷十一。
❸《广陵先生文集·书墨后》,王令:《广陵先生文集》,北京中华书局。
❹《朱子语类·诸子》,《朱子语类》,北京中华书局1986年第1版。
❺《黄氏日钞》55卷,黄震:《读书记四种》,北京图书馆出版社1998年第1版。
❻宋濂:《宋学士文集》,上海商务印书馆1929年第1版。

子说:“我爱人之父,然后人皆爱我之父,何说无父?若谓使人皆爱我父者乃是无父,则必使人贼我父者乃是有父乎?是何异禽兽夷狄人也?”他进而指出:“儒者好入人罪,自孟氏已然矣。”这些见解非常大胆,已包含着作者反对宗法等级制的思想。

傅山(1607—1684)是明清之际的思想家,明亡后隐居不仕,不满于儒家“辟异端”的正统思想,开清代研究子学之风,是中国历史上第一个注《墨子·大取》的人。

《墨经》素称难读,《大取》尤甚。其内容以逻辑学、伦理学为主,而伦理学的意义又用自觉的逻辑形式表达,“奥义奇文”,加之篇幅较长,篇简错乱,传抄失误,故从秦汉后就无人研究。晋鲁胜也只涉及狭义《墨经》,未及《大取》。傅山注释《大取》有许多可取之处,如把“以形貌命者”解为“实指之词”,相当于今天的“实体”概念;对“有其异也,为其同也,为其同也异”,解释为“因有异也,而欲同之。其为同之也,又不能混同”。该注接触到《大取》所包含的同异相互渗透的辩证的观念,又跟佛经思想相比较,可以说见解独到。

乾隆时,毕沅(1730—1797)作《墨子注》(1783 年撰),是第一部校注《墨子》全书的力作。此作吸收了同时人卢文、孙星衍、翁方纲的成果,遍览唐宋类书古今传注所引,正其伪谬,匡其脱失,于其古字古言,通以声韵训诂,使许多疑问豁然得解。毕注虽仍有疏误,但功不可没,在当时以及后世,影响都很大。

乾隆时汪中(1745—1794)是清代继傅山之后第二个深入研究墨学的人。他曾为明代陆稳序刻的《墨子》作校注,又收集古籍中有关墨子的材料,编成《墨子表微》,但其《墨子校注》和《墨子表微》都亡佚,流传下来的仅有载于《述学》一书中的《墨子序》和《墨子后序》。汪中在《墨子序》和《墨子后序》中,大胆地提出和封建传统观点不同的见解，指出孟子攻击墨子"无父"纯系虚枉之词，盛赞《墨子》"述尧舜，陈仁义，禁攻暴，止淫用，感王者之不作，而哀生人之长勤，百世之下，如见其心焉。诗所谓'凡民有丧，匍匐救之'之仁人也。其在九流之中，惟儒足与之相抗，自余诸子，皆非其比"。汪中以墨非儒，敢于打破儒家的正统地位，他的大胆之论可以看做是近代墨学复兴的嚆矢。

## 第二节　近代墨学的复兴和研究

1840年鸦片战争后，中国进入半殖民地半封建社会。在其后80多年的发展历程中，墨学的历史命运发生了重大转折，即在经历了长达两千多年的沉寂、衰微之后，墨学开始被有识之士和社会精英所重视，逐步走向复兴和繁荣的发展道路。

墨学在近代复兴的主要标志有三：(1) 经过研究家的校勘、训诂，《墨子》始成为可读之书；特别是对《墨子》书中最深奥、最错乱的《墨经》部分，不仅进行了全面剔抉爬梳，而且进行了卓有成效的研究。(2)墨子和《墨子》，一改长期遭受冷落、贬斥的命运，得到了研究者乃至学术界的普遍赞扬和推崇。(3)涌现了一批墨学专家，出版了54种有关《墨子》的专著和校著，发表墨学论文81篇[1]。其著作数量比秦汉以后两千年的总和还要多，而且研究的深度和广度，以往两千年绝不可同日而语。完全可以说，墨学成为一种学问，应始于近代。

### 一、墨学在近代复兴的原因

任何一种思想的产生、兴盛和衰落，不仅有它的历史条件，而

[1] 据《墨子知见书目》所作统计。严灵峰：《墨子知见书目》，台湾学生书局1969年第1版。

且还有不受任何外在偶然因素所影响的内在因素。墨学也不例外。墨学在近代的复兴,从根本上来说,是因为它的合理的内在因素适合中国近代社会发展的需要。中国近代社会的发展过程,就是中国逐步沦为半殖民地半封建社会、民族矛盾和民族危机日益加深的过程。在救亡图存成为中华民族首要任务的时候,传统的占官方统治地位的儒学思想越来越不能独立承担起这项艰巨任务，于是中国社会的仁人志士不仅把目光投向西方文明，而且也投向了几千年来备受统治阶级排斥、压抑的社会下层文化——墨学。通过对儒学与墨学、中学与西学的对比和反思,人们重新认识了墨学的社会价值和历史地位。

墨学复兴的具体原因,则根据社会发展的不同阶段有所区别:

(一)从鸦片战争(1840 年)到甲午战争(1894 年),以自我文化中心为特征的“西学中源”说成为墨学复兴的主要驱动力。鸦片战争以后,西方文化汹涌东渐,逐步粉碎了中国人“天朝上国”的文化优越感。面对西方文化的挑战,一部分封建士大夫和具有维新思想的知识分子提出和鼓吹“西学中源说”。

(二)甲午战争后,危机四伏,中国面临着亡国灭种的危险,救亡图存成了时代的主旋律。洋务运动的深刻教训之一,就是救亡不仅仅在于掌握和使用近代先进的武器，而且更在于重塑国民的人格精神。事实证明,传统儒学的“修齐治平”已不能独立承担这一使命,而墨家的“摩顶放踵利天下”、“赴汤蹈火,死不旋踵”、救世之患、急人之难的人格精神显示出巨大的魅力,受到了资产阶级维新派、革命派的一致推崇。时代召唤墨家精神的再现和弘扬,极大地促进了墨学研究和墨学复兴的进程。

(三)辛亥革命后,新文化运动兴起,为墨学的研究和复兴提供了新的动力。新文化运动的主旨就是反对以儒学占主导地位的封建文化,汲取西方的近代精神,学习西方近代文化,建立一个适应中国社会发展需要的新文化系统。近代精神指自由民主精神、科学理性精神和宗教伦理精神。这些精神在传统儒学中比较欠缺或者根本不具备,而在墨家学说中则得到了较为充分的印证。所以许多有识之士纷纷与儒学分道扬镳而归于墨学。

二、近代墨学研究

近代墨学研究是墨学第一次复兴和繁荣时期。根据历史发展和墨学研究的不同特点,近代墨学研究可以分为三个阶段:第一阶段,从鸦片战争到甲午战争;第二阶段,即戊戌变法和辛亥革命时期;第三阶段,从辛亥革命后到五四新文化运动的大致结束。

(一)从鸦片战争到甲午战争前的墨学研究

这个阶段是墨学复兴的起始阶段,其研究特点是,墨学研究者以西学为镜,把西学比附于墨学,不断发现墨学与西学的相通之处,从而不断挖掘墨学的价值。这种文化心态是,墨学研究者在西方侵略不断加深、天朝上国文化优越感被逐步打破的情况下,或由于对西学的一知半解,或由于为减少封建顽固派的阻力以宣传西学,于是以研究墨学为契机,宣传"西学中源说",造作出许多亦真亦幻、荒诞不经的神话,以此满足中国人的自尊需要,表现出自我文化中心主义倾向的幼稚心态。

近代首倡"西学中源说"的是广东南海人邹伯奇(1819—1869)。他通过对西方科技与《墨经》的比较研究,断定"西人天算未必本之和仲,然尽其伎俩,犹不出墨子范围"[1]。王闿运、张自牧、皮嘉祐继邹氏之后推波助澜。王闿运说:"释迦、耶稣皆无位而奉为圣

[1]《邹征君遗书》卷一,第 21 页。

师，墨学之赐也。"[1]张自牧分析更详："其教（基督教）以煦煦为仁，颇得墨氏之道。耶稣二大诫：一曰：全灵魂，爱尔神主，即明鬼之者也。凡欧罗艺术文字皆著于《经上》之篇，以此知墨子为西学之鼻祖也。"[2]著名维新派人士黄遵宪说："以余讨论西法，其立教源于墨子。……其谓人有自主权利，则《墨子》之尚同也。其谓爱邻如己，则墨子之兼爱也。其谓独尊上帝，保汝灵魂，则《墨子》之尊天明神也。"他还说，西人擅长器械之学，源出于墨家的备攻、飞鸢之术；西学精通物理，源于《墨经》上、下篇，甚至认为"至于今日，而地球万国行墨之道者，十居其七"[3]。其他学人如薛福成、郭嵩涛等人也持类似见解。

这一时期，对《墨子》的校注和训诂工作取得了重大成绩。要研究《墨子》，首先要读懂《墨子》，这就要做《墨子》的校注、训释工作。这项工作从清初傅山注《墨子·大取》开始，中经汪中（1745—1794）、卢文（1717—1796）、毕沅（1730—1797）、王念孙（1744—1832）、孙星衍（1753—1818）、张惠言（1761—1802）、王引之（1766—1834）、俞樾（1821—1907）等人的整理，最后到孙诒让（1848—1908）著成《墨子间诂》，取得重大成绩。

孙诒让为清末古文经学家，他依据道藏本《墨子》、毕沅校本、明代吴宽写本、顾广圻校本、日本刻本等，并参考了毕沅、苏时学、王念孙、王引之、张惠言、洪颐煊（1765—1833）、俞樾、戴望等人的注释，著成《墨子间诂》。该书共十四卷，包括《墨子传略》、《墨子年表》、《墨学传授考》、《墨子绪闻》、《墨学通论》、《墨家诸子钩沉》。俞樾说此书"整纷剔蠹，脉摘无遗；旁行之文，尽还旧观；讹夺之处，咸秩无紊。自有《墨子》以来，未有此书"[4]。梁启超认为，"大抵毕注仅据善本雠正，略释古训；苏氏（苏时学）始大胆刊正错简；仲容（孙诒

[1] 王闿运：《墨子七十一篇序》，1904年江西官书局刊《湘绮楼全书》本。
[2] 张自牧：《蠡测卮言》，见《小方壶斋舆地丛钞》，第十五册。
[3] 黄遵宪：《日本国志·学术志》，《日本国志》，台北文海出版社1974年第2版。
[4] 俞樾：《墨子序》，见孙诒让：《墨子间诂》。

让)则诸法并用,识胆皆绝伦,故能成此不朽之作”。他盛赞“盖自此书出,然后《墨子》人人可读。现代墨学复活,全由此书导之”①。

(二)戊戌变法和辛亥革命时期的墨学研究

这一时期的墨学研究表现出两个特点:一是以实践理性的方式表现出来,研究墨学立足于现实,其目的在于创造未来,而不再是那种狭隘的由于文化心态失衡而引起的心理补偿需要。二是逐渐扬弃“西学出于墨学”的虚幻之说,以新文化心态反思传统,接受外来文化,并寻找二者的相通之处,以古化今,试图从传统中寻求与近代世界同构的结合部。

首先,这一时期,不论是资产阶级改良派还是革命派,都对墨学给予极大的关注,撰写了一批论著,大力宣传和弘扬墨家的精神。他们都大力推崇和颂扬墨子,以墨家的人格理想和自我牺牲精神作为自己变革社会、挽救国家的精神支柱。

梁启超自幼好墨,自称“墨学狂”,他认为墨家“轻生死、忍苦痛”的武侠精神可以挽救中国的衰亡,断言“欲救今日之中国,舍墨学之忍苦痛则何以哉,舍墨学之轻生死则何以哉?”②谭嗣同说:“我自少至壮,遍遭纲伦之厄,涵泳其苦,殆非生人所能忍受,濒死累矣,而卒不死。由是益轻生命,以为专块然躯壳,除利人外,复何足惜。深念高望,私怀墨子摩顶放踵之志矣。”③他不仅是墨家精神的宣传者,而且更是这种精神的勇敢实践者。戊戌变法失败后,谭嗣同高呼“有心杀贼,无力回天,死得其所,快哉快哉!”慨然赴刑,英勇就义,其视死如归的大无畏精神正来自墨家的牺牲精神。

资产阶级革命派也高扬墨家精神,并以此作为推翻清朝帝制的精神动力。1905年,资产阶级革命派的机关报《民报》发行,卷首列古今中外4位伟人肖像,墨子与黄帝、卢梭、华盛顿并列,墨子被

①梁启超:《中国近三百年学术史》,东方出版社1996年第1版,第283—284页。
②梁启超:《饮冰室合集》,上海中医学院出版社1989年第1版,第48页。
③《仁学·自序》,《谭嗣同全集》,北京中华书局1981年增订版,第289—290页。

尊为"世界第一平等、博爱主义大家"。孙中山对墨子的"兼爱"推崇备至,认为中国"古时最讲爱字的莫过于墨子"[①]。章太炎十分推崇墨家道德,认为"墨子之学,诚有不逮孔、老者,其道德则非孔、老所敢窥视也"[②]。

其次,他们对墨学进行了全面研究,其杰出代表当推梁启超。

梁启超于1904年以"中国之新民"的署名在《新民丛报》分期发表《子墨子学说》和《墨子之论理学》,就墨学与诸子之学、墨学与西学进行了全面比较研究,提出了许多崭新观点。

梁启超认为,在中国诸子之学中,杨学(即提倡贵生为我的杨朱之学)为祸甚烈。杨学"为我",墨学"兼爱"利他;杨学重己,墨学则为天下;杨学"贵生",墨学"轻生死"。"今举中国皆杨也。……杨学遂亡中国"[③]。对于儒学,梁启超认为,儒学"爱有差等"与杨学之重"身之发肤"有千丝万缕联系,儒学杨学虽势不两立,但二者却有相通之处。儒学与墨学也有重大差别。他说,墨学的纲领,"其实只从一个根本观念出来,就是兼爱"。孔子也讲泛爱,但孔子所讲的爱"和墨子有根本不同之处"。"孔子是有'己身'、'己家'、'己国'的观念,既已有个'己',自然有个'他'相对峙;'己'与'他'之间,总不能不生出差别,所以有'亲亲之杀尊贤之等'";如果当"己"与"他"发生利害冲突的时候,就要"损害他身以利己身","损害他家他国以利己家己国"[④]。

梁启超对墨学和西学进行了比较研究后认为:(1)墨学精神与基督教精神相通。他说"平等无差别之普及于一切人类,泰东之墨子,泰西之耶稣,其所宣示之爱说,皆属此类"[⑤]。(2)墨学精神与西方民主精神相通。梁启超认为《墨子》中包含"民约论"思想,墨子思想与霍布斯极为一致。他说:"墨子之政术,民约论派之政术也。泰

❶孙中山:《三民主义·民族主义》第六讲《孙中山全集》,北京中华书局1986年第2版。
❷章太炎:《诸子学略说》,见《中国现代学术经典》,河北教育出版社1996年第1版。
❸❹梁启超:《子墨子学说》,上海中华书局1936年第1版。
❺梁启超:《饮冰室合集》,第30页。

西民约主义，起于霍布斯，盛于洛克，而大成于卢梭。墨子之说，则视霍布斯为优，而精密不逮卢、洛二氏"，如墨子所说"选择天下贤良圣知辨慧之人，立为天子"[1]的国家起源说，与霍布斯、卢梭的思想十分相似。但他又对墨子与霍布斯的思想作了区分："今墨子民约之精神，果与霍氏一辙乎，是不可不深察也。墨子所以欲举万民以法天子者，以为天子固天下之仁人也。"[2]他认为墨子所主张的是贤人政治；而霍布斯主张的则是法治政治。(3)墨家理想与社会主义相通。梁启超认为，墨学与先秦诸子之学不同，不同点在于其根本精神与西学相类通："墨子政术，非国家主义，而世界主义，社会主义也，其言曰：'天下无大小同，皆天之邑也。人无长幼贵贱，皆天之臣也。'曰：'视人国若视其国，视人家若视其家。'举国界家界尽破之，而一归于大同，是墨子根本之理想也。"[3]

（三）新文化运动时期的墨学研究

新文化运动发端于辛亥革命后，延续到五四运动后一段时间。新文化运动的主旨和内容就是提倡民主与科学，反对以儒学为核心的封建思想文化。在这一阶段，新文化运动的干将陈独秀、胡适、鲁迅、吴虞等人猛烈地批判了儒家封建思想文化，进一步肯定了墨学和墨家精神，吸引了更多的知识分子关注和研究墨学。他们大力推崇墨学和致力于复兴墨学，其目的是想从传统文化中寻找新文化的生长点，推进新文化运动的发展。当时陈独秀是反传统主义的权威，但他对墨学心驰神往，把墨学奉为国粹，认为"墨子兼爱，庄子在宥，许行并耕，此三者诚人类最高之理想，而吾国之国粹，奈何为孔孟所不容何？"[4]鲁迅十分推崇墨家精神，在《非攻》、《铸剑》中，分别塑造了救世奋斗、以苦为乐的墨翟和具有强烈墨家精神的黑衣人侠客形象[5]，认为只有这些墨家人物才是埋头苦干、拼命硬

❶《墨子·尚同中》。
❷梁启超：《饮冰室合集》，第48页。
❸梁启超：《饮冰室合集》，第52页。
❹陈独秀：《答李杰》，见《陈独秀文章汇编》上册，北京大学出版社1988年第1版，第215页。
❺鲁迅：《鲁迅小说全集》，河南人民出版社1994年第1版，第337—358页。

干、舍身求法的人，才是中国人的脊梁。共产党早期领导人蔡和森也尊墨批儒，试图把墨学的“兼爱”思想与西学中的平等思想融合起来，以求在消灭贫富贵贱等级差别的基础上实现“兼爱”与平等。

## 第三节　现代墨学研究（1919年—1949年）

从五四运动到中华人民共和国成立之间的三十年，复兴于近代的墨学研究，在这一时期出现了第一次研究高潮。究其原因，大致有三：首先辛亥革命后政治与学术的双重进步促进了墨学的发展。“民国肇造，政体更张。学术亦因之尽脱专制之羁绊，入于放任自由之途”[1]。中国学术界此时已经走出了开辟草创阶段，与世界学术大势接轨，前期那种浮躁、轻率、粗疏和对待外来学理上的生吞活剥、牵强附会，已被专业化的精细审慎、踏实沉稳的学风所取代。其次，由墨学研究的学术特点所决定。一方面，墨学在近代的复兴因其合理的思想内核，适合了中国挽救民族危亡、改造社会的时代需要；另一方面，墨学作为一种古代的学术思想，毕竟远离阶级搏杀的政治斗争，特别是《墨子》书中的墨经部分，与现实政治几乎毫无关系，这就使一大批淡薄政治的学者，乘新文化运动墨辩研究的良好势头，将墨辩研究推向高潮。其三，西方逻辑学的引入促进了墨辩复兴。20世纪初，西方逻辑学通过严复、王国维的译介被引入中国，引起国人重视。学者们发现，在中国传统文化里，儒、道、法三家之学，都没有首尾一贯的形式化逻辑，唯有墨辩六篇使思维过程形式化，在内容上也与西方逻辑学大体一致。这就打破了我国古代没有“论理学”（即逻辑学）的观念，于是人们对《墨经》研究产生了极大的兴趣。

[1] 栾调甫：《墨子研究论文集》，第147页。

由于上述原因，这一时期墨学研究蔚为壮观，硕果累累。据不完全统计，从1919年到1949年，共出版墨学著作71种[①]，发表论文326篇[②]。

一、墨经研究和墨辩复兴

“辩”即“辩学”，类似于西方的逻辑学，《墨辩》就是墨家逻辑学。墨家逻辑学被重新发现和研究，是谓《墨辩》复兴。

《墨辩》复兴开始于新文化运动，其大部分重要成果则出现于五四运动之后到抗日战争爆发前夕。《墨辩》复兴是现代墨学研究进程中所取得的巨大成就，是20世纪中国学术史上的重大事件。引导《墨辩》复兴的两个关键人物就是梁启超和胡适。梁启超较早地重视、研究和高度评价了《墨辩》，胡适则最先采用科学方法对《墨辩》作了奠基性的评价和研究。梁启超《墨经校释》和胡适《中国哲学家史大纲》(上卷)“堪称墨辩复兴史上的两座里程碑”[③]。这两位学界领袖登高一呼，应者云从，遂使墨辩研究成为三、四十年代墨子研究的中心议题，导致“附庸蔚成大国”的墨学格局的出现。这时期围绕墨家逻辑这个中心问题，进行了激烈的辩论，其参加辩论者之多，时间之长，在学术史上是不多见的。1926年由中华书局出版发行了《墨辩讨论》一书，罗列了辩论的主要论题和最重要的观点。据统计，这时期共出版墨辩专著50余种[④]，发表墨经和墨家逻辑的论文64篇[⑤]。其中代表性的著作有：《墨辩新诂》(胡适著，1921年版)；《墨经校释》(梁启超著，1922年版)；《墨辩解故》(伍非佰著，1923年版)；《墨经通释》(张其著，1924年版)；《墨经新释》(邓高镜著，1925年版)；《墨辩讨论》(栾调甫编，1926年版)；《墨辩新注》(鲁大东著，1933年版)；《墨经哲学》(杨宽著，1937年版)；《墨

❶❹严灵峰：《墨子知见书目》。
❷谭家健在其专著《墨子研究》(贵州教育出版社，1996年第1版)中统计如下：①综论：121篇；②生平、著作：37篇；③政治、社会思想：27篇；④哲学：20篇；⑤经济、艺术思想：16篇；⑥宗教：8篇；⑦《墨经综论》：57篇；⑧逻辑学：7篇；⑨自然科学：8篇；⑩训诂、写作文体：25篇。以上总计326篇。
❸曾繁仁：《千年绝学的伟大复兴》，《文史哲》1999年第6期。
❺谭家健：《墨子研究》，第371页。

断)、说(推理)等基本思维形式,总结出假(假言判断)、或(特称判断)、擢(典型分析式的归纳推论)、譬(譬喻或类比推理)、侔(不同语言表达式的类比推理)、援(以对方主张为前提的类比推理)、推(归谬或类比推理)、止(以反面事例驳斥全称命题的推论)等具体判断推理形式,揭示了推理论证中的思维规律。

(四)对《墨辩》包含的自然科学内容进行了初步的挖掘、研究和阐释。

这时期的研究者已基本抛弃了晚清研究者的虚骄浮夸心态,且掌握了一定的科学的研究方法,他们把《墨辩》中包含的数学、光学、力学、物理学等知识与西方自然科学原理进行了对照研究,较好地阐释了《墨辩》所取得的自然科学成就。其中梁启超、胡适、栾调甫、谭戒甫、伍非佰、张子晋、张纯一等人的研究成果突出。然而由于这时期的研究家绝大部分不曾受过自然科学思维的专门训练,对自然科学专业知识知之甚少甚浅,所以多从训诂角度诠释其意义,显得零乱、粗疏,认识也不统一。对此,不能苛责于他们。

### 二、《墨子》文本的朴学工作

孙诒让《墨子间诂》承前启后,功德无量。但是孙氏此书并没有一举解决所有问题而是留下了相当多的空白,即使在当时被认为已经解决的一些问题仍包含着错误和分歧。梁启超认为,孙诒让关于奥义难解的墨辩部分,“即以校勘论,其犁然而有当者,亦未知得半”[1]。这样前修未逮,后学踵继,一时注家蜂起。此时校释《墨子》的著作有20余种[2],最主要的有:《墨子间诂校勘》(杨嘉著,1921年版);《定本墨子间诂校补》(李笠著,1922年版);《续墨子间诂》(刘昶著,1925年版);《定本墨子间诂补正》(陈柱著,1926年版);《墨

❶梁启超:《墨经校释》。
❷严灵峰:《墨子知见书目》。

子集解》(张纯一著,1931 年版);《墨子新笺》(高亨著,1936 年版);《墨子新证》(于省吾著,1938 年版);《墨子校注》(吴毓江著,1944 年版);《墨子城守各篇简注》(岑仲勉著,1948 年版)。在这些著作中,张纯一的《墨子集解》和吴毓江的《墨子校注》,被认为是 1949 年以前发现最多的两部书。1921 年张纯一出版的《墨子间诂笺》,1931 年又增补为《墨子集解》出版,其著作多引孙诒让以后各家观点,并引佛释墨,时有新见,成为孙氏《墨子间诂》的重要补充,但缺少异本校勘。

1944 年,吴毓江出版的《墨子校注》,参用各种善本达 17 种之多,殚二十余年之精力,集清代各家之说,详加校注,并将有关可资校订资料附注于文后,堪称丰富周详,并多有创获,"被认为是孙诒让以后最完备的墨子注本"[①]。墨子城守各篇名物古奥,素称难读,岑仲勉《墨子城守各篇注》用功甚深,在专家看来属于填补空白之作[②]。

### 三、《墨子》义理的研究成就

对《墨子》全书义理进行研究,近代梁启超开其先河,到二三十年代出现了一批有较高学术价值的专著,其代表作有:梁启超《墨子学案》、《子墨子学说》;王桐令《儒墨之异同》;陈柱《墨学十论》、《阐墨》;张纯一《墨子集解》;方授楚《墨学源流》;伍非佰《墨子大义述》;叶瀚《墨子大谊考》;尹桐阳《墨子新释》;王新民《墨家哲学新探》;杨宽《墨经哲学》;马宗霍《墨学论略》;黄熙《墨子的政治学说》;陈顾远《墨子政治哲学》;郭沫若《墨子思想》、《孔墨的批判》;蔡尚思《老墨哲学之人生观》;吕振羽《中国政治思想史》;杜国庠《先秦诸子思想概要》;蔡元培《中国伦理学史》;赵纪彬《中国哲学史概要》;侯外庐《中国通史》第一卷;张岱年《中国哲学大纲》;胡适

❶谭家健:《墨子研究》,第 375 页。
❷秦彦士:《墨子新论》,四川电子科技大学出版社 1994 年第 1 版,第 136 页。

《中国哲学史大纲》；范文澜《中国通史》第一卷；任继愈《中国哲学史》第二册以及章炳麟《诸子学略说》等有关墨子研究的部分。

对《墨子》义理以及其他方面的研究包括如下内容：

(一)《墨子》的政治思想

《墨子》一书的政治思想主要包含在《尚同》、《尚贤》、《非攻》等篇中。

1.关于《尚同》

梁启超等人对此多有称颂和肯定：(1)《尚同》三篇反映出的政治思想是："举国界家界尽破之，而一归于大同"的"世界主义"[①]。"墨子理想中之社会，无国之别，家之别，身之别。只有人类，只有天下。"[②](2)"墨子论国家起源"同于"民约论"："天子由万民所选择而立。"[③]墨家钜子传授之法是"禅让"，墨家反对世袭，因为"在尚贤、尚同两个主义之下，天子必定要是天下的最贤之人，那末君主世袭制便不能维持了"[④]。"'尚同'法就是先有天下的万民，选出那'贤可者'，立为'里长、乡长、国君、天子'"，再由"国君""带领着全国的万民，尚同乎'天子'"[⑤]。(3)"尚同"学说中的"天"的作用，只是"君权神授"的"神道设教"，"天"是对君权的一种"所以限之之法"。[⑥]叫皇帝跟着天走，天以爱利人民为志，跟着天走即跟着人民走[⑦]。"君既不尽可以为法仪，又与万民均须上同于天，则君权尚非绝对无上者也"[⑧]。(4)墨子的"天子"和"万民"，"在政治的地位上也都是平等的"[⑨]。"墨子的民主思想，十分发达"，"充满平等自由的精神"[⑩]。

以郭沫若为代表，对"尚同"有不同的甚至完全相反的看法：墨子的"尚同"主张是"一权独擅"的"专制"，"既是人各异义"的"未有政长"的时代，"一万个人可以选出一万个政长"，根本不可能"共选，共立，共使"，"墨子的主张明明是那'天生民而立之君'的一派

❶❸❻梁启超：《子墨子学说》。
❷伍非百：《墨子大义述》，第27页。
❹顾颉刚：《禅让传说起源于墨家考》，见《古史辨》第7卷下册，第49页。
❺黄熙：《墨子政治学说》，见《学生杂志》第15卷第2号，1928年2月10日。
❼马宗霍：《墨子间诂参正》，齐鲁书社1984年第1版。
❽方授楚：《墨学源流》，第110页。
❾吕振羽：《墨翟的学说及其劳动思想》，见《劳动季报》第4期，1935年2月10日。
❿蒋维乔：《杨墨哲学》，上海商务印书馆1928年第1版。

神权起源说”，与西方“民约论”无涉[1]。墨子的“天”“不过是王的影子。故结果是王的意志就是天的意志，王的是非就是天的是非。而反过来，所谓‘天志’，实在也不过就是王志了”[2]。甚至“尚同”所语“上之所是，必皆是之；所非，必皆非之”，乃是“秦政焚书坑儒偶语者弃市之厉阶”[3]。

2. 关于《尚贤》

(1)对于“尚贤”与“尚同”的关系，张岱年等人认为，“尚同实以尚贤为根本……离尚贤，尚同不可讲”[4]。“《尚同》由《尚贤》引申而出”[5]。“‘尚同’，是‘尚贤’主张的发展”[6]，“因为天下三公都是天下之贤可者，国君、乡长、里长也都是国乡里的仁人，所以人民应该上同而不下比”[7]。(2)墨子“尚贤”的特异之处，梁启超等认为，“墨子尚贤主义，实取旧社会阶级之习惯根本摧破之也”[8]。“墨子‘尚贤’学说，正反映战国初期‘尚贤’政治已形成一股时代风气”[9]。刘泽华等人则认为“尚贤”不是“要劳动者当权”，只是“在口头上承认农与工肆之人中也有贤者”，“尚贤的对象不是一般老百姓，而是当时的知识阶层——士”[10]。有人甚至认为，墨子“首先把所谓‘贤良之士’……寄托在原来宗法贵族身上”[11]。

3. 关于《非攻》

当时论者对此问题研究不多不深。方授楚等人基本上肯定墨子的“非攻”思想：攻伐“但自平民之观点言之，无论胜负如何，有百害而无一利者也，故墨子于侵略之攻势战争，极为反对”[12]。但也指出：在“强兼弱，众并寡，已成为战国之风尚”时，“亦绝不能收效”[13]。童书业认为墨子的思想是“孟子‘王道’战略的先驱，因为孟子与墨子一样，只反对不义之战，不绝对非战”[14]。郭沫若等则否定和抨击墨子的“非攻”思想：墨子“名虽非攻而实美攻”，因为“墨子是把

[1]郭沫若：《读梁任公〈墨子新社会之组织法〉》，见《创造周报》第7号，1923年2月23日。
[2]陈柱：《阐墨》，见《国学论衡》第6期，1935年12月31日。
[3]郭沫若：《孔墨的批判》，见《十批判书》，人民出版社1954年第1版，第110页。
[4]张岱年：《中国哲学大纲》，中国社会科学出版社1982年第2版，第10页。
[5]杨宽：《墨子各篇作期考》，上海《学艺》第12卷第10期，1933年12月。
[6]沈善洪：《中国伦理学说史》，浙江人民出版社1985年第1版，第145页。
[7]顾颉刚：《禅让传说起源于墨家考》，见《古史辨》第7卷下册，第49页。
[8]梁启超：《子墨子学说》。
[9]金德建：《先秦诸子杂考》，中州书画社1982年第1版，第34页。
[10]刘泽华：《先秦政治思想史论丛》，南开大学出版社，1984年第1版，第587页。
[11]韩连琪：《先秦两汉史论丛》，齐鲁书社1986年第1版，第587页。
[12]方授楚：《墨学源流》，第110页。
[13]陈柱：《墨学十论》，第103页。
[14]童书业：《先秦七子思想研究》，齐鲁书社1982年第2版，第73页、第65页。

攻当成盗窃看待的……他把私有财产看成为神圣不可侵犯的制度……必然会流为对攻伐的赞美"，"非攻只是在替侵略者制造和平攻势的烟幕而已"[1]。也有人指责墨子"抹煞了……代表着新旧势力的'家'与'家'相攻，'国'与'国'相攻的社会意义"，"把所有这些正义和非正义的战争，统称之为'大为不义'"[2]，"实际上只是想保持着原有的封建诸侯割据的现状"[3]。

(二)墨子的经济思想

墨子的经济思想包括生产、消费、分配和经济制度等几个方面：

1. 关于生产

论者几乎没有分歧地认为，墨子非常重视物质生产，而且这种重视前此所无，唯后之法家可与之伦比，法家的生产论实源于墨子。

劳动力在任何时代都是生产力的一个重要因素，特别在当时生产力水平处于极度低下的条件下，劳动力生产的地位尤为突出。然对墨子提出的"丈夫年二十毋敢不处家，女子年十五，毋敢不事人"[4]，有些论者提出严厉批评。梁启超认为，"墨子所谓二十处家十五事人之制，以视孔子所谓三十而娶二十而嫁之制，实孔优于墨也"[5]。郭沫若认为墨子所定的"男女婚嫁之年"、"不近人情"[6]，"女子十五便要'事人'，未免有点不人道"[7]。他进而指出，墨子的"根本乖谬是在把人民当成王公大人的所有物"[8]，"人民既是'王公大人'的私有，使人民蕃殖，也不过如使牛马蕃息一样"[9]。

2. 关于消费

墨子的消费思想概括地讲就是"节用"，分而言之，就是"节用"、"节葬"、"非乐"。

❶郭沫若：《墨子的思想》，见《郭沫若全集》历史编第1卷，人民出版社1982年第1版，第472—473页。
❷韩连琪：《先秦两汉史论丛》，第306页、第305页。
❸郭庠林、姚家华：《论墨子代表的阶级利益》，见《学术月刊》1964年第10期。
❹《墨子·节用上》。
❺梁启超：《子墨子学说》。
❻郭沫若：《青铜时代》，重庆文治出版社1945年版，第165页。
❼❾郭沫若：《孔墨的批判》，见《十批判书》，第116页。
❽郭沫若：《青铜时代》，第165页。

（1）对于“节用”，多数论者持肯定态度。吴毓江说：“节用云者，节省无益之用充实有益之用，二者为一事之两面，不可偏废，非徒为吝啬也。”[①] 伍非佰据墨子“诸加费不加于民利者，圣王弗为”断定：“诸加费而加于民利者，固圣王之所许也。”[②]

梁启超一方面肯定墨子节用是“若夫奢侈的欲望，不可不严加节制”，另一方面又指出墨子“不知欲望之一观念，实为社会进化之源泉”[③]。郭沫若严厉批判墨子“节用”是“一味地以不费为原则，以合实用为标准，而因陋就简，那只是阻挠进化的契机”，甚至说“教王公大人节用，这不是替老百姓说话，而是替王公大人说话。他是怕老百姓看了眼红，起来闹乱子啊！”[④]

（2）对于“节葬”。论者都认为，墨子“节葬”是针对儒家的“多埋赋财”、“久禁从事”的“厚葬”而言的，他所指出的“葬埋之法”也是可行的；节葬是节用的推衍，在实践中针对的是当时王公大臣借葬埋奢侈靡费，因而具有明显的进步意义。

（3）对于“非乐”。关于“非乐”之“乐”的内容，有些论者认为，“不仅声乐之乐，凡一切娱乐之事皆属之”。“广义的虽指一切享受作乐……狭义的也单指音乐。”[⑤]另有论者认为，推墨子之意，于用只是“节”而不是“非”，于乐是“非”不是“节”，可知墨子“非乐”就是非“音乐”。

关于墨子是否非乐，有的论者说，墨子所非者乃是“制作音乐”，“非音乐本身”[⑥]。还有人说，墨子所非的仅是某种特殊音乐，如“伤民财之乐”、“夺人民时间之乐”、“损害人民生产事业之乐”[⑦]。另有论者不同意以上两种观点，他们举出《庄子·天下》、《荀子·乐论》、《淮南子·氾论训》等典籍记载予以驳斥，如《淮南子·氾论训》云：“弦歌鼓舞以为乐……孔子之所立也，而墨子非之”，从而断定

❶吴毓江：《墨子校注》。
❷伍非佰：《墨子大义述》，第163—164页。
❸梁启超：《子墨子学说》。
❹郭沫若：《青铜时代》，164页。
❺马宗霍：《墨子非乐辩》，《东方杂志》第40卷第23号，1944年12月5日。
❻王新民：《墨家哲学新探》，协和大学中国文化史研究会丛刊本1946年第1版，第17页。
❼唐庆增：《中国经济思想史》，上海商务印书馆1936年第1版，第182页。

墨子所“非”之“乐”已包含所有的音乐。

关于对“非乐”的评价。一派观点认为,“墨者非乐,非不知乐也,为救世之急也”。“墨子所谓利者,固不止物质的,而亦兼有精神的。不过利有缓急,有本末。先其急后其缓,培其本削其末”[1]。对非乐否定反对者也颇多。章炳麟即说:“盭于圣哲者,非乐为大。”[2]梁启超亦云:“知有物质上之实利,而不知有精神上之实利;知娱乐之事,足以废时旷业,而不知其能以间接力陶铸人之德力,增长人之智慧,舒宣人之筋力,而所得者足以偿所失而有余也。……盖墨学之最大缺点在是。”[3]郭沫若甚至认为墨子“简直是不知精神文化为何物的”“狂信徒”[4]。

3.关于分配和经济制度

梁启超认为,《尚同上》的“有余力以相劳,有余财以相分”,就是墨子关于“分配”的“公例”;墨子的目标是,“特注意经济组织的改造,要建设一种劳力本位的互助社会”,“把一切含着‘私有’性质的团体都破除了,成为一个‘共有共享’的团体”[5]。此说影响颇大,从之者甚多。吕振羽说:墨子“所谓‘圣人’、‘仁人’和‘天子’,并不是离开劳动……而是和其他社会成员一样,要亲自参加社会劳动的”[6]。赵纪彬也说:墨子“将‘人类’定义成‘劳动的动物’……劳动者是‘人类’,是‘人类’才有生存权;不劳动者不是‘人类’,不是‘人类’就没有生存权。在这个原则之下,纯粹剥削消费阶级的氏族贵族,就失去了‘人’的资格和‘生’的权利”[7]。方授楚一派反对梁启超等人的观点,认为墨子“有力者疾以助人,有财者勉以分人”,完全没有触及生产资料的所有制和分配制度,只是一种既“有财”而略予施舍的意思,不是否认私有制,一点也没有对单个人“主张人人劳作”、“自食其力”的意思[8]。“墨子所说的余力余财相分,全系道

❶伍非佰:《墨子大义述》,第174页、第180页。
❷章炳麟:《訄言·儒墨》,见《中国现代学术经典》,河北教育出版社1996年第1版。
❸梁启超:《子墨子学说》。
❹郭沫若:《墨子的思想》,见《郭沫若全集》历史编第一卷,第471—472页。
❺梁启超:《墨子学案》。
❻吕振羽:《中国政治思想史》,人民出版社1955年第4版,第121页。
❼赵纪彬:《论墨子非乐的经济思想》,《困知录》,北京中华书局1963年第1版,第49—50页。
❽方授楚:《墨学源流》,第75—76页。

德问题……墨子实无分配学说”[1]。

（三）墨子的伦理思想

首先，人性是善或是恶？有人认为“墨子书中”“一再暗示着人之性恶”[2]，因为墨子曾说：“天下之百姓，皆以水火毒药相亏害。”也有人说：“墨子的人性论可以说是‘善少恶多论’。”[3]

其次，“兼爱”是墨子伦理思想的核心，论者多有分歧。

梁启超一派是“兼爱”的拥护者。他认为，《墨子》书中所说的“兼相爱，交相利”，“爱己者非为用己者，不若爱马”，“任，士损己而益所为也”，“为身之所恶，以成人之急”等，都充分说明墨子兼爱“其目的固在利人”，追求“社会全体之利”，“循墨子之教……则无所谓国无所谓家也”[4]。墨子对于人我关系的主张是“先人后己，先‘利人’然后‘人亦从而利之’”[5]，举例如《尚同下》所说：“与人谋事，先人得之；与人举事，先人成之。”

蔡尚思、伍非佰等对“兼爱”目的的纯正性提出怀疑：“名为爱人者之表面上固甚可嘉，若更进一步而察其内幕，原出于望人来报己。”[6]“以爱人为手段利己为目的，当人我利害冲突时，犹然不免舍人利己也”[7]。

郭沫若、韩连琪则对“兼爱”完全否定：墨子“承认着一切既成秩序的差别对立……教人‘兼爱’，岂不是叫多数的不安乐者去爱那少数的安乐者！”[8]“既普遍承认私有权的神圣，因而他的主张结果是对于私有权大者帮了大忙！”[9]墨子自己承认“对待各种不同身份的人，要采取各种不同的态度，也就是采取各种不同的所谓‘爱’的方法”[10]，其结论就是“兼爱”虚假，“名虽兼爱而实偏爱”[11]。

（四）墨子的天鬼思想

墨子在《天志》、《明鬼》中主张有人格意志的“天”和“鬼”，引起

1. 唐庆增：《中国经济思想史》，第177页。
2. 肖公权：《中国政治思想史》，中国文化书院出版部1980年第1版，第100页。
3. 陶愚川：《中国教育史比较研究》，山东教育出版社1985年第3版，第83页。
4. 梁启超：《子墨子学说》。
5. 沈善洪：《中国伦理学说史》，第148页。
6. 蔡尚思：《老墨哲学之人生观》，上海商务印书馆1934年第1版，第65页。
7. 伍非佰：《墨子大义述》，第59页。
8. 郭沫若：《墨子的思想》，见《郭沫若全集》历史编第1卷，第471—472页。
9. 郭沫若：《孔墨的批判》，见《十批判书》，第114页。
10. 韩连琪：《先秦两汉史论丛》，第301页。
11. 郭沫若：《墨子的思想》，见《郭沫若全集》历史编第1卷，第463页。

论者广泛而激烈的讨论。

首先，墨子是否为宗教家，梁启超、郭沫若都承认墨子是宗教家，不过梁氏认为墨子的天鬼为神道设教之说："墨子之所言天志者，凡以为兼爱说之前提云尔"，"墨子之鬼神说……直借之以为改良社会之一方便法门云尔"[①]。这显然带有部分肯定的意思。而郭沫若对天鬼说是完全否定的。他认为墨子"自始至终是一个在神的观念里面翻筋斗的宗教家"[②]。"孔子思想中动摇了的传统鬼神，墨子则完全肯定下来。……在奴隶制崩溃的时候，墨子来提倡'天志'、'明鬼'，这说明他是在复古，而不是在革新"[③]，因而"他的思想充分地带有反动性——不科学，不民主，反进化，反人性"[④]。蔡元培不承认墨子是宗教家："墨子，科学家也，实利家也。其所言名数质力诸理，多合于近世科学，其论证，多用归纳法，按切人事，依据历史，其尚同尚贤诸篇，则在得明天子及诸贤士大夫以统一各国之政俗，而泯其争，此皆异于宗教家者也。"[⑤]

关于对墨子"天"的理解，侯外庐认为"不是完全人格神，而是一种抽象的视听的普遍性"的"神"——"非神"之神，"'非神'之神乃是古代社会形式民主民意的一种同义，它规定先王的理性。这种理性的先王的假设，是墨子的仪法"[⑥]。雷祯孝也认为墨子的"'天'不能牵强附会地理解为'上帝'，或理解为一个世外的主宰者，而是讲的'人民性'"[⑦]。对于墨子的"鬼"，陈顾远甚至认为"不过是拿现成底传闻作个例子，使得人容易信就得了"，墨子"不信有……'人死为鬼'底鬼"[⑧]。

（五）墨子学说的体系和核心、阶级性以及衰落的原因

1.关于墨子学说的体系和核心

现存《墨子》"十论"，其核心思想是什么，其理论体系又是怎样

❶梁启超：《子墨子学说》。
❷郭沫若：《读梁任公〈墨子新社会之组织法〉》，见《创造周报》第7号，1923年2月23日。，
❸郭沫若主编《中国史稿》第2册，人民出版社1963年第1版，第72页。
❹郭沫若：《墨子的思想》，见《郭沫若全集》历史编第1卷，第463页。
❺蔡元培：《中国伦理学史》，见《中国现代学术经典·蔡元培》，河北教育出版社1996年第1版，第38—42页。
❻侯外庐：《中国古代社会史论》，上海三联书店1949年第1版，第325页。
❼雷祯孝：《中国人才思想史》第1卷，中国展望出版社1986年第1版，第373页。
❽陈顾远：《墨子的政治哲学》，上海泰东书局1929年第1版，第89页。

构成的,考论者观点可以分为四大派,即天鬼派、兼爱派、尚同派、非攻派。

天鬼派认为墨子的根本思想在"天"、"鬼",墨子以天鬼观建构他的学说,墨子是宗教家。该派代表人物有章炳麟、郭沫若、张采田、太虚、马宗霍等。如张采田说:"墨家学术之宗旨,可一言以蔽之,亦曰顺天而已矣。……而所谓非攻、兼爱、尚贤、尚同、非命、节用、节葬者,其由天志之义推而见诸行事者乎!"[1]

兼爱派产生最早,影响也最大,代表者有梁启超、胡韫玉、陈顾远、伍非佰、李大防、张纯一、陈柱等。他们承袭了近世张惠言、俞樾、王闿运等的观点。张惠言说:"墨之根本在兼爱……尊天明鬼尚同节用者,其支流也。"[2]梁启超则对墨子理论体系作了进一步阐述:"'非攻'是从兼爱衍生出来……'节用'、'节葬'、'非乐'也出于兼爱,因为墨子所谓爱是以实利为标准,他以为有一部分人奢侈快乐,便损了部分人的利了,所以反对他。'天志'、'明鬼'是借宗教的迷信来推行兼爱主义。'非命',因为人人信有命便不肯做事不肯爱人了,所以反对他。""尚贤"、"尚同"则是"墨子理想中之兼爱社会"的"组织法"[3]。

非攻派以方授楚为代表。方氏为说明墨子学说体系,特制一图表。他认为:墨子"因当时战争残酷,乃倡《非攻》之说","既已非之,何以易之,《兼爱》是也"。"以政治为贵族所把持,平民无由上达,则倡《尚贤》。列国分立,《非攻》则无由统一,故继之以《尚同》,所以救《兼爱》之失,此于政治方面之主张也"。"以庶人眼光为标准,以估量当时所行之礼乐,则奢侈而厉民,故《非乐》非礼而倡《节用》、《节葬》。此于社会方面之主张也"。"参与政治,改革社会,则墨子虽能独任,而非多数安分守己之贱人所能从也。乃于暴王所作之'命',

❶张采田:《原墨编》,1911年刊本,《墨子集成》9卷。
❷张惠言:《墨子经说解》,(清)乾隆五十七年手稿本,《墨子集成》9卷。
❸梁启超:《墨子学案》。

竭力掊击,以鼓其动;又借助于天帝与鬼神之赏善罚暴,以增其勇。故既倡《非命》,而有《天志》、《明鬼》”。“此其于精神方面之主张也”[1]。

尚同派以李石岑为代表。他据《荀子·天论》中“墨子有见于齐,无见于畸”,认为“尚同”就是“把一切看成平等的,划一的”;进而认为“既以尚同为教,因而发展为以同一律为基本原理的形式推理”[2]。

2.关于墨子学说的阶级性

历来论者对于墨学的阶级属性,议论纷纭,大致说来,可分为代表奴隶、代表小生产劳动者、代表地主、代表奴隶主诸说。

(1)代表奴隶阶级说,以赵纪彬、杨天锡为代表。赵纪彬说:“墨子哲学为奴隶大众的意识形态[3]。”证据是“墨子的非命思想,是奴隶大众变革意识的反映”。墨子“不肯侍奉贵族,专代奴隶大众说话,自然不为贵族所喜”[4],以致“昭公末年,司城皇喜,专政劫君,而囚墨子”[5],等等。

(2)代表小生产劳动者说,这是最大的一派,代表者有李季、吕振羽、范文澜、童书业等。吕振羽认为,“从其全部的思想看,封建领主和封建领主的社会秩序,为他所‘深恶痛绝’;与新兴地主——商人,亦显示其立场的不同;与没落贵族的意识尤相矛盾。另一方面,却反映了当时农民的一些思想情况和要求”,具体来说,就是①“反对……等级制……主张爱无差等”;②“确认平等的享受和平等参加劳动”,“反对人剥削人的制度”;③“对于人类的物质生活,不积极作提高的追求”;④“根本反对封建主家族主义的政权世袭制……主张由贤能来掌握政权”[6]。范文澜认为,庶民“是一种小私有者,在社会大变动中,也要求取得一些政治上的地位,借以保护自己的经济

❶方授楚:《墨学源流》,第75—76页。
❷李石岑:《中国哲学十讲》,浙江人民出版社1998年第3版,第92页、101页。
❸赵纪彬:《赵纪彬文集》卷一,河南人民出版社1985年第1版,第96页。
❹赵纪彬:《赵纪彬文集》卷一,第94—96页。
❺《韩非子·外储说左上》。
❻吕振羽:《中国政治思想史》,第112页、114页、115页、119页。

利益。他们还没有反抗统治者的觉悟，只是要求‘饥者得食，寒者得衣，劳者得息’，过着安居乐业的生活”，因此墨家“是代表庶民……的一个学派”①。童书业则提出：“这个学派是代表庶人阶级上层分子的，所以虽有一定的斗争性，但不能主张阶级斗争，像下层的农民、手工业者那样”。“庶人中比较容易抬头的人，就是上层富裕分子，当他们开始抬头的时候，他们不能不替他们的阶级说些话”②。

毛泽东评价说：“墨子是一个劳动者，他不做官，他是比孔子高明的圣人；孔子不耕地，墨子自己动手做桌子椅子”③。他认为墨子属于手工业者。

(3)代表地主阶级说。以杨宽为代表。杨宽认为，“墨子以及墨者是由手工业工人和农民上升到地主阶级中来的”，他熟悉原来出身的阶级，因而其思想带有“小生产劳动者的特色”④。反对者则认为，“墨子生活的年代，基本上还没有形成新兴地主阶级”⑤。墨家思想“不适合于地主阶级的要求，所以秦汉以后就中绝了”⑥，故不可能代表地主阶级。

(4)代表奴隶主阶级说。此说以郭沫若为代表。郭沫若在1944年8月—9月间撰成《孔墨的批判》和《墨子的思想》，认为墨子“是站在王公大人的立场”⑦，“人民，在他的观念中，依然是旧时代的奴隶”⑧，墨子是“满嘴的王公大人，一脑袋的鬼神上帝，极端专制、极端保守的宗教思想家”⑨。韩连琪拥护郭说，也认为“墨子……是站在没落的奴隶主贵族立场上”，理由有四条：①“对‘自耕农’是极端蔑视的”；②“墨子并不反对剥削和役使民力”；③“他主张对敢于反抗的‘寇乱盗贼’，施行坚决镇压，以挽回动荡紊乱的统治秩序”；④“企图恢复周代‘天子之始封诸侯’之局面，也就是……奴隶主贵

❶范文澜：《中国通史》第1册，人民出版社1949年第1版，第178—179页。
❷童书业：《先秦七子思想研究》，46页、65页。
❸转引黎永泰：《毛泽东文化思想研究》，人民出版社1993年第1版，第218页。
❹杨宽：《战国史》，上海人民出版社1955年第1版，第405页、407页。
❺童书业：《先秦七子思想研究》，第69页。
❻张岱年：《中国哲学大纲》，第10页。
❼郭沫若：《孔墨的批判》，见《十批判书》，第466页。
❽郭沫若：《孔墨的批判》，见《十批判书》，第112页。
❾郭沫若：《墨子的思想》，见《郭沫若全集》历史编第1卷，第463页。

族统治下的宗法分封制度”[①]。

3.墨子学说衰落的原因

方授楚云:“墨学之在西汉,其衰微乃渐而困顿,及汉武用董仲舒之言,罢黜百家,表章六艺,其传授始绝也。”[②]墨学中绝始于汉武帝的主张,得到大多数治墨者赞成。那么墨学衰落原因是什么,则众说纷纭。

胡适认为,“第一,由于儒家的反对”。“第二,由于墨家学说之遭政客猜忌”。“第三,由于墨家后进的‘诡辩’太微妙了。”[③]梁启超除同意以上三条理由外,又加上一条“墨道太苦,难以实行”;“墨子的实利主义……只看见积极的实利,不看见消极的实利。所以弄到只有义务生活,没有趣味生活。墨学失败最重要的原因,就在此”。[④]

钱穆、方授楚认为胡、梁所说并非墨学衰亡之因。钱穆提出“功成身退”说:“初期墨学的精神,本来是发生在反对贵族阶级的特殊生活的。秦人一统,废封建而行郡县,贵族世袭的制度,从此消灭,社会上从此没有贵族平民两个绝相悬殊的阶级,那墨子的学说,早已在功成身退之例,应该消灭了。”[⑤]方授楚则提出“墨学自身矛盾”、“理想之过高”、“组织之破坏”、“拥秦之嫌疑”[⑥]四条作为墨学衰落的原因。

陈柱开始从不同的现实需要方面立说,认为“墨者之学……其自苦既为学者所难能,而以武犯禁,又为法网所甚恶;且其名理异同之辩,已为学术统一后所不需;器械攻守之具,尤为国家统一以后所大忌;则其学虽欲不微,其可得乎?”[⑦]

李季第一个从阶级统治和阶级斗争的角度去解释墨学的衰落,认为“墨学灭亡真正的原因……就在农工阶级的失败。……新

①韩连琪:《先秦两汉史论丛》,第312页、313页。
②方授楚:《墨学源流》,第206页。
③胡适:《中国哲学史大纲(上卷)》,上海商务印务馆1919年第1版,第224页、225页、251—252页。
④梁启超:《子墨子学说》。
⑤钱穆:《墨子》,上海商务印书馆1930年第1版,第75—76页。
⑥方授楚:《墨学源流》,第205—209页。
⑦陈柱:《墨学十论》,第169页。

兴地主阶级的泗上亭长刘季……掌握政权，将农工阶级压在底下，供其剥削。后者既被屈服，则代表他们利益的墨学不能幸存，自是意料中的事。所以墨学不消灭于被孟子骂为'无父'和'禽兽'之时，也不消灭于被法家的政治家猜忌之时，也不消灭于'诡辩太诡'……而独消灭于汉初，主要原因全在于此"[1]。

范文澜、侯外庐也从阶级斗争的角度分析墨学衰绝之因。范文澜认为："统治者需要的是儒不是墨，因此孔子成为士的成功的代表人，墨子成为庶民的失败的代表人。"[2]侯外庐进一步阐释："墨学传统之在后世衰微……因为这在封建社会是'异端'。""墨学……是以人民百姓的利益反对贵族君子的利益。这实在是和中古封建的正统思想相矛盾的"。"墨子的'所为'与'道'……是与秦以后的封建专制的'名教'适相矛盾的"[3]。

郭沫若也从社会阶级斗争立论，然而结论却完全相反："他这一派在当时完全是反革命派。结果他是敌不过进化的攻势……终竟消灭了。"[4]后来他又说："墨学的失传倒是由于自己瓦解。第一是由于墨家后学多数逃入了儒家、道家而失掉了墨子精神，第二是由于墨家后学过分接近了王公大人而失掉了人民大众的基础。"[5]

## 第四节　20世纪下半叶的墨学研究(1949年—2008年)

20世纪下半叶，中国社会进入中国共产党领导下的社会主义社会。在这半个世纪中，墨学研究由前三十年的沉寂转入再度复兴，发生了一系列具有重大学术意义足可载入史册的事件。

❶李季：《胡适中国哲学史大纲批判》，第174—175页。
❷范文澜：《中国通史》第1册，第184页。
❸侯外庐：《中国思想通史》第1卷，人民出版社1954年第1版，第527页、528页。
❹郭沫若：《中国古代社会研究》，上海联合书店1930年第1版，第71页。
❺郭沫若：《墨子的思想》，见《郭沫若全集》历史编第1卷，第172页。

## 一、1949年—1978年中国大陆的墨学研究

1949年中华人民共和国建立到1978年中共十一届三中全会召开，大陆墨学研究再次进入沉寂期，近三十年取得的研究成果寥若晨星，“乏善可陈”①。

1949年—1978年30年间，中国大陆墨学研究不仅与三四十年代轰轰烈烈的研究局面大相径庭，而且与同时期台、港及海外华人的墨学研究相比也显得冷落沉寂。据不完全统计，30年中国大陆共出版各类墨学书籍18种，发表各类墨学论文125篇；而以台湾为主的台港地区在这时期则出版墨学著作34种，发表墨学论文272篇②。从大陆出版发表的论文看，一是绝大部分墨学成果产生在1962年以前，1963年—1978年间，研究几成空白；二是这些著作和论文多是研究墨家的哲学、逻辑和自然科学知识的（约占60%以上）。三是18种墨学书籍少有力作、新作。其中栾调甫的《墨学研究论文集》是二三十年代已发表论文的结集；胡征和周慕白分别出版的《墨子救宋》是历史故事；吉联抗、朱伯昆、芦获、吴则虞出版的小册子分别是对《墨子》中一篇或几篇原文进行文字上的注释和翻译。能够称得上墨学新著的只有詹剑峰的《墨家形式逻辑》（1956年版）、任继愈的《墨子》（1956年版）、高亨的《墨经校诠》（1958年版）、汪奠基的《墨辩的逻辑科学思想分析》（1961年版）和陈奇猷的《墨子的科学》（1963年版）等。其中任继愈的《墨子》、高亨的《墨经校诠》和詹剑峰《墨家形式逻辑》堪称这时期墨学研究的力作。

任继愈《墨子》一书篇幅虽并不大，14万字，但却是运用马克思主义的唯物史观和方法论研究墨学的成功之作。三四十年代的墨学研究者对马克思主义的立场、观点和方法掌握得并不准确和娴熟，因而研究结论不够科学，往往主观武断，带有很大片面性。如有

①谭家健：《中国近二十年之墨学研究》，见《齐鲁学刊》2000年第1期。

②据张知寒主编《墨子研究论丛》第3辑（山东人民出版社，1995年第1版）统计，1949年—1978年中国内地发表墨学研究论文大约125篇，即：一、综论：24篇；二、生平、著作：3篇；三、政治社会思想：10篇；四、哲学思想：13篇；五、经济、艺术思想：11篇；六、宗教思想：0篇；七、《墨经》综论：5篇；八：逻辑思想：25篇；九、自然科学：25篇；十、文章写作、文字训诂：11篇。

1949年—1978年台湾和香港地区发表墨学论文大约为272篇：一、综论：94篇；二、生平、著作：20篇；三、政治社会思想：47篇；四、哲学思想：31篇；五、经济、艺术思想：12篇；六、宗教思想：31篇；七、《墨经》综论：7篇；八：逻辑思想：20篇；九、自然科学：3篇；十、文章写作、文字训诂：7篇。

的肯定过多,看不到局限性;有的否定过多,甚至全盘否定,看不到墨子学说中包含的真理性因素。任继愈则努力做到辩证地分析并从整体上把握墨子的思想体系。一方面他充分肯定"墨子是公元前五世纪末中国的伟大思想家"[1],"反映了当时小生产者和劳动者的正当愿望","一生为改善小生产者和劳动者的物质生活、提高他们的政治地位而斗争",并"指出了具有唯物主义观点的认识论和思想方法","创立了艰苦力行、求真理、爱和平、有组织、有纲领的学派"[2]。另一方面,他又指出墨子思想的矛盾、错误和历史局限性。例如他指出墨子和墨家"是由当时的小生产者、小手工业者上升为士的"[3],因而带有很大的妥协性和保守性,墨子和墨家不是革命派,而是改良派。由于墨子总是把王公贵族与劳动者的利益混在一起,因此他所提出的许多主张不免流于空想,甚至适得其反。如"墨子所反对的是……'强凌弱、众暴寡'的非正义战争"[4],是具有重大进步意义的;但是他"把战争的起源、社会的不合理现象,都归结为道德品质问题","在客观上却支持了当时的世袭贵族的社会制度"[5]。又如"墨子的'天志'、'明鬼'主张,固然在主观上是为了庶民阶层的利益,想要吓一吓当时无法无天的贵族统治者、王公大人,但这种主张常常吓倒了当时缺少知识的广大人民",使他们"不敢萌生任何反抗的念头"[6]。

高亨的《墨经校诠》(1958 年版)和谭戒甫的《墨辩发微》(1958 年版)是这时期少有的墨学研究成果。杨向奎认为"这两部书是近几十年来研究墨经最有成就的书"[7]。

高亨是著名的古文字学家和训诂专家，他充分利用前人的研究成果,旁征博引,又非常严谨求实,钩沉爬梳,厘正谬说。首先他基本解决了《经》和《经说》的联系问题。由于《墨子》版本的驳杂,文

[1][2][3][4][5][6]任继愈:《墨子》。
[7]张知寒主编:《墨子研究论丛》第 1 辑，山东大学出版社 1991 年第 1 版，第 33 页。

字脱漏错讹比比皆是，如何把古奥难懂的《经》和《经说》进行准确连接，就需要做大量的研究。前人解《经》多有意改之处，高亨力避此弊，常以《经》、《经说》互校，从而启疑。其次，高亨尽管没有专攻过自然科学知识，但他凭借古文字学的优势，对各家之说进行卓有成效的质疑考证，对《墨经》中几何学、物理学、光学等条目的解释，十之七八都是对的。

詹剑峰的《墨家形式逻辑》又是一个重要墨学成果。此书定稿于 1953 年 10 月，1956 年出版。第一，他按照现代逻辑教学大纲的顺序，把墨学形式逻辑分作六个部分：一、明辩（即逻辑的对象与意义）；二、言法（思维规律）；三、立名（概念论）；四、立辩（判断论）；五、立说（推理论）；六、辞过（谬误论）。通过这一体系，他认为墨子“总结前人的思维经验，构成了思维法则”[①]，“墨子的形式逻辑，其系统是分明的、一贯的、相当完整的”，“即放在世界的逻辑史上，亦可与亚里士多德的工具并列而无愧色”[②]。第二，詹剑峰把《墨子》全书都当做他构建墨学逻辑体系的材料，因为他反对把墨家分为前期后期，不承认《墨经》系由后期墨家所著，认为《墨经》亦基本是墨子自著。在此认识基础上，他“综合《墨子》全书，融会贯通，整理成一套规模初具的形式逻辑”[③]。第三，詹剑峰对墨家形式逻辑的缺点进行了分析。从局限性看，墨子由于所处时代“生产规模的狭小，限制了他的眼光，满足于常识习用的思维形式，所以他在逻辑上的成就只能是形式逻辑”。还有墨子形式逻辑关于论式方面，不免简略。例如推论式，“墨子就没有明确的论述，更谈不上周密”[④]。此外，《经下》后一部分所采用的立论形式，如“杀犬非杀狗”、“牛马之非牛”等，“标奇立异，耸人听闻，使人有诡异之感”[⑤]。

❶詹剑峰：《墨家形式逻辑》，湖北人民出版社 1956 年第 1 版，第 121 页。
❷詹剑峰：《墨家形式逻辑》，第 122 页。
❸詹剑峰：《墨家形式逻辑》，自序。
❹❺詹剑峰：《墨家形式逻辑》，123 页。

二、1978年—2008年的墨学研究

1978年，中共十一届三中全会召开，标志着中国进入改革开放的新时期。在墨学研究领域，20世纪的最后20年，墨学又再度复兴，其主要标志是成立由国家支持的地方和全国级的研究组织，召开了一系列国内国际大型学术研讨会，建成墨学研究会议中心和墨子纪念馆，收获了一大批高水平的墨学研究成果。

(一)墨学研究团体和机构

1.《墨经》研究会

1990年8月，中国科学史学会、中国逻辑史研究会等单位，在合肥联合发起成立《墨经》研究会。该会从1990年到1995年先后召开了三次《墨经》研讨会。

2.山东大学、滕州市墨子研究中心

1990年12月29日，山东大学、滕州市墨子研究中心在墨子故里山东省滕州市成立，与会者有山东大学和滕州市的党政领导、专家学者近百人。会议选举滕州市委书记林兆义为研究中心主任，乔幼梅、张知寒、王裕安等为副主任，张知寒兼任秘书长，李广星等为副秘书长。南京大学名誉校长匡亚明发来贺电并为中心题名。这是中国历史上第一个由官方建立的墨学研究领导机构。

3.山东墨子学会

1991年6月4日，由山东大学、滕州市墨子研究中心召集在滕州市召开首届墨子学术讨论会。会议宣布成立山东墨子学会，并通过《山东墨子学会章程》，选举山东大学党委书记陈之安为会长，林兆义、乔幼梅、郭良志、朱锡光、祝明、张知寒、王裕安为副会长，张知寒兼任秘书长，刘合光、李广星、董家胜、张德锁为副秘书长；聘请匡亚明、张岱年、蔡尚思、张政烺、王先进、张季平、刘敦愿、漆侠、田昌五、石峻、汤一介、刘守朴、梁自洁、王学仲为顾问；聘请杨向奎、任继愈、苗枫林、孟繁成为名誉会长。

4.中国墨子学会

山东墨子学会报请国家教育部批准、民政部注册登记后，于1992年10月6日至10日，在山东滕州市召开的首届墨学国际研讨会上正式成立中国墨子学会。会议选举山东大学党委书记陈之安为会长，乔幼梅、张知寒、王裕安、朱锡光等 8 人为副会长；选举张知寒兼任秘书长，孙志敏、李广星、郑杰文等 5 人为副秘书长；聘任全国人大副委员长费孝通为首席名誉会长，杨向奎、任继愈、赵志浩、韩喜凯、董凤基、苗枫林、孙淑义、秦尧基、孟繁成、李中林 10 人为名誉会长；还聘任匡亚明、蔡尚思、张岱年、杨斯德、聂力、陈鼓应、李绍崑（美籍华人）、王赞源（中国台湾）、李云九（韩国）、张尚德（中国台湾）等29人为顾问。学会在山东大学和滕州市分别设立办公室，1996年起创办会刊《墨子研究》，不定期出版，到2008年已出版19期。

中国墨子学会成立以来，成绩显著，最主要的有：

（1）筹办主持召开了1992年、1994年、1997年、1999年、2001年、2004年、2008年7次国际墨学研讨会。

（2）筹划出版或资助出版了一大批墨学著作，其中包括组织编辑出版大型论文集《墨子研究论丛》（一）、（二）、（三）、（四）辑，175万字；大型墨学研究丛书《墨学与当今世界》10册，100万字；资助著名墨学专家、中国社会科学院研究员杨向奎出版了《墨经数理研究》（13万字）；资助山东大学教授张知寒出版了《墨子里籍考论》（16万字）、《读墨余论》（44万字）；编辑出版了《墨子大全》，全书共100册，共计60000页，荟萃了古今中外数百种优秀的墨学论著，承载了古今墨学研究的最高成果，填补了墨学史上的一项空白。

(3)建造墨子塑像。1992年9月，在滕州火车站树起12米高大型墨子全身铜像；1994年7月，在滕州国际墨子研究中心，树起4米高石刻墨子胸像。

(4)1994年7月主要由滕州市拨款在滕州市区建成大型墨子研究基地——国际墨子研究中心，占地10200平方米，其中建筑面积3000平方米。

(5)征集墨学研究题字和资料。先后征集党和国家领导人以及国内外著名学者、专家等600多人关于墨学研究的题词，并刻成石碑，藏于国际墨子研究中心。还接受任继愈、王瓒源、李绍崑、李震、李云九等国内外专家捐赠的重要研究资料1000余册。

(6)参加和接待国际学术交流活动。先后接待美、日、韩、英以及港台地区的学者来访共计16批50多人次。还接受邀请，派出专家去美国参加“第九届国际中国哲学研讨会”，并访问了美国哥伦比亚大学、斯坦福大学等7所大学和研究机构，宣传了墨家精神，推动了国际墨学研究事业的发展。

5.山东墨子基金会

由中国墨子学会和山东大学、滕州市墨子研究中心联合提出申请，经山东省副省长王玉玺批示，省政府办公厅督办，中国人民银行山东省分行于1995年4月2日批准，山东省民政厅于同年8月29日登记，并于同年9月18日在山东滕州召开了山东墨子基金会成立大会。会上通过了《山东墨子基金会章程》，选举滕州市政协主席朱锡光为会长，张知寒为常务副会长，陈之安、郭良志、乔幼梅为副会长；选举李广星为秘书长，郑杰文为副秘书长；聘任杨思德、贾亦斌、张岱年、杨向奎、任继愈等12人为名誉顾问；聘任王玉玺、王玉中、曾繁仁、林兆义、彭湃 5 人为顾问。2008 年 5 月 1 日，山东墨子基金会换届选举。选举董兴河为理事长，任守景为秘书长，陈兴周、张庆军为副秘书长。

6.滕州市墨子国际研究中心

为了推进墨学研究，为国内外墨学研究专家和爱好者提供研究墨子的基地，并对青少年进行传统文化教育，滕州市委、市政府根据有关领导和专家的建议，于 1993 年 5 月 31 日破土奠基，兴建墨子国际研究中心。该中心 1994 年 7 月竣工，总投资 500 万元，占地面积 10200 平方米，其中建筑面积 3000 平方米。内部设立墨子生平事迹大型壁画展厅、墨子科技成果和军事研究展厅、墨子研究成果展厅、国际学术研讨会议室、墨子书库、山东大学和滕州市研究中心办公室、中国墨子学会和山东墨子基金会接待室等，还设立了《墨子》全书石刻碑廊和当代专家、领导题字碑林、黑色大理石墨子胸像和目夷亭等。该中心作为现代艺术与民族形式相结合的园林建筑，是进行学术研讨、图书资料收藏和参观游览的综合性多功能活动中心。墨子研究中心建成后，先后接待召开了数十次墨学国际研讨会及其他学术会议，接待国内外专家学者访问参观及旅游团队、社会各界人士达数百万人次。

7.墨子研究所

1996 年 10 月，枣庄师范专科学校在该校校长、中国墨子学会副会长王裕安的倡导和组织下，成立了枣庄师专墨子研究所，王裕安兼所长，调进和聘请校内 20 多名具有副高级职称的教学和科研人员为研究所专兼职研究员，并部署任务进行了若干专题研究。研究所成立后，先后聘请海内外墨学专家杨向奎、颜道岸、张知寒、李绍崑到学校讲学，并不定期出版《墨学研究专刊》(《枣庄师专学报》

专辑)。

(二)学术活动

1.国内学术讨论会

首届全国墨子学术讨论会。1991 年 6 月 4 日至 6 日，山东大学、滕州市墨子研究中心筹办的首届全国墨子学术讨论会在滕州召开。来自全国 40 多所高等院校及科研单位的 120 多名墨学专家参加会议,匡亚明、张岱年、任继愈、杨向奎等著名学者在主席台就座。会议重点讨论了墨子的里籍和时代、墨家思想体系、墨家历史地位、墨学现代意义等问题。对这些问题,专家们进行了民主、热烈的讨论。多数学者认为,墨子里籍就在今天的山东滕州市;墨家思想在中国传统文化中应当占有一个重要位置;研究和弘扬墨学,必能提高民族自尊心、自信心,为创造有中国特色的社会主义文化服务。会议共收到论文 30 多篇。会后论文由张知寒主编、山东大学出版社出版了《墨子研究论丛》第一辑(1993 年 12 月第 1 版),收录论文 36 篇和专家讲话 17 篇,共 36.4 万字。

2.国际学术讨论会

(1)首届墨学国际研讨会

1992 年 10 月 6 日至 10 日,由中国墨子学会、山东大学和滕州市联合主办的首届墨学国际研讨会在山东滕州召开。来自美国、瑞士、南斯拉夫、韩国、中国台湾和内地的 120 多名专家学者出席会议。全国人大副委员长费孝通,中宣部副部长徐惟成,中共山东省委常委、宣传部长董凤基等中央、省、市党政领导 35 人亲临会议。新华社主任记者刘关权、傅洪德,人民日报社首席记者张鲁成,大众日报社高级编辑王家寿等共 20 多个新闻单位的 40 多名新闻工作者对大会进行了专题采访和报道。会前,全国人大常委会副委员长楚图南，国家科委主任宋健，国务院古籍整理规划小组组长、原南京大学校长匡亚明教授，北京大学中国传统文化研究所所长张岱年教授等16位领导、专家向大会发来贺电、贺信。中顾委常委张爱萍，全国人大常委会副委员长彭冲、楚图南，国务委员、国家科委主任宋健，全国政协副主席、中国社会科学院院长胡绳，解放军总后勤部政委周克玉，海军司令员李景，全国政协常委杨斯德、贾亦斌，著名学者、书画家蔡尚思、张岱年、臧克家、姚雪垠、魏传统、武中奇、王学仲、孙仲翔、梁斌、宗惟成等42人为大会题词祝贺。其中国务委员、国家科委主任宋健的题词是："唯物师祖，科圣墨翟。"会议共收到专著7部、论文97篇。会议就墨子的政治、军事、经济、伦理、教育、宗教思想和科学成就进行了深入探讨。与会者普遍认为墨子不仅人文思想丰富，至今闪耀着真理的光芒，而且墨子也是一个伟大的科学家，他对中国乃至世界的科技发展都做出了巨大贡献；很多学者认为，要挖掘墨学的现代价值，用以指导现代生活；墨家提倡的兼爱、非攻、强本节用、勤奋劳作、为民兴利除弊等对当代社会发展具有极其重要的价值。墨家摩顶放踵以利天下的为民服务的精神，赴火蹈刃、死不旋踵的自我牺牲精神，力行实践、积极进取的求实奋进精神都值得令人取法。会后，会议论文由张知寒主编、山东大学出版社出版了《墨子研究论丛》第二辑（1993年12月第1版），收入论文55篇，共49.6万字。

（2）第二届墨学国际研讨会

1994年8月18日至21日，由中国墨子学会、山东大学和滕州市联合举办的第二届墨学国际研讨会在山东大学召开。任继愈、杨向奎、颜道岸等中国大陆、台湾地区、澳门地区和美、日、韩国的121位专家学者参加了会议。会议共收到《墨经数理研究》等专著6部，论文96篇。会议重点讨论了三个问题:①《墨经》对自然科学与逻辑学的贡献。多数学者认为,《墨经》中蕴含着中国逻辑学的文化基础。要对《墨经》产生的条件(知识状况、社会背景)做出深入研究,进而可以了解墨家逻辑学的整体思维特性;但也有学者认为,《墨经》逻辑学并没有摆脱笼统性思维的模式束缚,因而对它在形式逻辑方面的成就不可估计过高。②墨子学说对人类面临的"和平与发展"主题应有的作用。与会者一致认为,墨子的"尚贤"政治学、"节用"经济学、"兼爱"伦理学、"尚同"社会学、"非攻"军事学以及文学艺术和科技文化诸方面,都为当今人类"和平与发展"的时代主题提供了可资吸收的思想文化精神。③墨子学说与当代经济发展的关系。论者普遍认为,今天我们借鉴墨子的学说则能够"务实而唯用",起到"兴利除弊"的作用;墨子的"兼相爱、交相利"的精义即代表了国际间经济贸易、文化科技交流的基本准则。会后,有关论文由张知寒主编、山东人民出版社出版了《墨子研究论丛》第三辑(1995年10月第1版),收入论文55篇,专家讲话和贺信贺电11篇,共53万字。

(3)第三届墨学国际研讨会

1997年8月20日至23日,由中国墨子学会、山东大学、山东省社会科学联合会、山东墨子基金会和滕州市联合举办的第三届墨学国际研讨会在山东济南召开,来自中国大陆、台湾地区和韩国、日本、新加坡、美国、瑞典的130名领导、专家、学者出席会议。会议共收到论文64篇,专著及专刊8种。会议主要讨论了以下几个问题:①关于墨家哲学与当代哲学。多数论者认为,墨家哲学的创造性思维和理论成果具有重要的现代价值。②关于墨子的军事思想。论者认为,墨子也是伟大的军事家,《墨子》城守各篇应看成是积极防御的军事经典。③关于墨子的科技思想。有的专家提出，《墨经》所包含的力学、光学、数学、物理学，在当时是非常杰出的，甚至在不少地方超过了古希腊。④关于墨子的教育思想。论者普遍认为，墨子的教育思想自成体系，举其教育目的、教育原则、教学方法、教学科目、教学心理都相当完整，墨子又培育出一大批杰出的弟子，因而他是当之无愧的中国古代伟大的教育家。会后，向大会提交的有关论文由张知寒主编、齐鲁书社出版了《墨子研究论丛》第四辑(1998 年 12 月第 1 版)，共收入论文 48 篇，领导专家贺电、贺信等 9 篇，计36 万字。

(4)第四届墨学国际研讨会

1999 年 8 月 18 日至 20 日，由中国墨子学会，山东大学、山东省社会科学联合会、山东省墨子基金会和滕州市联合主办的“第四届墨学国际研讨会”在山东省滕州市召开。来自美国、日本、韩国、中国内地及港台地区的 60 余名专家学者出席了会议。会前，国家图书馆馆长任继愈教授和中共山东省委副书记吴爱英为由中央军委副主席刘华清题写馆名的墨子纪念馆揭牌。大会共收到论文 40 余篇、专著 6 部。与会代表主要就以下问题进行了深入的探讨:①墨学研究的百年回顾。论者就百年来墨学研究进行了分期，对其研究内容、研究成果、研究特点进行了分析。一致认为，墨学在沉寂两千年后在“现代复活”，重新成为“天下显学”，其成果足以令后世瞩目。②墨家逻辑学研究。多数学者认为，墨家逻辑在体系上相当完整，内容上可与西方逻辑对照和互补，既不是“完全不同”，也不是“完全等同”。也有部分学者认为，提出墨家逻辑一词欠妥，墨家逻辑还不是探求和认识科学真理的工具。③关于墨家经济伦理思想。论者认为，墨家既贵义又尚利，把义利并重、义利互动作为调整人们物质利益关系的原则,在市场经济条件下,不论对社会主义的中国还是对资本主义的西方都具有重要的指导意义。这次会议的论文,会后由王裕安主编、齐鲁书社出版了《墨子研究论丛》第五辑,共收入讲话3篇,贺信3篇,论文48篇,计34.2万字。

(5)第五届墨学国际研讨会

2001年7月15日—18日,由中国墨子学会、国防大学、山东大学、滕州市委、滕州市政府联合举办的第五届墨学国际研讨会暨王玉玺书古今名人评墨子书法艺术展,在北京召开。7月15日,在人民大会堂举行了山东省人大常委会副主任、中国墨子学会名誉会长、中国书法家协会理事、山东省书法家协会名誉主席王玉玺书古今名人评墨子书法艺术展开幕式。中共中央政治局委员、全国人大常委会副委员长姜春云,全国人大常委会副委员长王光英出席了开幕式。7月16日,全国政协副主席、原中央军委委员赵南起,全国人大常委会原副委员长、中国墨子学会首席名誉会长费孝通等国家领导人,中国人民解放军李景、李继耐等10位将军和来自美国、日本、韩国及中国内地和台湾地区的专家学者、各级新闻媒体工作者共200余人参加了大会开幕式。会议共收到学术论文60余篇,专著20余部,在会议论文中,军界学者的论文约占三分之一,其中将军的论文有六篇。大会围绕"墨子的军事思想与当代世界和平与发展以及墨子的逻辑学、墨学与两个文明建设"等,展开了深入的研究。与会专家学者认为,《墨子兵书》与《孙子兵法》,各研守、攻,相辅相成,是我国古代军事史的"双璧"。在这世纪交替的历史时刻,研究和弘扬墨子的优秀思想,思考和探索维护世界和平、促进人类发展的途径,这反映了世界人民的共同愿望。中央、省、市等二十多家新闻媒体向全国乃至世界全面报道了大会盛况,影响之大是空前的。会后，有关论文由王裕安、李广星主编、北京图书馆出版社出版了《墨子研究论丛》第六辑(2004年10月第一版)，收入论文54篇，共78万字。

(6)第六届墨学国际研讨会暨《墨子大全》首发式

2004年12月26日至29日，第六届墨学国际研讨会暨《墨子大全》首发式在北京举行。开幕式和《墨子大全》首发式在人民大会堂举行。本届研讨会由中国墨子学会、中国工程院、山东大学、枣庄学院、中共滕州市委、滕州市人民政府联合举办。党和国家部分领导人，省、市级领导，中国内地、港台地区和俄罗斯、韩国、日本等国家的墨学专家及社会各界墨学爱好者、艺术界知名人士，各级电视台、报社等新闻单位共400余人参加开幕式。全国人大常委会副委员长何鲁丽、全国政府协副主席郝建秀出席了开幕式并为《墨子大全》首发式揭彩。学术研讨会在北京国际饭店举行。会议收到墨研论文96篇，专著9部。与会专家学者围绕以下几个问题展开广泛的讨论和交流:①"墨子的科技思想"。多数论者认为，墨家在自然科学方面有惊人的发明和发现，研究墨子的科学思想，不仅可以加深对墨学和古代科技的认识，而且对现代科学研究也具有重要的借鉴价值。关于墨经的研究，与会学者认为，墨经的科学精神，是中国传统文化中有重要现代价值的亮点，弘扬《墨经》科学精神，有助于实现科教兴国，提高中华民族科学素质，发展先进文化。②"科技与我国现代化经济"。论者认为，社会的发展，离不开科学技术的运用和发展，墨家的科技思想和社会实践，是时代的需要，推动了社会的发展和进步，直到今天仍有其旺盛的生命力。会后，与会论文由王裕安、李广星主编，北京图书馆出版社出版了《墨子研究论丛》第七辑(2006年12月第1版)，收入论文76篇。

(7)第七届国际墨子、鲁班学术研讨会

2008年5月16—18日,由中国墨子学会、山东大学、枣庄学院、滕州市委、滕州市政府联合举办的首届国际墨子文化节暨第七届国际墨子、鲁班学术研讨会在滕州市举行。全国人大常委会副委员长周铁农,中共中央委员、中央军委委员、解放军总政治部主任、中国墨子学会顾问李继耐,解放军总参谋部原副总长、中国墨子学会名誉会长李景,中央对台办原主任、中国墨子学会顾问杨斯德,中华全国工商业联合会副主席沈建国,国家图书馆名誉馆长、中国墨子学会名誉会长任继愈,中国先秦史学会理事长李学勤分别发来贺电、贺信,对首届国际墨子文化节暨第七届国际墨子鲁班学术研讨会的举办表示祝贺。山东大学党委书记、中国墨子学会会长、山东省社科联主席朱正昌,省人大常委会原副主任、中国墨子学会名誉会长王玉玺,中华全国总工会书记处原书记刘实等领导出席开幕式。本届研讨会共邀请来自美国、英国、韩国、日本及中国内地、港台地区的专家学者150多人参加。共收到论文88篇,其中墨子研究论文76篇,鲁班研究论文12篇,收到墨学专著26部。与会专家学者围绕"墨子、鲁班思想的现实意义","墨子、鲁班文化如何走向世界"进行了积极的探讨。新华社、人民日报、光明日报、中央电视台等60多家新闻媒体及新华网、新浪网、网易网、百度网、搜狐网、滕州在线、中国墨子网等门户网站,向海内外全面系统地报道了大会的盛况。

(8)首届墨子"小孔成像"国际学术研讨会

2007年9月25—27日,中国墨子学会、中国艺术摄影协会、齐鲁实业家摄影文化促进会、山东工艺美术学院、东方国际摄影艺术促进会和滕州市委、市政府联合主办的(首届)"墨子小孔成像国际摄影学术研讨会”在滕州举行。来自美国、英国、法国、德国、意大利、比利时、爱尔兰、日本等20多个国家和地区的60余位摄影大师和著名摄影家、墨学研究专家学者出席了会议。美国职业摄影家协会主席杰克·瑞兹尼克,联合国摄影协会特派员、摄影评论家、策展人薇姬·戈德堡,国际摄联EFIAP英国图片社总裁基恩·保罗,意大利摄影艺术联合会展览委员会主席蒙奇·西尔瓦诺,法国摄影大师塞尔日·阿西耶,中国北京电影学院教授、评论家杨恩璞等先后发言。研讨会上,中外摄影专家各抒己见,畅所欲言,对墨子思想和摄影学术理论进行了多角度、深层次的探讨,对墨子“小孔成像”原理为世界摄影学术发展作出的贡献给予了高度评价。一致认为“墨子是世界上探讨摄影光学的第一人”,“摄影光学理论和实践的开拓者”,可称为“摄影光学之父”,滕州“是世界摄影术最早发源地”。本次研讨会从光学的角度,向世界宣传推介了墨子,改写了西方人发明摄影术的历史,为滕州、中国乃至整个东方争得了荣誉,具有十分重要的意义。

(9)第二届墨子“小孔成像”国际学术研讨会

2008年10月14—16日,中国墨子学会、中国艺术摄影协会、齐鲁实业家摄影文化促进会、山东工艺美术学院、东方国际摄影艺术促进会和滕州市委、市政府联合主办的第二届墨子“小孔成像”国际摄影学术研讨会在滕州举行。来自美国、英国、法国、德国、意大利等20多个国家和地区的100多名摄影名家和墨学研究专家汇聚一堂,求根溯源,抚今追昔,共同围绕“墨家小孔成影实验论倒影像术的产生与发展”,“墨子小孔成像原理在摄影术中的应用”,以及“挖掘保持‘小孔成像’非物质文化遗产”进行了深入研讨。美国罗切斯特摄影学院院长威廉姆·杜伯斯、专家王瑞分别用幻灯演示的方式介绍了墨子“小孔成像”原理在摄影术中的应用。国际摄联秘书长布西认为，墨子“小孔成像”是国际摄影术的理论始祖，应该得到更多的认可。研讨会充分肯定了墨子“小孔成像”理论对世界摄影术的形成发展所起到的重要作用，明确了墨子故里在世界摄影史上的重要位置。

（三）主要研究特点

20 世纪最后 10 年的墨学研究成果与前 10 年、前 90 年相比，有着以下显著特点：

首先，概括性、通论性和全面性大型研究著述集中出现。以往的墨学成果多是研究墨学一个侧面，属专题性的。这种作业方式的优越性是，便于进行窄而深的专题追索，短处则是容易“只见树木，不见森林”，不利于在更大面积上普及。而 90 年代出版的这批成果多是在专题研究的基础上形成的，既具通识又不乏专精。其中孙中原的《墨学通论》（1993 年版），“以对墨子论述的系统性和对墨家逻辑分析的深刻性为人称道”[1]。谭家健的《墨子研究》（1995 年版），规模宏大，40 万字，该书前 14 章每章最后一节，都是关于墨子学说与先秦诸子及后世思想家相关论述的比较研究，学术价值甚高。杨俊光所著《墨子新论》，被专家推许为“是目前对墨子作比较全面细致论述的专著”[2]。台湾王赞源“以他专深精到的《墨子》（1996 年版）一书为广大的墨学同道所知”[3]。

其次，挖掘、阐释、强调墨学的现代价值，成为墨学研究的一个重点。20 世纪最后 10 年，以出版的《墨子研究论丛》（一）、（二）、（三）、（四）辑（张知寒主编）、《墨学与当今世界丛书》（10 册，张知寒主编）、《墨学与现代文化》（孙中原著）和论文《贵义、兼爱与企业最高目标》（王赞源著）为代表，墨学研究者十分注意对墨学现代价值

[1] 曾繁仁：《千年绝学的伟大复兴》，《文史哲》1999 年第 6 期。

[2] 谭家健：《墨子研究》，第 371 页。

[3] 谭家健：《墨子研究》，第 375 页。

的挖掘和阐发。这些成果"既有对墨学本身的准确把握,也有对现代社会的深刻理解,真正做到了古今呼应"[1]。在同期的墨学研究成果中,关于墨学现代价值的成果之所以占了相当大的比重,是因为在先秦诸子中,最具有入世精神和救世情怀的是墨子和墨家。墨子思想本身所包含的"反战争、反特权、反等级、反腐败、倡和平、主兼爱、尚廉洁、贵平等、重生产、重科技等,具有永恒和普世的价值"。

其三,国内墨学研究者开始协作共研,海内外墨学专家的对话交流大大加强。从1991年山东大学、滕州市墨子研究中心成立为标志,墨学研究破天荒地步入了由国家支持的有组织有领导的历史新时期。国内墨学专家在中国墨子学会的领导组织下,开始携手共研墨学课题。《墨学与当今世界》丛书即是这种合作研究的重要成果。1992年以来,截止到2000年底,墨学国际研讨会已召开了四次。不同国家、地区的墨学专家的到来,给中国大陆的墨学研究注入了新的活力。基于不同的文化教育背景和价值视角,海外墨学专家们提供了他们对墨学的独特观察与心得,发现了一些从未发现的思想,提出了一些从未提出过的问题,从而极大地丰富和推动了中国大陆的墨学研究。可以认为,跨国界、跨地区的墨学学术对话将会继续下去,这是墨学在21世纪繁荣的不可或缺的必要条件。

(四)主要研究成果

20世纪最后20年,墨学研究成果累累。据不完全统计,共出版墨学研究著作80多种[2],发表墨学论文1000多篇[3]。

1.关于墨子里籍问题

在墨子里籍问题研究上的突破,是20世纪墨学复兴的重要成果。

到19世纪二三十年代,关于墨子里籍问题已出现7种观点:

❶曾繁仁:《千年绝学的伟大复兴》,《文史哲》1999年第6期。

❷根据2001年6月查阅到的墨学著作统计。

❸根据张知寒主编的《墨子研究论丛》第3辑谭家健所作的统计,再加上已出版的《墨子研究论丛》第3、4辑发表的论文计算,共726篇,分类情况如下:一、综论:154篇;二、生平、著作:44篇;三、政治社会思想:99篇;四、哲学思想:122篇;五、经济、艺术思想:54篇;六、宗教思想:32篇;七、《墨经》综论:20篇;八、逻辑思想:95篇;九、自然科学:40篇;十、文章写作、文字训诂:66篇。1994年以后散见全国各报刊发表的墨学论文大约有300篇,总计1000多篇。

(1)宋人说。晋人葛洪、唐人杨倞、今人黄世瑞主此说。(2)齐人说。今人宋正方主此说。(3)印度人说。今人胡怀琛主此说。(4)阿拉伯人说。今人卫聚贤主此说。(5)孤竹国之后说。今人蒙文通、舒大刚认为,齐桓公时,孤竹逸民被掠,居于齐鲁,后有晏婴、墨翟。(6)楚人说。清人毕沅、武亿主此说;今人刘蔚华、郭成智进一步认为墨子是楚之鲁阳人。(7)鲁人说。东汉人高诱、清人孙诒让、梁启超,今人章太炎、钱穆、陈柱、方授楚、张纯一、鲁迅、郭沫若、范文澜、栾调甫、高亨、张岱年、任继愈、蔡尚思、杨向奎、孙中原、谭家健都主此说。鲁人说是从古至今治墨者的主流认识。

张知寒在墨子是鲁人说的基础上,进一步提出墨子为鲁国所属的小郳国人:"公子目夷实为第一代目夷子,而墨子可能就是出生于小郳国的末代目夷子。"[1]小郳国的具体地望在现在山东省滕州市。他列举了如下证据:(1)从墨子的家世起源看,墨子应为宋国公子目夷之后。(2)从墨子思想学术渊源看,墨子思想只能是"郳娄文化"的产物。(3)从墨子科学技术成就看,墨子出生在当时科技最发达的有"郳娄百工"之乡称号的三郳地区。(4)从墨子生活习惯看,他也属于东夷文化浸润下的小郳国人。[2]

张知寒提出的墨子为小郳国人说,在20世纪90年代得到了国内外以张岱年、蔡尚思、任继愈、杨向奎、孙中原、谭家健、王赞源、史墨卿、李绍崑、张尚德、李云九等为代表的大多数墨学研究者的赞同。

与张知寒"墨子为小郳国人说"继续争鸣的是以刘蔚华、郭成智为代表的鲁阳人说。他们坚持墨子应为楚之鲁阳人,并于1997年10月在河南省鲁山县召开墨子学术讨论会[3]。会上刘蔚华等提出了墨子为鲁阳人的若干论据:(1)清人毕沅、武亿的见解。(2)清

[1]张知寒等:《墨子里籍考论》,第62页。
[2]张知寒等:《墨子里籍考论》,第5页。
[3]此次会议报道详见1998年第1期《中州学刊》。

修《鲁山县志》的记载[1]。(3)《墨子》等书记载墨子与鲁阳文君的交往,墨子众多弟子都是楚人,墨子在楚国的频繁活动。(4)鲁山县的关于墨子的古迹、传说等。

1999年,孙以楷在赞同墨子为小邾国人说的基础上,进一步提出了墨子生于鲁、长于鲁、成于鲁、仕于宋、死于楚国鲁阳的观点,得到了大多数墨学研究者的赞同[2]。

2.关于墨子、墨学的学术地位和墨学的当代价值

20世纪最后20年,论者注重墨学当代价值的研究,在著作和论文中都有不同程度的涉及。其中张知寒主编的《墨学与当今世界》丛书,孙中原的《墨学与现代文化》就是把墨学研究与中国的现代化建设、与当今世界发展结合起来的代表之作。

从总体上看,中国学术界对墨子、墨学普遍给予了高度评价,对墨学的当代价值也予以充分肯定,任意贬低或全盘否定墨子和墨学的观点已不多见。对墨子学说的各种具体观点的评价,大致情况是:对兼爱、非攻、尚贤、节用、节葬、非命,基本上都是肯定的,也有论者认为兼爱动机虽好,却不能实现;对于尚同,多数人肯定,甚至认为有民主法制因素,也有人认为尚同发展下去就会导致专制;对非乐不少论者持批评态度,也有人为之辩护;对于尊天明鬼,分歧很大,尤其与非命是否矛盾,见解不一;对墨家的逻辑和自然科学成就,多数论者给予高度评价。

张岱年指出:"墨子出身工农,所以能极端刻苦,丝毫不要享乐,墨子及其弟子的精神可歌可泣。"[3]他又指出,"墨子将君子之道与百工之事统一起来,将道与技统一起来","对于自然科学如物理学、几何学等有较深的探索","墨子又注重谈辩,因而墨子后学对形式逻辑有较大贡献","墨子学说表现了人道主义与科学精神

[1] 楚国鲁阳文君的封地,据专家考证,即今河南省鲁山县。
[2] 孙以楷:《墨子生平考述》,参见1999年8月孙以楷在第四届墨学国际研讨会上的发言。该发言被录入张知寒主编的《墨子研究论丛》第五辑。
[3] 张岱年:《学术文化随笔》,中国青年出版社1996年第1版,第215页。

的结合”,“在今天看来，仍具有卓越的价值”,“比孔子来看更符合现代精神”,“我们应该发扬墨子的救世精神和科学精神”。①

蔡尚思认为，由于墨子具有“反宗法血缘关系的大公无私”,“强调人力否定宿命论的绝对正确”,“强调人类必须加紧生产，努力工作，才能生存”,“强调节省不必要的消费，反对厚葬久丧，主张节用节私”,“主张有力相劳、有财相分、有道相教”,“为人太多，自为太少，甚至只知损己杀人去利天下”,因而,“墨子在中国思想文化史上的价值是超过任何一家学派的”。②“墨子大部分思想与精神，在中国文化史上是无比伟大的。中国出了一个墨子，是最值得中国人民骄傲的。”③

1998年8月18日，在第四届墨学国际研讨会上，中国墨子学会会长、山东大学校长曾繁仁对墨子和墨学给予历史定位:“墨子是世界历史上第一个最集中、最系统反映下层劳动人民利益的伟大的平民思想家，墨子是世界历史上第一个完全站在弱小国家立场上提出了一系列反战理论与防御战略的伟大军事家，墨子也是世界上足以同古希腊诸多科学家比肩的第一个东亚的伟大科学家。”④对这三个“第一”的评价，大部分墨学研究者是赞同的，并认为这是20世纪墨学研究的主要收获之一。

对于墨学的当代价值，论者普遍认为，21世纪人类将走向以信息科学为标志的知识经济时代，人类的生存方式将极大改善，生活质量也将全面提高。但人类也面临着一系列严肃的问题：环境问题、贫穷问题、精神危机问题、人口膨胀问题、强权政治问题等等，都威胁着人类。而世界的两极分化，强权政治的发展，贫穷与战争的蔓延，使广大的第三世界弱国、小国的贫苦人民的基本人权与生存权被威胁的问题尤为突出。这就使21世纪弱国贫苦人民为争取

①张知寒主编:《墨子研究论丛》第1辑，第34页。
②张知寒主编:《墨子研究论丛》第1辑，第52页。
③蔡尚思:《中国古代学术思想史论》,第187页。
④曾繁仁:《千年绝学的伟大复兴》,《文史哲》1999年第6期。

基本人权与生存权、抗击强权政治、争取民族复兴与强大的斗争成为时代的主旋律之一。在这种时代大局下,墨学显现出的特殊价值和意义主要反映在以下几个方面:

首先,墨子提倡不分贵贱与血缘的无区别的"兼爱",反对讲贵贱与血缘的"别爱",这就彻底地把第三世界弱国小国人民的生命价值与发达国家大国富国人民的生命价值放到完全平等的地位上,"兼爱"思想就成为第三世界人民争取和捍卫基本人权和生存权的重要根据。1991年5月,中共中央总书记江泽民在访问俄罗斯时,曾引用墨子"强不执弱,富不侮贫"来阐明中国以平等互利为宗旨的安全观。中国人民解放军上将李景认为,墨子"提出的'兼相爱,交相利'的处理国家关系的准则,对于今天的国际环境来说,则具有普遍意义"[①]。

其次,墨子倡导"非攻"不是一般的反对战争,而是反对恃强凌弱的侵略战争,并且创造了一系列以弱胜强、以小胜大的理论和战略战术,这对于当前反对强权政治、抵御不义的侵略战争,乃至鼓舞弱小国家的人民在强国侵略欺侮面前树立必胜的信念,都有重要意义。

第三,墨子提出"非命"理论,严厉批判了"命富则富,命穷则穷"的思想,认为劳动人民只有抗击命运自强不息,才能摆脱贫穷,求得温饱。这种强力从事、自强不息的精神是中华民族最优秀的传统之一。在新的世纪,中华民族肩负着民族复兴的伟大历史使命。要发展经济,摆脱贫穷,壮大国力,建设社会主义现代化强国,必须要克服重重困难和阻力。在这种情况下,墨子的非命思想就成为中华民族复兴的强大精神动力。

第四,墨子及其后学具有鲜明的科学精神,并取得了很高的科

①李景:《弘扬墨家军事学说,促进世界和平与发展》,李景上将在2001年人民大会堂第五届墨学国际研讨会上的讲话。

学成就，这成为新时期增强民族自信心，发展科技，贯彻“科技兴国”战略方针的精神基础。中国人民要迎接知识经济的挑战，尽快走向繁荣富强，就必须崇尚科学，反对迷信，凭借科学技术这个先进的武器去创造中华民族的辉煌。

也有的论者指出，墨学有其时代、阶级的局限性，因而包含一些消极因素。对于墨学的当代价值要实事求是地加以分析，“似乎墨家提倡的一切都可以适用于现代社会，这显然是不科学的”[1]。

3.关于墨子的军事思想

墨子及其弟子创立了中国古代积极防御的军事学，墨子是中国古代伟大的军事家，这已成为墨学研究者的共识。

(1)墨子的战争观在中国古代是最为进步的：他爱人利人，酷爱和平，“反对残暴君主的穷兵黩武，但又不反对正当的武力，主张以‘诛无道’的正义战争，去反对‘攻无罪’的不义战争，还把劳动群众看成是克敌制胜、夺取战争胜利的重要力量”[2]。因而墨子的战争观比同时期的孙子、孔子都要进步。

(2)墨子积极防御的军事思想非常深刻，“在当时具有战无不胜的实战效益”[3]。墨子取守小国、弱国的立场，其军事思想“可称之为注重‘救守’的反侵略战争思想”[4]。他对大国、强国发动的侵略战争，提出了有备无患和和平备战，从内政、外交、经济、财力等方面做好全方位防御，建立赏罚分明、高效畅通的防御和指挥系统以及调动一切积极因素进行全民战争的一整套军事思想。

(3)墨子、墨家在研制城防工程和攻防武器方面成就巨大。从现存《备城门》以下11篇看，墨家根据当时实际作战的需要，把他们掌握的高水平的科学技术运用于军事工程和兵器制造，“发明和制作了威力无比的防守武器和科学完善的防守工程”[5]，“贯串了

❶谭家健：《中国近二十年之墨学研究》，见《齐鲁学刊》2000年第1期。
❷李继耐、张希宇：《论墨子的军事防御思想》，见《文史哲》2000年第3期，第36页。
❸解放军参谋学院政委李殿仁少将于1997年8月21日“在第三届墨学国际研讨会上的讲话”，见张知寒主编《墨子研究论丛》第4辑。
❹李殿仁：《墨学与当代军事》，中国书店1997年第1版，第16页。
❺颜道岸：《三论墨子学派在军事科学和军事工程科学上的杰出贡献》，见张知寒主编《墨子研究论丛》第3辑（山东人民出版社1995年第1版），第232页。

土木、机械、光学、声学等科技的伟大成就”[1]。论者对墨子军事思想和兵学圣典《孙子兵法》进行了对比研究，认为《墨子》守城各篇，与“主要研究大国进攻战规律的《孙子兵法》，恰好成为古代军事史上的‘双子星座’”[2]，二者同中有异，异中有同，互为补充，同是中国古代重要的军事经典。有的论者甚至认为，孙子“在写《孙子兵法》时，研究了墨家军事，并受其影响，当是确定无疑的”[3]。

4.墨子的教育思想

论者普遍认为，墨子继承了孔子的许多教育思想，同时又进行了创新，提出了独特的教育理论、独特的教育目标、独特的教育内容、独特的教育方法，取得了巨大的教育成就，因此他与孔子同为中国历史上伟大的教育家。

首先，墨子提出了独特的教育理论。

孔子提出了“性相近也，习相远也”[4]，认为人的先天本能和素质相近似，后天的环境、教育和自我努力程度导致人性上的差异。但同时他又把人分作“生而知之者”、“学而知之者”、“困而学之者”和“困而不学者”[5]，认为老百姓是“困而不学”的。从而对下层民众的受教育能力提出了怀疑。墨子则主张人性如素丝，“染于苍则苍，染于黄则黄”[6]。人性本没有什么差别，接受后天的教育如同“染丝”一样，接受什么样的教育便会被什么感化，教育是改造和陶冶人的基本途径。 在中国古代教育史上，墨子开始实行“打破亲疏、智愚不平等的有道教人”[7]。

其次，墨子提出了独特的教育目标。

孔、墨都主张通过教育培养人才，达到积极救世的根本目的。但在教育培养目标上，孔子培养讲“仁爱”、通“六艺”的君子，墨子则是培养“兴天下之利，除天下之害”[8]的“兼士”。“兼士”即只知有

❶颜道岸：《再论墨家学派在科学上的杰出贡献》，见张知寒主编《墨子研究论丛》第2辑（山东大学出版社1993年第1版），第335页。
❷张知寒：《略论墨子积极防御的军事学》，见张知寒主编《墨子研究论丛》第3辑，第241页。
❸李殿仁：《墨学与当代军事》，第27页。
❹杨伯峻：《论语译注》，第181页。
❺杨伯峻：《论语译注》，第171页。
❻《墨子·所染》。
❼蔡尚思：《中国古代学术思想史论》，第187页、175页。
❽《墨子·兼爱下》。

人、不知有己、“兼相爱，交相利”的义士，能够实行“有力者疾以助人，有财者勉以分人，有道者劝以教人”[①]的墨家主张。

第三，墨子提出了独特的教育内容。

墨子对儒家的教育内容采取择善而从、不善者弃之的态度。孔子教育弟子做到“文、行、忠、信”，身通六艺，教学重点放在品德和文学上。墨子当然也十分重视品德教育，同时他从培养“兼士”的目标出发，把自然科学知识、生产劳动知识、军事防御知识和“辩学”（即墨家逻辑）知识列入必修教学课程。这是儒家教育中根本没有的。墨子是中国古代教育史上最早对学生进行科学和生产知识以及逻辑知识教育的教育家。

第四，墨子提出了独特的教育方法。

墨子继承了孔子因材施教、学思并重、身体力行的教育方法，同时，他在教学中偏重注入式教学，强调要“强教”、“强为”，而且要不厌其烦。他还重视学生掌握实际操作和科学试验的方法，锻炼学生的实际工作能力和抽象思维能力。

第五，墨子的教育事业取得巨大成就。

墨子在世之时，“徒属弥众，弟子弥丰，充满天下”[②]，已被誉为“北方贤圣人”[③]。墨子去世后，墨学成为与儒学分庭抗礼的“天下显学”。特别应该指出，墨子把诸如高何、县子石等原为齐国暴徒、素为乡人痛恨的“刑戮死辱之人”，教育培养成为品行才智俱佳、备受王公大人称赞礼遇的“天下名士显人”[④]，这不能不归功于墨子教育思想的巨大力量。

5.墨家逻辑的研究

1978年—2008年，大约出版墨家的逻辑著作10多种（有些是在《中国逻辑史》或《先秦逻辑史》中列专章论述），发表有关论文约

①《墨子·尚贤下》。
②《吕氏春秋·当染》。
③《渚宫旧事》。
④《吕氏春秋·尊师》。

150篇。其中沈有鼎《墨经的逻辑学》(1980年版)、陈孟麟《墨辩逻辑学》(1979年版)、孙中原《中国逻辑史(先秦)》(1978年版)、温公颐《先秦逻辑史》(1983年版)、庄春波《墨学与思维方式的发展》(1997年版)是其代表作。特别是沈有鼎的《墨经的逻辑学》,被专家公认为"从《墨经》中揭示出一个相当完整的具有中国特色的逻辑学体系","论述精当,粗具奠基性质"①。

这一时期,论者对墨家逻辑的许多问题进行了深入探讨和争鸣,争论的问题和观点大致有如下几个方面:

(1)墨学中究竟存在不存在逻辑学?崔清田、张斌峰为代表的学者认为,墨家辩学与西方逻辑的"目的、对象、性质、内容均不相同",西方逻辑是为人们提供认识科学真理的工具,墨辩"不是探求和认识科学真理的工具"②,因而提出"墨家逻辑"一词欠妥当。孙中原等许多学者则认为,使用"墨家逻辑"一词,并不意味着"把墨辩等同于西方逻辑";墨辩与西方逻辑是可以进行比较的两个个体,它们有相同和不同两个方面:不是"完全不同",也不是"完全等同";实际上"墨家逻辑也是探求和认识科学真理的工具,在思维形式和规律论方面,墨辩与西方逻辑在本质上是一致的"③。

(2)墨家逻辑应为何种逻辑?目前大陆学者分成三派:一派以中国社会科学院哲学研究所某些学者为代表,认为墨家逻辑基本上就是形式逻辑;另一派以中国人民大学哲学系某些学者为代表,认为墨家逻辑除形式逻辑外,还应包括墨家辩证逻辑和语言逻辑;第三派以南开大学哲学系某些学者为代表,认为要结合文化史,广泛联系哲学、政治学、经济学加以研究,墨家逻辑到底属何种逻辑,尚需深入研究。

(3)对墨家逻辑应作何种评价?沈有鼎、高亨、孙中原、陈孟麟、

①谭家健,《中国近二十年之墨学研究》,见《齐鲁学刊》2000年第1期。
②寿元:《第四届墨学国际研讨会综述》,见《文史哲》1999年第6期。
③孙中原:《墨家逻辑研究的回顾与展望》,见王裕安主编《墨子研究论丛》第5辑,第224—236页。

谭家健等专家以及大部分墨学研究者，在充分肯定梁启超、胡适评价的基础上，又给予了新的评价：墨家逻辑“代表了中国古代逻辑学的光辉成就”，中国古代逻辑学，到了《墨经》，“就同登上高峰一样。《墨经》不仅在古代，就是在现时，也还是逻辑学的宝库。”[①]墨家逻辑“比之亚氏逻辑、印度因明是比较朴素的，但是《墨经》逻辑亦有其独到精湛之处”，“在整个人类思维方式发展史上具有里程碑的意义”[②]。另外，仍有少数学者认为，墨家逻辑由于缺乏明确的逻辑表达形式，逻辑思想也不系统，不应作过高评价。

(4)墨学逻辑形成于何时以及墨子对墨家逻辑有何种贡献？胡适、沈有鼎、孙中原等一部分学者的基本思想是：墨家逻辑主要反映在《墨经》中，《墨经》是墨家后学所作，因而墨家逻辑形成于墨子去世后的战国中后期，墨子对墨家逻辑建立有倡导之功。杨俊光进一步认为：“中国古代逻辑思想的集大成和第一个粗具规模的逻辑学科学体系的创建之功，属于墨子后学”，“墨子本人也已经提出并研究了逻辑科学的最基本的概念，对于思维的逻辑形式和逻辑的基本规律，亦做出了重要的研究和阐发”，因而墨子是“这一历史功勋(指墨家逻辑)的奠基者，亦属不可磨灭”。[③]多数论者对“墨家的逻辑，导源于墨子,而完成于墨家后学”是赞同的[④]。詹剑峰则有不同认识：“墨子在二千五百年前就奠定了同一、必异、排中、毋矛盾四条逻辑思维的基本规律”，“建立了一套初具规模的辩学（逻辑）”[⑤]。

这时期对墨家逻辑研究取得的重要成绩表现在以下三个方面：

(1) 沈有鼎对墨家逻辑研究的突出贡献

沈有鼎(1908—1989)既有中国古文字学、训诂学的深厚素养，又精通西方和现代的逻辑学、科学知识，大半生矢志钻研墨家逻

❶沈有鼎：《沈有鼎文集》，人民出版社1992年第1版，第311页、360页。
❷孙中原：《墨学与现代文化》，中国广播电视出版社1998年第1版，第188页、187页。
❸杨俊光：《墨子新论》，第179页、178页。
❹杜国庠：《杜国庠文集》，人民出版社1962年第2版，第545页。
❺詹剑峰：《墨子的哲学与科学》，第125页、124页。

辑，与梁启超、胡适同为中国现代著名的墨家逻辑研究家。沈有鼎从新中国成立之初开始发表墨学论文，代表作是《墨经的逻辑学》，1992年由其弟子全部收入《沈有鼎文集》，由人民出版社出版。在《墨经的逻辑学》一书中，沈有鼎广泛征引了孙诒让、王引之、梁启超、胡适、张惠言等20多位学者的校释成果和意见，对许多关于逻辑的条目作了重新解释或更为确切的解释。最重要的发现是关于"止式推论"的解释：

《经说上》说："止，因以别道。"这是"止"的定义，即"止"这种反驳方式，是用来区别和限制一个一般性道理的。《经说上》说："彼举然者，以为此其然也，则举不然者而问之。若'圣人有非而不非'。"这是"止"的步骤和举例，即对方列举一些个别的正面事例，然后用简单枚举归纳法推论出一个并不正确的一般命题，我则列举反例来问难。过去的《墨经》专家对"止"式推论的解释不准确或完全错误。"由于沈先生对涉及止式推论定义、规则和步骤的上述两个条目，给予准确解释，与此相关的许多条目，才有可能给予正确的校释"[①]。

沈有鼎熟悉印度、西方逻辑，又深入钻研《墨经》逻辑，很自然地把三种逻辑加以比较研究。在进行这种比较研究时，他运用比较研究与具体分析相结合的方法，揭示了墨家逻辑与印度、西方逻辑的异同。一方面指出，"思维规律和形式"是"人类共同具有的"，指出"主张中国一向无逻辑学"和"主张中国一向无科学是同样的荒谬"，"企图证明中国没有逻辑学或者说中国人的思维遵循着一种从人类学术康庄大道游离出来的特殊逻辑"是不对的。另一方面，他又指出，逻辑在中国语言中有其"表现方式的特质"，"在表达方面具有一定的民族形式"，如"'彼'、'是'等代词在墨家逻辑中是拿来作变项用的"[②]，《墨经》中的"彼止于彼，此止于此，彼此止于彼

①孙中原：《墨经逻辑与沈有鼎的研究》，见《墨学研究》1998年第3期。
②沈有鼎：《沈有鼎文集》，第360页、377页、467页。

此”，相同于西方逻辑中的 A=A,B=B,AB=AB。《墨经》中用古汉语代词所表达的逻辑规律，应该与用西方拼音文字符号表达的逻辑规律等价。可以这样说，沈有鼎把 20 世纪关于墨家逻辑的研究又向前推进了一大步。

此外，陈孟麟所著《墨辩逻辑学》亦属力作。他对“或”、“止”、“假”、“效”、“辟”、“侔”、“援”、“推”、“擢”种种具体论式作了更为细致的研究，并对墨家三条逻辑规律进行了深入阐发。此外，“作者还对墨家逻辑的宾项周延问题作了独特的探索”①。在考察墨辩逻辑时，作者不仅将它与公孙龙、惠施、荀子等人的逻辑结合在一起分析，还通过与亚里士多德的逻辑进行比较，指明了以墨辩为代表的中国古代逻辑的特点。

（2）关于墨家逻辑产生于先秦时代的必然性研究

墨家逻辑产生于先秦的战国时代，并且由墨子本人创立，墨家后学完成，绝非偶然，而是有深刻的社会历史原因：

一是墨家逻辑产生于“人类轴心期”。德国历史学家和哲学家雅斯贝斯认为：“公元前 800 年—200 年发生的精神过程标志人类历史正处于一个‘轴心时期’。”②“轴心期”标志着人类自我意识的伟大觉醒，标志着文化从最初起源的原始状态过渡到文明状态，标志着人类意识判断、选择能力的巨大飞跃。这个时代在世界各地出现的文明的共同特征是：神话时代的终结，理性精神的形成，思想家群体出现。其中古希腊亚里士多德的逻辑体系、古印度逻辑——因明体系和古代中国的墨家逻辑体系，都是在这一轴心时期彼此隔绝地差不多同时出现，标志着人类思维方式的进化所建树的伟大成果。

二是战国时期社会发展的需要。中国社会发展到春秋末期，已

①秦彦士：《墨子新论》，四川电子科技大学出版社 1994 年第 1 版，第 136 页、137 页。

②德·卡尔·雅斯贝斯：《历史的起源与目标》，华夏出版社 1989 年第 1 版，第 12 页。

是"礼崩乐坏",周文化已经衰弱,走向崩溃。列国君主充分意识到旧权威已不复存在,"在'礼崩'之后,维系社会秩序需要新的方式——法"[1],各国开始了从未有过的大规模的立法和变法运动,思想文化界出现了空前活跃的百家争鸣的局面。立法和变法的前提就是思想文化界的大辩论和大创新。诸子百家在长期的争鸣和辩论过程中,为了战胜对手,树立自己的学说,就必然要十分注意论辩、论证的方式方法,从而有可能对思维的形式化工具——逻辑进行探讨、研究和总结。墨子即是其中的杰出代表。

三是由于墨子和墨家是一个富有工具精神的重要学派。墨家逻辑不是由差不多同时期的老子、孔子和孙子所创立,而是由墨子创立,其最根本原因在于,由于墨子的生活地位、阶级地位造成了墨子富有工具精神。墨子出身于手工业家庭,长期生活在手工业十分发达的鲁国,作为一代能工巧匠,他不仅在生产工艺活动中研究制造工具,发现总结出不少力学、光学、数学知识,而且从积极救世的崇高目的出发,兴办教育,培养弟子,并率领弟子积极参与各国的政治活动。在这些活动中,墨子又十分注意论辩,并把它发展成辩学。为了有力地说服君主大臣,实行墨家主张,为了驳倒儒家学派的观点,他殚思竭虑,不断发现和总结辩论的规则和艺术,从而奠定了墨家逻辑的基础。与墨子相比,老子、孔子、孙子以及后来的庄子等思想家,由于固有的出身、经历以及特殊的价值取向和人生目标追求,都不可能有志于形式逻辑的探求。惠施、公孙龙等诡辩学派,混淆了相对与绝对的关系,如提出的"白马非马"等命题违背了形式逻辑规律。但由他们引发的名辩之风"从一个侧面刺激和推动了墨家形式逻辑的发展"[2]。

(3)墨辩逻辑的特点

❶庄春波:《墨学与思维方式的发展》,中国书店1997年第1版,第14页。
❷庄春波:《墨学与思维方式的发展》,第31页。

有的论者认为,墨辩逻辑具有以下四大特点:第一,墨辩逻辑的推论是建立在类的同异基础之上的,是类的逻辑。但其类推不是纯外延的,有内涵逻辑的因素或倾向。第二,墨辩逻辑是融演绎、归纳、类比为一炉的综合性逻,它对于人类思维进程的往复性与多样性之辩证过程的研究,有其独到之处。第三,墨辩逻辑是论辩的逻辑,论辩思想是其逻辑学说的核心和精髓,它初步探讨了逻辑与语言的关系。第四,墨辩逻辑属应用性逻辑,与墨子"摩顶放踵,利天下为之"思想一致,是"兴利除弊"的工具,决定了它并不特别注重对思维形式结构和相应规则的研究,其体系的形式化特征不鲜明[1]。

6.关于墨家自然科学知识成就的研究

在20世纪初中期,研究《墨经》的专家,除胡适、梁启超等少数人外,大多数人不懂自然科学,对于《墨经》所包含的自然科学知识,只能从训诂学的角度加以考释,不能与西方自然科学进行对比研究,其结论或嫌牵强,或达不到专业化水平。20世纪70—80年代,一些自然科学和训诂学学养深厚的学者加盟《墨经》研究,并出版了一批成果,遂使《墨经》自然科学知识的阐释趋于系统化和科学化。这方面的主要学者和成果是:方孝博著《墨经中的数学和物理学》(1983年版);杨向奎著《绎史斋学术文集》(1983年版)、《墨经数理研究》(1993年版);姜宝昌著《墨经训释》(1993年版)和《墨学与现代科技》(1997年版);詹剑峰著《墨子的哲学和科学》(1981年版)等。

(1)对《墨经》自然科学知识的完整阐释

论者普遍认为,《墨经》包含的自然科学知识,主要涉及几何学、物理学、力学和光学领域。①几何学知识。通过对《墨经》关于几何学的诸多定义、定理,可以整理出一个墨家几何学的理论

[1] 颜华东:《墨辩逻辑的特点》,《甘肃社会科学》2000年第1期。

框架:在引入一整套几何学元素“端”、“尺”、“区”、“厚”(相当欧几里得几何学的“点”、“线”、“面”、“体”)之后,墨家对于“平行”与“垂直”作了形象描述,对“圆”和 “方”作了科学界定,对几何图形的相交、重合、相接、相离关系进行了初步探讨。《墨经》“关于‘无穷’(无限)的定义中,实际上已经孕育着微积分的胚胎”①。在墨家之后三四百年,大数学家刘徽的“割圆术”,就是世界上最早最科学的微积分思想的应用。那种“微积分是欧洲人牛顿和莱布尼茨的创见,与中国人无缘”的说法,是违背事实和荒谬的。②物理学和力学知识。墨家深入研究过机械运动的时间与空间、时间与路程等方面的问题,明确认识到任何运动都是在空间和时间里的运动;没有空间和时间,运动将无从实现:运动是绝对的,而静止则是相对的。实际上墨家“已看到了空间是运动的异质共存形式,时间是运动的异质转变形式”。这种“时空本质的理论,解决了运动学上的重大问题。”②并朦胧认识到,在匀速运动中,路程与时间成正比关系,只是未能用数学表达式揭示这一关系。墨家还初步论述了力是改变物质运动状态的要素,从而引出了变速运动的基本模式——匀加速运动,只是未能明确指出加速度作为一个物理量的存在。墨家的“偏去莫加少,说在故”,“是物质不灭定律的另一种表达形式”③,较之法国化学家拉瓦锡在18 世纪下半期提出这一定律早出 1900 年。 墨家还研究了桔槔取水,对物重与用力的大小与重、力两臂的长短进行了分析说明,从中发现了杠杆平衡原理。该发现早于古希腊阿基米德的发现 100 年到 200 年。墨家也分析了斜梯的受力情况,得出结论说,可用增大距离的代偿来换取减少用力的方法,只是未能用数学公式说明省力不省功的情况。墨家“均发引重”的思想,涉及 20 世纪才建立起来的弹性力学和量子力学的问题,虽说墨家的认识“还

①姜宝昌:《墨学与现代科技》,中国书店 1997 年第 1 版,第 7 页。

②杨向奎:《墨家的时空理论及其在自然科学方面的成就》,《绎史斋学术文集》,第 423 页、395 页。

③姜宝昌:《墨家数学物理学研究的重新审视》,《枣庄师专学报》1996 年《墨学研究专刊》。

带有某种朴素色彩，但由此可见，墨家科技思想博大精深之一斑”[1]。③光学知识。古人利用“阳燧”（凹面镜）取火的实践使墨家悟出了凹面镜可以把太阳的平行光线积聚于镜的焦点的道理，并联系到镜的球心，进而对凹面镜、凸面镜的多种成像情况进行了详细而准确的描述，其研究结论与近代几何光学的结论大致相同。墨家还利用平面镜成像、小孔成像等光学现象，成功地解释了光的直线传播原理。

（2）关于墨家自然科学成就的评价

对于墨家所取得的自然科学方面的成就，论者普遍认为，这是先秦诸子缺少的或无法达到的，某些成果即使从人类自然科学发展史上看，也堪称科学先驱，具有世界意义。墨子的自然科学成就和科学精神，应列入中国传统文化中的精华部分，值得整个中华民族为之骄傲。

杨向奎学贯中西，精研《墨经》40年，多有创获，他指出：“在古代，在先秦，说墨子是科学之圣，一点也不夸大。研究古希腊时期的重要科学著作，《墨经》全不比它落后，而且时间比它早，内容比它精。……一部《墨经》，无论在自然科学的哪一个方面，都超过整个希腊，至少等于整个希腊。”[2]

张岱年认为，墨子学说“是人道主义与科学精神的结合”，科学精神在墨子全部学说中占据十分重要的地位，“在今天看来，仍具有卓越的价值”，“我们应当发扬墨子的救世精神、科学精神”[3]。他又进一步指出：“西方近代初期打破了基督教经院哲学的统治，于是近代实证科学诞生了。”中国直到清代，“以理学为形式的经学仍处于统治地位，这是中国没有产生自己的近代实证科学的原因之一”。墨学“如果在汉代没有中绝，那么中国文化发展的轨迹将大大不同了”。[4]

❶姜宝昌：《墨学与现代科技》，第82页。
❷❸张知寒主编：《墨子研究论丛》第1辑，第40页、30页、54页、42页。
❹张岱年：《学术文化随笔》，第216页、38页。

秦彦士认为，墨家在自然科学研究中，表现出的独特思维特点就是，不以内省的玄想或直观的推论为基础，而是非常注重实验和理论探讨，“他们那种从实践到理论，再从理论到实践，通过证伪以求真的方法正是一种非常科学的方法”[①]。但不幸的是，墨学在汉代中绝以后，以儒学为中心的经学思维方式占据了主导地位，中国古代的自然科学形成了一种注重解决实际问题、忽视甚至缺乏归纳方法、实验方法和系统的理论探讨的倾向，因而中国科学历经两千多年，也不可能发展成为真正意义上的实证科学。在这个意义上说，“墨家科学的失传对中国自然科学造成了巨大损失”，“而且对整个民族的思维深度也带来负面影响”[②]。

7.墨学在中国传统文化结构中的价值定位

论者普遍认为，中国现代化的首要问题是民主和科学问题。在大胆吸纳西方民主和科学成果的同时，必须寻找和培植中国传统文化的合适土壤。“中国传统文化的根本结构是儒道互补的格局，在政治制度领域起作用的则主要是法家的理论”，其“真正缺陷可以说正是失掉了墨学这一环”[③]，因为中国传统文化最大的缺陷是缺乏民主和科学的因素。

在中国传统哲学中，儒道两家都持整体思维观念。“所谓整体观念，就是认为世界是一个整体，人和物都是一个整体”[④]。汉儒讲“天人合一”，已开始否定认识“天”（外在世界）的必要性；宋代程颢宣扬“只心便是天，尽之便知性，知性便知天”[⑤]，求知活动完全归结为个人内心的自我认识，把客观外在的天完全排除出认知的视野之外。可见儒学作为主观境界之学，亦即内圣之学，它所关注的是人的内在德行，其根本目标是提升人的道德境界。按照儒家的观点，人的道德的优劣、境界的高低，与具体知识没有直接的关系。儒

❶❷秦彦士：《略论“墨经”与中国自然科学》，张知寒主编：《墨子研究论丛》第3辑，第147页、148页。
❸高晨阳：《传统文化的结构与墨学的价值定位》，王裕安主编：《墨子研究论丛》第5辑，第37页。
❹张岱年：《学术文化随笔》，第42页。
❺程颐、程颢：《河南程氏遗书》，上海商务印书馆1935年第1版。

家尽管不反对为学求知，但其本意不是求外物之知，而是寻求道德本心的自我体认：仁性为本心所有，一个人只要保持本性不失，即是仁境。儒家也很重视“心思”，但“心思”不是求知，而“主要是指道德的思考”[1]，即道德履行问题。

道家也是境界型内圣之学，它轻视、排斥和反对“为学”求知，认为人有知识，必对对象进行分别，形成是非、彼我、内外的观念，由此追逐外物以求欲望的满足，这正是人生痛苦和社会混乱的根源所在。因此道家主张“绝圣弃智”，超越知识，抛弃物欲，重视“为道”，上升于道心境界，达到心灵的自由。

可见儒道内圣之学，体现的是一种实践理性精神，忽略轻视知性精神。“六合之外，存而不论”，关于知识的学问，被置于视野以外。关于科技的学问，划入“数术学”范围，与巫祝、卜筮、风水、星相等价观之。因此，儒道之学从根本上说是排斥科学技术的。

内圣关联着外王，外王的本义是平治天下，解决的是政治建构问题。但从儒道的外王学中均不可能发展出民主政治。(1)在儒家，外王的本质是德治主义，建立在内圣的根基上。《大学》提出的格物致知、正心修身属内圣功夫，齐家治国平天下是外王，属政治实践活动。按照儒家的政治理论，只要当政者有很高的道德水平，能以自己的道德行为教化天下，自然就会取得平治天下的理想效果。尽管儒家不反对“法”，但强调“为政以德”，主张推行“仁政”。这一政治模式，把政治清明与否系于当权者的道德水准上，推崇圣君明臣的政治，实际上是“人治”，所以不可能从中发展出民主政治。(2)道家内圣学说追求的最高心境是“无”的境界，落在“外王”上面就是“无为而治”，反对有为而治。道家认为万物各有其性，各有其能，根本无须有为。道家不仅反对“法”，也反对仁义礼教，实际上对政治采

[1] 张岱年：《学术文化随笔》，第5页。

取了消极的、超越的立场，最终只能走向无政府主义，不可能走向民主政治。(3)法家本质上是一种政治理论，它确实重视"法"。民主离不开"法"，但有"法"未必就是民主政治。在法家那里，"法"从属于君主专制制度，是为君主专制服务的。君代表法，法是君主意志的体现，这样法就完全失去了它本有的客观性，成为主观的东西，成为君主的统治工具和手段。法家学说从本质上看是极端专制的法制主义理论，而不是真正的法治理论，它与民主政治是没有必然联系的。

与儒道相比，墨学属于异质的知性形态的学问，"凸现的是一种认知理性精神或工具理性精神"[1]。知性形态的学问从思维模式上看，强调天人、物我的对立，把双方理解为主观与客观的关系；从思维内容上看，主张心思向外，注重关于外物的知识及其获得的可能与方法，强调知识的客观性和有效性。

墨学何以成为知性形态的学问？(1)与墨家的政治理想有直接关系。墨家的政治理想就是"求兴天下之利，除天下之害"[2]，达到国家富、财用足、刑政清平，使老有所养，幼有所长，人人衣食保暖，建立一个互助互利、互相友爱的美好社会。如何才能实现这种理想呢？墨子认为："赖其力者生，不赖其力者不生。"[3]力即体力、智力，也就是生产劳动。墨家"把生产劳动作为人的本质和人的本质力量之所在，并把生产劳动说成是人与动物的根本区别和人类生存的根本前提条件"[4]，这种见解非常深刻。基于这种认识，墨子和墨家提出了强力从事、强力生产的观点。墨家既然把生产劳动当做人生哲学的起点，它就必然高度重视物质生产活动，重视从事物质生产的劳动群众，重视能够促进和提高物质生产效率的科学技术，因而内涵着民主与科学的因素。(2)与墨子的天志即宗教情怀有直接关系。"墨子的天实在是一个有意志有人格的上帝"[5]。"天志"有

❶高晨阳：《传统文化的结构与墨学的价值定位》，王裕安主编：《墨子研究论丛》第5辑，第37页、41页、42页。
❷❸《墨子·非乐上》。
❹丁原明：《论墨家的人生哲学》，张知寒主编：《墨子研究论丛》第3辑，第89页。
❺杨向奎：《墨家的时空理论及其在自然科学方面的成就》，《绎史斋学术文集》，第423页、395页。

两重属性：一是主宰性、超越性；二是外在性、客观性。墨子把天视作有意识的主宰，“其理论宗旨在于为人道确立一个形而上的根据”①。用以“提倡‘兼爱’，恐吓统治者、剥削者、侵略者”②，墨子“探讨了存在物的最后根源”，“是中国历史上第一位自然的神学家”③。

墨子的天是最高的主宰，是评判是非善恶的最终准则。天的品格公正无私，人人在它面前都是平等的；上至天子，中到公卿大夫，下及平民百姓，都应该顺从天志。在这里，天不是内在于主体的意义性存在，而是外在于自我的客观存在，天与人相互对立，墨子的天的主宰性和超越性，直接引发了“兼爱”、“尚贤”的观念。墨子的“兼爱”观“打破各种不平等”④，把人从血缘等级之中解脱出来，强调每个人在社会关系中都是以对等的身份存在的，这里面隐含着平等的意思。墨子的“尚贤”，主张“农与工肆之人，有能则举之”⑤，就是人格独立、平等意识的体现，又是权力意识的体现。特别应该指出，墨子既然主张天人对立，把天视作外在于主体的客观存在，就必然重视对外物的认识、征服和改造，于是提出以力抗命。为了认识外界，墨子提出了认识的原则和方法，其一是“言必有仪”的“三表法”，从经验层面为判别是非提供了一个客观性标准；其二是察类明故，注重理性，强调理性思维在认识过程中的作用；其三是“去六辟”，强调在认识过程中要排除感情因素，弃绝主观性，以纯客观性的心态去把握事物。

综合观之，墨学的宗教情怀为民主和科学可以提供超越性的价值之源，墨学的“兼爱”、“尚贤”观念蕴含着民主政治的基因，墨学的认识论和逻辑学为科学的发展提供前提。

①高晨阳：《传统文化的结构与墨学的价值定位》，王裕安主编：《墨子研究论丛》第5辑，第41页、42页。
②④蔡尚思：《墨子十大宗旨的主次问题》，张知寒主编：《墨子研究论丛》第4辑，第15页、14页。
③王讚源：《墨子》，台湾东大图书公司1996年第1版，第151页。
⑤《墨子·尚贤中》。

## 第五节　台湾地区的墨学研究

### 一、研究概况

台湾地区研究墨学的情况与研究儒家、道家的情况相比较，是比较薄弱的。在各大学所开设的课程中，有关"墨家哲学"也往往属于选修课程。不过从整体上来看，近50年来台湾的墨学研究在质或量方面都有大幅度提高。

自1951年严灵峰发表《儒墨道三家逻辑思想之比较研究》一文，及王寒生的《墨学新论》一书于1953年出版后，近50年来，台湾学者出版有关墨学的书籍近70种，发表的论文则有400余篇[1]。在这些专著与论文中，有关墨子里籍、生平、事迹、思想渊源以及墨子书的考证性作品30余篇；有关墨子政治、社会、文化思想的论著约50篇；有关墨子宗教思想方面的论题有20余篇；有关道德、教育、战略等方面的著述约40篇，其中专门探讨兼爱思想的论文近30篇。此外，有关《墨经》或《墨辩》思想的研究专著有30余部；其他从不同范畴如文学、历史、法律、科学、经济来探讨墨学相关思想，或由人性观、宇宙论、知识论、方法论、心理学、生理学等观点探索墨学的相关论文以及综合性的概论、墨学精神、价值观等相关作品合计有百余件。还有一种是讲墨学思想与其他不同思想相互比较的文章有30余篇。在比较的对象上，有的与西方亚里士多德自然哲学、理则学（逻辑学）及《圣经》中的博爱思想、西方上帝观念等作对比。在中国比较的对象则包括：与儒家、道家、法家、名家乃至于和佛教、道教的思想对比。此外，在诸子思想方面，与管子、孔子、孟子、杨朱的比较等也都有论文探讨，真可谓包罗万象。由此可见墨

❶根据台湾"中央图书馆"书目、期刊资料及史墨卿《中国历代墨子论文索引》、陈忠信《中国近十年墨子论文索引》和严灵峰《墨子知见书目》、《周秦汉诸子知见书目》等资料统计。

学本身发展的深厚潜力。

大体而言,台湾地区墨学研究所关切的问题包括:墨子的里籍在哪里?《墨辩》的作者是谁?《墨辩》的思考方法、表达方式是什么?墨子的“天”是否为基督教的上帝?“兼爱”是否为墨学中心思想?墨学中是否有人性论?墨子是否漠视“个性教育”及其他有关政治、社会、文化等等问题?以下分别就台湾地区墨学研究的主要内容、研究动机与方法、研究展望等方面加以论述。

**二、墨学研究的主要内容**

近50年台湾地区墨学研究的内容十分广泛,涉及墨学的各个方面,且呈现出丰富多彩的面貌。

(一)关于墨子里籍

台湾学者对墨子里籍问题的考证有一定的关注,如严灵峰在他所著的《墨子简编》中就辟有专章,即《现存墨子诸篇内容之分析及其作者的鉴定》。冯成荣的《墨子行教事迹考》,则对墨子里籍、生平、重要事迹、著述、传授组织、思想渊源等课题皆做了详尽考证,并引录前人与时贤之见解,予以比较批评。此外,自1955年10月,宋成阶发表《墨子为齐人考》一文之后,1956年12月李绍崑发表《墨子非齐国人说》一文,分别从墨子的驻地、墨子的弟子、墨子与齐王的关系举证,及由孟子等观点皆不足证明墨子为齐国人。1958年1月,宋成阶又发表《墨子为齐国人续考》,引《鲁问》、《公输》、《兼爱中》、《非攻中》及干宝《搜神记》、《太平御览》的相关资料佐证墨子为齐国人,并称“墨子为齐国人,铁案如山,而不可动摇”。同年12月,李绍崑发表《再说墨子非齐国人》一文,指出:“宋君所举各证,充其量也不过能说明墨子与齐国关系较多而已。”从而引发台湾地区近50年来墨学研究的第一场论战。但之后的墨学研究者，如薛保纶、周长耀、李渔叔、冯成荣、蔡仁厚、王冬珍、陈问梅等学者皆认定墨子为鲁国人。

有关墨子里籍问题的探讨，显示学者们不仅要在起源上确立《墨子》为可信可读之书，并且尝试从墨子时代的文化、传统等相关外缘因素来解读墨子的思想，厘清墨子的里籍之所以重要，是因为春秋时期各国之文化传统各不相同，不同的里籍对于思想渊源与传承必有相关的影响。虽然早期的学者对于墨子的里籍仍无法确定，但在研究过程中的论战却有助于问题的澄清。

（二）关于《墨辩》（即《墨经》）

有关《墨辩》的研究在台湾也有一定的成果，其论题围绕《墨辩》作者、思想内涵、思考方法、表达方式等展开，许多论文探讨了墨家与名家相互争辩的问题。

关于《墨辩》的作者问题，严灵峰认为《墨经》上、下篇为墨翟自著。（1）此《经》不称“子墨子曰”；（2）为辞类定义之体；（3）《晋书·鲁胜传》云：“墨子著书，作《辩经》以立名本。”又云：“《墨辩》有上、下《经》，《经》各有《说》，凡四篇。”《庄子·天下篇》云：“相里勤之弟子，五侯之徒，南方之墨者，苦（若）获、已齿、邓陵子之属，俱诵《墨经》，相谓别墨。”至于《大取》、《小取》，严氏认为皆非墨子自撰，乃其后学所作。因《大取》篇说“天下无人，子墨子之言也，犹在。”而《小取》篇中有“世有彼而不自非也，墨者有此而非。”这样文中有“子墨子之言”与“墨者”，可见《大取》、《小取》非墨翟所作。

劳思光则就《墨经》内容，名家公孙龙、惠施之论题，以及《庄子·天下》篇所述，研判《墨经》上、下及《经说》上、下必在公孙龙立说之后方成书，且必在庄子之后、《天下》篇之前。《大取》、《小取》亦然，其作者必为墨家之后学。《墨经》及《大取》、《小取》的理论观点，亦与墨子本人无关，而为后学的研究成果。

陈癸淼在其《墨辩研究》中，除一一举证驳斥《墨经》为墨子自著的理由外，并做出以下推测：(1)《墨辩》不出于墨子之手，而出于后墨之手；(2)所谓后墨，包括钜子及一般墨徒在内，所以《墨辩》是集体创作的结晶；(3)所谓集体创作，是以有组织、有计划的方式为之，还是自然的累积，则不易决定；(4)《墨辩》产生的时代，可能延续很长，而以庄子、惠施至韩非这一段时期为主。陈癸淼还以孙诒让《墨子间诂》为主，校释了《经》上、下，《经说》上、下及《大取》、《小取》两篇，并分别从伦理学、知识论、逻辑思想、辩论学、宇宙论、科学论等范畴，分门别类研究《墨辩》，其书虽仍有值得深论的地方，但其内容相当丰富且具一定学术价值。

钟友联的《墨学的哲学方法》一书，融合了墨学与《墨辩》来谈墨家的论证思想，其内涵有助于读者理解墨家论证思想的连贯性，其内容包括：三表法、"两而进之"、例证与反例的论证形式、譬喻类比论证、还原论证法、诡论与二难式、素朴的归纳法以及墨家的哲学方法和辩学。钟友联并将墨家的三段论式与因明五支式相互比较，指出墨学的论证中也有五支式的简化形式。在辩学方面，他对辩的界说、功能、原理与方法皆有所说明，并指出"六物式"(辞、故、辟、侔、援、推)的论证形式与特征。钟氏此书是系统性、整体性说明墨家思考方式与表达方式的一本著作。他的指导教授成中英说："此书指出了《墨辩》论证思想的基础是以语意的分析为中心，而不是以语法的理解为前提。这就点明了何以《墨辩》没有走入形式逻辑及形式化的一个重要原因。"[1]

冯耀明对《墨辩》也具有相当的研究。他探讨了《墨辩》的名实

[1] 钟友联：《墨家的哲学方法》，台湾东大图书公司1981年第2版，第4页。

观、知识理论、辩说方式的限制以及言辩和真理问题,对《墨辩》中的原文做出精辟的解释,并以当代的语言、分析哲学为背景来解析,对于《墨辩》思想的介绍颇有帮助。

《墨辩》相关问题的探讨,是学者们关注墨学在语文表达方面的方法性思想。当然,表达与思想及实在皆有密切的关系,因为认知的作用既涉及实在、事物,也涉及认知主体、掌握认知对象的思考方式;怀抱不同动机与目标的研究者在面对相同的研究对象《墨子》一书时,其取材、解释、推理乃至于获得的结论都有可能不同。《墨辩》则是针对认知的作用、定义的方式、推理的过程、论证的形式、表达的方法提出系统的说明。台湾地区墨学界对《墨辩》的研究在相当程度上是融合西方认识论、逻辑、分析哲学的架构来做诠释。相对于墨子时代的文化背景,《墨辩》思想仍需加以发掘。

(三)有关墨子天道观的争辩

《墨子》书中有《天志》、《明鬼》两篇,墨子平日言谈也多涉及天。关于墨子的天道观,许多学者有不同看法,并为此进行了热烈的争辩。

严灵峰在其《墨子的思想体系及其功利主义》一文里提出:墨子的全部思想,并没有含着形而上的神秘气息,而且对一切问题都是从社会的实际生活中去寻求解决。墨子所置立的"天志",也不过是他的治国、平天下的"法仪"或工具。他认为墨子的"天"虽然有"意志",有好恶,能赏罚,但这人格化的最高主宰并不能与基督教的上帝画等号。因《法仪》篇的"天"是"天之行广而无私,其施厚而不德,其明久而不衰"。而《天志》篇的"天" 却要百姓"刍牛羊、豢犬豕,洁为粢盛酒醴以祭祀上帝鬼神","天"既责人之报,则非"无私"和"不德"。天还要人间仰给烟火,又如何能"创造万物"?百姓不祭祀就要受罚，怎样能够"不衰"？假使在"天国"那儿还存着要人民"戴高帽"、"送红包"的"最高主宰"，它算得上"全能的"和"伟大的"吗？其实在《天志》篇中早已明言：子墨子之有"天志"，"置立天志"，这是一种直接的"暗示"。现在竟有人把墨子所描写的"天"，当做"天国的真主"，岂不是对自己的"天主"最大的亵渎吗？这是反对以墨子之"天"作为宗教性的上帝的最具代表性的看法。

王寒生在其《墨学新论》中则认为："墨子所谓天，不是指有形的穹窿的天，乃是指有主宰性的天。如称天秩、天序、天命、天讨、天聪明、天生烝民、天鉴下民，以及群书中所称的上帝，此与耶稣所称的天父相同。"罗光的《中国哲学大纲》中说墨子的"天有意志，天无所不知，天至高至贵，天操秉赏罚之权，天欲义而恶不义，天为行政之本，天以下有鬼神"，"大家对墨子'天'都没有疑惑，都知道他说的天，即是主宰的上帝"。周若石则云："在解墨书时，仍依照当时的公规，承认上帝就是天，天就是上帝。"①

然而，即使墨子的"天"就是上帝，这"上帝"是基督宗教的上帝抑或有其他意义呢？考古人类学教授杜而未说："天和帝有不少重要分别，至少依古籍是如此。上帝为殷商的神，并有土地神成分，汤所祷的是上帝。墨子的天与儒家的天不同。因墨子的天实即上帝。"②可见墨书中的上帝与基督宗教的上帝并不相同。再者，墨书中的天与上帝是否指同一神明？李绍崑在《答腾达君（问墨子）》一文中说：(1)上帝与山川鬼神并称；(2)上帝与天分称；(3)人民祭祀的是上帝鬼神，而赏赐的却是天。因此，李氏主张"天和上帝在墨书中是指两个不同的神"。其主要的根据是：《天志》上、中、下各篇对天与上帝的描述，其中《天志中》有："大誓之道曰：纣越厥夷居，不肯事上帝，弃厥先神祇不祀，天亦纵弃纣而不保。"《非攻下》说："臣事

❶周若石：《对"墨书中天与上帝"的几点意见》，台湾《恒毅月刊》6卷8期，1957年3月。

❷杜而未：《中国古代宗教研究》，台湾明华书局1959年第1版，第222页。

上帝山川鬼神……是以天赏之。……予既受命于天,天命融隆火于夏之城间西北之隅。"由此可见天较之上帝更为尊贵。

再进一步,天与上帝这两种不同的神是什么关系?刘宇声在《墨子的天道观》中认为,墨子主张"天是万有的最终基源,可是和上帝是无相属关系而独立的"。李绍崑在《墨书中的天与上帝》一文中表示:天与上帝彼此是有从属关系的。其推论根据在于前引《非攻下》所云,"臣事上帝山川鬼神",照理当由"上帝山川鬼神赏之",然而墨子却说"是以天赏之",既然上帝与天分称表示两者不同,但人与其一(上帝山川鬼神)的对应关系却可导致人与另一(天)之对应关系,由此可证上帝与天应有从属关系才合情理。

史墨卿的《墨子天论》将历来学者对墨子之"天"的看法分为三派:一为墨子之"天"即主宰之神。二为墨子"天"乃为民意。三为折中之论者,一则认定墨子之"天",为主宰之神明,然又附加说明,言其藉天鬼以行其说。至于史墨卿个人对墨子之天的看法是:墨书之"天",虽有神性而不周延,但其"有意志"而"赏善罚恶"是无可置疑的。至于"天"在墨子思想中的作用究竟如何?史墨卿的看法比较接近严灵峰,认为墨子是以"天"为统一天下的工具,以"天"作为推行学说的手段,而较认同第三派之说。其主要根据是引自《鲁问》篇墨子对其弟子魏越之言:"凡入国,必择务而从事焉:国家昏乱,则语之尚贤尚同;国家贫,则语之节用节葬;国家憙音湛湎,则语之非乐非命;国家淫僻无礼,则语之尊天事鬼;国家侵凌,则语之兼爱非攻;故曰择务而从事焉。"

史墨卿说:"我们单看'国家淫僻无礼,则语之尊天事鬼'之语,则墨子言'天'之立意所在,自不待言而明矣。"[1]以上有关墨子的天道观在台湾墨学界的探讨十分热烈,前后有20多篇文章讨论与

[1] 史墨卿:《墨子天论》,台湾《中华文化复兴月刊》5卷7期,1972年7月。

此相关的问题。此“天”所指涉的是在实在界中的最高实有，抑或仅是在思想界中的工具概念？倘为最高实有，其内涵与西方的上帝是否相同？若为工具概念，此一概念是否代表民意或人类内心深处的一种期待？这些问题的辨析展现了台湾学者追根究底的哲学性格。

（四）关于兼爱

台湾学者从不同角度剖析兼爱观念的内涵及其在墨学思想中的地位。许逖依俞樾《墨子间诂·序》云：“其实墨子全部思想以兼爱为本，论墨子不谈兼爱，终免不了舍本逐末之讥。”[1]李渔叔十分赞成梁启超对“兼爱”的看法，在其《墨子今注今译》墨学导论中，他援引梁启超之语：“墨学所标纲领，虽有十条，其实只从一个根本观念出来，就是兼爱。”李渔叔并言：“孟子生平辟墨最烈，而其批评墨子：‘摩顶放踵利天下而为之’，则可算得上十分知己之谈。我们知道一个人以极微小之身，为什么要利天下，那不过是基于这一颗爱心，至于摩顶放踵为之，则出于爱心的扩大，古今贤圣人谈笑刀丛，身甘惨戮的，不知凡几，皆是推这一念而为之。”

李渔叔的学生王冬珍也持相同的主张，认为“兼爱”是墨子学说的中心，在他的《墨子思想》一书中，综合墨子书的内容，将兼爱真义归纳为四点：(1)全体周遍的爱；(2)无条件的爱；(3)涵利的爱；(4)平行无差别的爱。

以上皆对墨子“兼爱”持正面评价的观点。陈问梅则对“兼爱”的地位持不同的主张。他在《墨学之省察》一书中指出：“按梁氏，所谓其他的九个观念都从‘兼爱’发出来，其理由大抵有三：一是从兼爱之内容与其他观念中有可以相通而说的；二是从兼爱之实利标准与其他观念之关联而说的；三是从其他观念中有可以作为推行兼爱之工具而说的。其理由并不一致，故其说也是不正确的。”陈问

[1] 许逖：《从墨子学说的本义解释兼爱》，台湾《国魂》月刊246号，1966年3月。

梅指出：兼爱本身是建立在“天志”之上的，而天或天之意志，是以“义”为其本质，“义”也是天之意志的全部内容，因此，这一个可为法仪的天之意志，就只能以“义”为其理想之源、价值之根。“义”是超越世界与现实世界交接的一个实体，天之所以为天的，只在这一个“义”，人之所以为人也只在这一个“义”。以“义”沟通天人，而用以拯救天下。依陈氏看来，这正是墨学之所以为墨学之处。因此，“义”才是墨学的根本观念，而“兼爱”在墨学中的地位并不及“义”，换言之，墨学的诸观念皆可统一于“义”，而非“兼爱”。陈拱也批评“兼爱”观念的粗浅，他说：“一方面，墨子对人们所以不相爱的最后原因——如私心、私意和私欲之作祟，并没有深切的反省，另一方面，即对于其所提倡的兼爱之‘爱’。本身亦缺乏深切的反省。”[1]蔡仁厚更直接指出墨子没有人性论，所以对于心性问题没有正面涉及。他也同样肯定处于天的“义”是墨学十大观念的中心观念。由于墨子并没有清楚地察辨心性之义与天之义两者之间的不同，处于天之义的“兼爱”作为抽象的原则虽毋庸置疑，但是一落入具体实践则大有问题。蔡仁厚在其《墨家哲学》中指出：“‘兼爱’是违背人之常情，亦违反人伦常道的。须知人伦关系本有亲疏远近，所以人情亦自然有厚薄之分，而施情之时的差等先后实乃天理之序，亦是人情之节……而墨子直接教人视人之亲若己之亲，则是反天理之序与人情之节的。不肯定人可以先爱己之亲，而只教人兼爱天下之亲则人皆将生起不安之情——这是人人当下反求于心，而莫不皆然的。据此可知，要想具体而彻底地实行兼爱，有事实上的困难。”

蔡氏显然是由儒家的仁爱立场来看兼爱，以儒家的心性论观点来看墨家的心性问题。有趣的是，在同一时期林俊哲的论文《墨子兼爱思想之研究》，其第二章第三节的标题就是《兼爱思想之心

[1] 陈拱：《仁爱与兼爱问题疏导》，台湾《东海学报》6卷1期，1964年6月。

性基础——仁》。他引《所染》篇所述指出:墨子对人性的观照有两点:(1)人性无善恶,染于苍则苍,染于黄则黄。(2)人性可由后天之启发、诱导、培养、节制,或加以塑造。……《墨子》书中言心性者虽少,但并非墨子对人性之自觉不足,而是对心之知识层较为重视,所谓的"义行"必以知识为前导,如果只有不安、不忍之心的发动,而无理智的操持,则其结果只能流于"意气用事"、"好勇斗狠"之行为,而《墨子》书中论智者殊多,其"知"字出现300多次,可证墨子之重智识。由此论证,"知"又为"义"之前提。《经上》:"仁,体爱也。"林俊哲引用唐君毅的看法,认为兼爱心是人对其仁心所发之爱,才加以自觉,即以理智把握,而顺理智心依类而行,向前直推所成之心。故兼爱思想的心性基础为仁,通过理智得到彰显。

有关墨子"兼爱"思想,其来源有三:(1)天志,(2)先圣先王兼爱之行,(3)人性中知之层面。林俊哲认为,以天之兼爱万物为法仪,以公利为依归,儒、墨所谓仁爱、兼爱,只是取法不同。另有陈维德所撰之《墨子兼爱探微》一文,对于儒墨之动机、理论根据即对象、方法有所析论,也持相似看法。陈维德认为:儒家仁爱之动机,在于道德之自觉;而墨子兼爱之动机,则在救天下之乱。儒家倡导仁爱之理论根据,系建立在伦理观念与人道思想上,而墨家兼爱之理论根据,则建立在天志观念与功利思想之上。由此基本的差异,故其施爱之对象,一则为天地万物,一则为全人类;其施爱之方法与顺序,一为推己及人,因而由近及远,由亲及疏,且有轻重之分,先后之别,是为有差等之爱。一则为将其爱心,不分轻重,不别先后,同时加之于全人类,是为齐一而无差等之爱。

以上有关"兼爱"思想探讨的专论前后也有30多篇,"兼爱"是台湾地区墨学研究中受到相当重视的一个论题。"兼爱"相关问题的探讨，是把关注焦点由思想与实在的关联性转移收拢到一个总的范畴，也就是在墨家思想中，哪一个观念才是第一义的观念？是“兼爱”？“天志”？“义”？还是“知”？这种第一义观念的确立，基本上是某一观念架构的基础，因此基础的确立，其他要领的相互关系才能构成，进而才能形成系统理论。如果“兼爱”是第一义观念或所谓中心观念，则其他像天志、尚同、尚贤、非攻、非乐、明鬼、非命、节葬、节用等观念必须在“兼爱”观念成立的前提下被解释。这也意味着像“天志”这一概念只能作为工具性概念。当然，倘若以“天志”、“天”为第一义观念，则“兼爱”又必须在肯定“天”的前提下被解释。又如果以“义”为第一义观念，则“天”、“兼爱”又必须在理论上先肯定“义”的前提下再来谈“天”与“兼爱”。这种第一义观念的追索，也反映在台湾地区墨学的研究中。当然，这种所谓“第一义的观念”未必是墨子原典中所标示的观念，它也可能透过研究者由其学术背景而掌握到墨子思想的全幅意蕴后再赋予的某些特有观念，如所谓“功利主义”、“实用主义”或“权威主义”等等，然后再从某一“主义”为第一义观念之肯定，来解释原典中的其他概念以及概念间关系的排列、理论系统的建构。

(五)关于教育与文化

台湾学者对墨学中的“教育思想”有一定程度的重视，因此也有许多专著、论文探讨这一论题。探讨的主要范围为：墨子教育的哲学基础、教育的目的、教学的方法、教学的教材，以及与儒家教育思想的比较等等。

在教育的哲学基础方面，冯成荣认为墨子的教育是以宗教哲学为基础，之所以会以宗教为基础，乃是因为人类的本性自私自利。他说：“墨子的教育为何要以宗教为其基础呢？这与基督教教义颇为近似，认为凡是人类均是罪大恶极，自私自利……墨子教人必须法天。如法父母，则父母有不仁者；如法君，则君有不仁者，故法天最好最公正。”[①] 此外他在谈到墨子教育理论方面，认为墨子重视品德教育、重视求知方法、重视实践力行以及重视个性教育。王冬珍在其《墨子之教育理念》一文中提到墨子教育观点也有相似的看法，他认为墨子注重有道相教、法天顺天以及个性发展。其中冯、王二人皆肯定墨子所重视的“个性教育”、“个性发展”。他们的推论根据是《耕柱》篇有云：“譬若筑墙然，能筑者筑，能实壤者实壤，能欣（观测）者欣，然后墙成也。为义犹是也，能谈辩者谈辩，能说书者说书，能从事者从事，然后义事成也。”

林万义在《墨子教育思想之研究》一文中则有不同的看法。他从“尚同”观点引申：“在权威统治下的极权社会体系，人人皆以上一层级者之意志为意志，全然漠视个性，个体随时受外界干涉，故人们实是毫无意志可言；个性既失，人性尊严不存，这可能是墨家自秦统一天下后，即销声匿迹，少有人倡导研究，以迄于清季之因。”林万义指出：墨子的教育思想是由功利与权威主义出发，其教育目的在培养“兼以易别”的仁人君子，教学科目为五艺（礼、射、御、书、数）及自然科学、理则学（逻辑学）、经济学等。教学方法，以其知识理论，则为重视外在经验印证的直观教学，注重步骤、层次，强调学习者主动学习，以及教学环境的布置。训育方法采取外在诱因之奖惩办法，以期变化气质，惟稍带迷信神秘色彩。在教育方法上，王冬珍则分修德与教学两方面探讨，教学部分与林万义所强调的知识理论、言辩方法、三表法等略同之外，还提出“求其所以然”与“述作并重”两特点。在修德方面则提出贵义尚行、观察动机、赏善惩恶等。冯成荣之书出版较早，在墨子教学方法上却有较广泛的

① 冯成荣：《墨子生平及其教育学术之研究》，台湾文史哲出版社1976年第1版，第93页。

把握，包括历史考证教学法、实验求证教学法、哲学推理教学法、动机观察教学法、赏罚并重教学法、以身示范教学法等六项。李绍崑以中国先秦时代的教育家为例，将历代教育家的思想分为四大类型：(1)以物为中心；(2)以人为中心；(3)以国为中心；(4)以天为中心。老庄的教育思想属于第一类型，孔孟属于第二类型，申韩属于第三类型，而墨子则属于第四类型。孔墨教育哲学中心思想各自不同，在教材方面也不一样，孔门可分为德行、言语、政事以及文学等四科，墨门则分为谈辩、说书以及从事等三科，李绍崑说："就所分科而言，孔墨似乎相同，但就科系中的教材言，则又不大相同。若以今日大学各院系的教材来说明孔、墨两门的科系内容，则孔门的教材都属文学院，而墨学的教材则分属于哲学院、文学院和科学院。"[1] 林万义指出儒、墨教育思想的相异是：墨子中功利(实利)、威权主义，带有宗教的神秘色彩；儒家则具人文主义色彩。墨子主张教育应彻底平等，儒家则主张"有教无类"的教育。由于思想、观点颇多相异，故两家曾一再相互抨击，无法调和。王冬珍以为儒、墨的教育思想取舍不同，各有特色，墨子在春秋战国时代的教育界，与孔子平分秋色，孔子主张温故知新，始可以为师，墨子主张"述作并重"，始可为君子。身为教师者，皆应奉行此二大教育家的主张。如此说来孔墨的教育思想又可以并行不悖。以上即墨学在台湾地区有关教育方面一些研究概况。

在其他政治、社会与文化等范畴中，涉及《尚同》、《尚贤》、《节用》、《节葬》、《非乐》等墨子篇章中的思想，学者们在探讨这一部分论题时往往会结合于一，引申发挥，而对原著某一篇专题研究的论文、专著则比较少。有些甚至将《兼爱》、《非攻》、《天志》、《明鬼》等篇也都合并在一起谈论，只是冠以政治、社会或文化等名目。如孙

[1] 李绍崑：《墨子：伟大的教育家》，湖南教育出版社1985年第1版，第19—26页。

广德在其《墨子政治思想之研究》中指出：由《兼爱》、《尚贤》、《节用》、《节葬》、《非乐》等篇可见到墨子的平等精神。从《兼爱》、《尚同》中可见到墨子的群体精神，由《经上》、《经说上》、《大取》、《耕柱》等篇可见墨子的救世精神，由《鲁问》、《经说上》可见墨子之择务精神，由《耕柱》、《非儒》等篇可见其创造精神，由《贵义》、《耕柱》、《公孟》等篇又可见其力行精神。

再者，薛宝纶《墨子的人生哲学》第七章论及墨子的社会理想——世界大同，认为墨子《天志》、《法仪》篇所表现出的是天下一家、人类皆为弟兄的思想以及《尚同》篇中所含的人类平等、自由、民主的基本人权思想。王冬珍的《墨子思想》第四章富国利民的经济政策，取材于《节用》、《节葬》两篇，第六章现实功利的文化观则引述《非乐》、《非命》的思想。

从台湾学者在教育、政治、经济、社会、文化各方面特定观察角度所作的研究显示，墨学的内容是相当广阔的，在今日学术分化日趋纷繁的情况下，大都能找到与墨学相呼应的学术领域。墨学的思想内涵超越时空，在两千多年后的今天仍有很大的参考价值，并且可以与当代的学术发展相结合。这说明墨学不仅是历史上的一种学术，而且具有持久生命力。

### 三、墨学研究的目的与方法

#### (一)研究目的

近50年来台湾地区墨学的研究者，在其研究的动机与目标上大体可归纳为四种类型：

1.为复兴中华民族文化，端正社会之不良风气。如冯成荣说："今日正是倡导中华文化复兴的时代……而要想复兴中华文化，除切己体察孔、孟思想之外，则墨子的兼爱救世之思想，亦有留意之必要……必须发扬墨子的反侵略、反仇恨、以战止战、制敌机先的战术；要想端正社会不良风气，也必须发扬墨子奋斗实践的克难精神；要想消弭社会上自私自利的杌陧现象，就必须发扬光大墨子大公无私的主张。”①

2.为求弥补儒家思想的不足。《圣经》学者李士渔说：“因为发挥儒学，也只教人知道讲天理人道，讲静心养性；达到这种境界，就以为天下皆备于我了。这种自我陶醉的态度，是儒家思想的绝境。”周长耀说，我们要虚心研究墨学的大公精神，才能填补此一缺陷。他同意韩愈的主张：“孔子必用墨子，墨子必用孔子。”甚至说，儒墨应并重，而不可偏重。

3.为澄清墨学之浊乱与其限度，对比出更有价值的儒家思想。如陈拱说：“《墨子之省察》一书所述，对于墨学、墨子本人之思想及其有关者，自行已经表达的相当完备；而墨子心灵之偏执、思想之偏滞，亦能恰如其分地得其彰显。就前者言，其目的即在澄清其浊乱与混淆，恢复墨子和墨子之本有面目。就后者言，并非欲因之而否定墨学，而是欲让读者明白墨学之限度与症结所在，藉以开展其心灵，转向更高层次之学术精进，一如大中至正之孔、孟儒家践仁学，则学术、文化始能真有进步与更佳的发展。”②

4.为探明孙中山学说与墨学之关系而研究之。如孙广德《墨子政治思想之研究》，以孙中山先生之物质建设、伦理建设、心理建设等思想架构来探讨墨子《节用》、《节葬》、《兼爱》、《贵义》、《天志》、《明鬼》、《非命》等各篇内容。张家凤《墨子民生经济研究》多引孙中山实业计划、民生主义、民权主义等见解来谈墨子思想。

由于研究的目标与动机不同，因此学者们的立场、观点各异，

①冯成荣：《墨子生平及其教育学术之研究》，第1页。
②陈问梅：《墨学之省察》，台湾学生书局1988年第1版，第14—16页。

取材与推论也就不尽相同。研究者往往希望能尽量客观、如实地反映出墨子思想的真相，但学者本身的信念或信仰却影响着他们观察的角度、关切问题的类型，以及推论过程中的思路进程。众多研究墨学的学者中，有各种不同的指导思想和学术背景；但不论他们的背景如何，学者们对于墨学研究的努力是值得肯定的。他们专注于同一研究对象，秉持学术良知，由不同观点、立场探索挖掘，展现出墨学的丰富面貌。

(二)研究方法

台湾学者在研究墨学的方法上，有统计比较法、范畴整理法及架构对比法等三种主要的方法。

1. 统计比较法。李绍崑在《墨书中的天与上帝》一文曾经将墨书中所引用的“天”与“上帝”作过一些统计比较，被统计的有8篇，列表如下：

| 篇名 | 法仪 | 兼爱中 | 兼爱下 | 非攻下 | 节葬下 | 天志上 | 天志中 | 天志下 | 合计 |
|---|---|---|---|---|---|---|---|---|---|
| 天 | 22 | 1 | 2 | 18 | 0 | 36 | 84 | 43 | 206 |
| 上帝 | 0 | 0 | 3 | 1 | 6 | 3 | 4 | 6 | 23 |

由上表的统计可知，平均来说，墨子用“天”较之“上帝”多至八、九倍；分开看来，在《天志下》多7倍，在《天志上》多12倍，在《天志中》竟多至21倍，这些统计一比较显示了一些研究上的意义，是否“天”在墨子心目中较“上帝”更为重要？“天”在墨学理论中较之“上帝”更有优先？“天”是否比“上帝”更为尊高？当然，对这种统计比较结果的解释或推测是建立在某些预设之上（如出现在某一著作中概念次数之多寡与该概念在其理论上的重要性成正比）。这些预设固然有可讨论商榷的地方，但统计比较法无疑在研究的

过程中，提供了研究线索。

又如，王文发在《近代的墨学复兴：1879—1937》一文中所做的统计：

| 细目内容<br>年代 | 时长 | 治墨人数 | 成绩 | | | 时距 | |
|---|---|---|---|---|---|---|---|
| | | | 专著 | 论述 | 总计 | 时间/人数 | 年/篇 |
| 秦至元<br>前221—1367 | 1589年 | 15 | 7 | 8 | 15 | 105.9/1 | 105.9/1 |
| 明代<br>1368—1643 | 276年 | 26 | 21 | 2 | 23 | 10.6/1 | 12/1 |
| 清光绪五年以前<br>1644—1879 | 236年 | 24 | 22 | 9 | 31 | 9.8/1 | 7.6/1 |
| 1879—1937 | 59年 | 195 | 86 | 248 | 334 | 0.3/1 | 0.12/1 |

这是王文发根据严灵峰《墨子知见书目》一书归纳出的《墨子》一书自秦以至1937年以来的研究情形。从他的统计表中也可以看出，两千多年来，墨家学说在中国思想史上发展的情形。特别是自黄遵宪于光绪二十三年(1897年)提倡墨学至1937年之间，共有195家研究墨学，其中专著86种，单篇论述248篇，但86种专著中，成于民国者达61种；248篇论文中，成于此时期者亦有240篇，由此可见民初研治墨学风气之盛况。统计比较法的另一功能就是能呈现出特定主题整体性、全面性的面貌，这也有助于研究者建立判断的标准。

统计比较法在研究的过程中须配合其他的方法才能充分发挥它的作用，不然单纯的统计方法无法决定所要计算的核心或重要范畴。

2. 范畴整理法。所谓范畴是指墨学中的基本观念，而非所有观念，如陈问梅说："墨学中的十个观念都有原文，可说是相当完全的……依每个观念为主而研读墨子书，大抵是不失为一最好的方法。通过每一观念有关篇章，可以弄清楚每一观念的内容详情。墨学、墨子思想，总共应有十个观念。对于这十个观念的有关篇章，分别地加以了解，了解到每一观念的全貌。于是再进而加以分类组合，即可分别列为四组；天志与鬼神、尚贤与尚同、兼爱与非攻，各为一组；另为非命、非乐、节葬、节用，合为一组。”[1]他就是以这种范畴归类的方式整理墨学，而写就其《墨学之系统申述》。此外，王冬珍的《墨子思想》以及孙广德的《墨子政治思想之研究》，也都是运用此一分类方式进行研究。许多学者在铺陈其论著结构时，也多有这种类似的范畴整理形态。

范畴整理的方法对于墨学内容理论的梳理确有提纲挈领的助力，但是对于墨学的发展，与其他方式比较，其效力则明显不足。

3.架构对比法。所谓架构对比法，是采用已十分系统化的理论架构作为标准，依此既定的架构或观念范畴为单元，从墨学中找出相应的思想内容来加以对比。由于原本的架构已有其系统性，故在研究的成果上可呈现墨学思想的系统性。如王赞源的《墨子的方法论》一文，以西洋哲学中既成的律则来考究墨学的相关思想，像因果律、充足理由律、同一律、矛盾律，及求同法、求异法、同异联用法，并以语意学、语言哲学的当代哲学为架构，对比出墨学在这些领域中的理论内容与深度。其他学者从宇宙论、人性论、教育哲学、政治学、经济学、社会学等学术领域既有的理论架构来考察墨学，也是采取同一方法。这种方法对于墨学本身的发展大有助益。但是对于墨学内涵中超出现有学术各科架构者，则有可能被忽略掉。

从台湾学者研究墨学的方法，可以看到近50年来中西学术交流对于墨学发展的影响，不论是统计比较、范畴整理或架构对比等方法，都与西方哲学有一定程度的关系。

[1] 李绍崑：《墨子研究》，台湾现代学苑月刊社1968年第1版。

## 四、研究展望

墨学从当初墨子的原创而盛显，后历两千年的沉寂，至清乾嘉道光，研究者渐众，方得复苏；再经墨书的校注、《墨经》的整理而至近期墨学的提倡，其过程中有许多研究者，投入毕生精力，对于墨学深耕挖掘，累积了丰硕的成果以飨后人。墨学的价值就在于它具备文化的生命力，虽然曾沉寂很长一段时间，但是当遇到合适的土壤，它仍然会抽芽生长，开花结果。因为墨学本身所开创出来的格局是开阔的，所追求的理想是崇高的，所处理的问题是实际的，解决的方案是有效的。另一方面，墨学的理论仍有可批评修正之处，如忽视文化艺术陶冶、道德理性的开展不足以及过度苦行禁欲等。

墨学在未来的发展，就其内容看，宜深挖其理论内涵，不仅是厘清墨子如何说、《墨子》书所记载的文字意义如何，更应该往一些重要思想的根源处探讨。可进一步与当代的一些实际问题或学术思想相呼应，从墨学精神与理想的层面引申其义，并提出一些有效的治理方案。透过新的诠释和当代语言的表达，把墨学中崇高的理念、意境让社会大众了解，而不仅仅是停留在学术界的讨论上。

其次，在方法上除了灵活运用以往学者的研究方法之外，一些方法上的形式要求也需要注意，其包括下面四种特性：(1)概念意义的确定性；(2)思想递衍的逻辑性；(3)理论架构的开放性；(4)系统学说的完整性。透过对于墨学内涵整体全面的把握，再对其部分、细节的思想予以解释、分析，可获得较为精确的理解；墨学中重要概念经由字源意义、约定性意义及原文脉络的意义可获得其概念意义的确定性。并且，须呈现前后思想的因果关系，以获得思想递衍的逻辑性。再由理论内部的分析及新思路开展的可能性而显出理论架构的开放性。最后,透过其他系统学说的同异对比而展示其系统学说的相对完整性。

再者,在研治墨学的态度上,不仅要发扬、提倡墨学思想的美善之处,也须批判、修正其思想缺失。同时,研究者也要以高度反省的态度来检视自已阐扬或批评的观点、立场及价值标准,唯有具备自省与开放的心态,才能真正有助于学术上的沟通、交流与进展。

## 第六节　国外《墨子》流传和墨学研究

《墨子》最早流传到日本、朝鲜,尔后是欧洲,最后是北美。就墨学的研究而言,日本学者的著述较多,欧美著述较少。

### 一、墨学在日本

中国传统文化,主要是儒学,对日本文化产生了重大影响。《墨子》约在隋唐时期传入日本,研究者固不如研究儒、佛之众,影响也不如儒、佛之盛。然自二次世界大战以后,日本学者除热衷于西洋新思想的介绍外,也致力于东方传统学说的整理和发扬。在此背景下,日本学者研究墨学,始由从前的主要注重于章句训诂,发展到全方位探究墨家思想。

#### (一)《墨子》流传和著译的一般情况

《墨子》在日本最早的中文手抄本(残卷),就目前所知,是原存在宫内省的卷子本[①],其祖本应是中国唐代的《墨子》刻本。而保存最完整的早期中文《墨子》刻本,则为宫内省保存的中国明刻道藏本。而《墨子》一书在日本最早的刻本,是秋山仪(1689—1763)的校刻本,该书依据明代万历辛巳茅坤校书坊刻本,于日本宝历七年

①吴毓江在《墨子旧本经眼录》中认为:"卷子本《墨子》,今尚存数篇于日本宫内省所藏之卷子本'群书治要'中。书中遇唐太宗讳民字,皆缺笔作'𠂉',宛然唐钞矩矱。每行十六字,亦有十七字,及十五字者。卷末有校点者识语如次:文应元冬参洛二次申知莲花王院御本校点了直讲清原。……文应为日本年号,当吾国宋理宗时(1224—1264年)。直讲清原,盖校点者之名衔也。"(见吴毓江:《墨子校注》卷九)

(1757年)刻成。

其后,着重于考证、训诂、译解的《墨子》著作有20余种,主要有:太田方《墨子考要》(1788年);荻原大麓《墨子考》(1796年);吉田皇敦《真本墨子考》(1798年);户崎允明《墨子考》(1810年);诸葛琴台《墨子笺》(1810年);谷立宪《墨子全书注》(1846年);罔本保孝《墨子考》(1878年);牧野谦次郎《墨子国字解》(1911年);野村岳阳《现代语释墨子》(1921年)。最新的《墨子》译本有山田琢于1975年出版的《墨子新译》和长泽规矩也于1977年出版的《和刻墨子全书》。

注重于《墨子》义理评论、研究的著作约有20余种,代表作有:小川言成《墨子讲议》(1882年);佐滕晋《墨子枢义》(1892年);高潋武次郎《杨墨哲学》(1902年);西田长右卫门《新观墨子》(1931年);原富男《墨子讲话》(1936年);大冢伴鹿《墨子之研究》(1943年);渡边卓《墨家思想》(1967年)。

关于《墨子》研究的论文,从1890年到1990年的一百多年间,大致发表各类论文120篇,然而研究墨子"十论"者多,研讨《墨经》者甚少。

(二)主要著作和基本观点述要

1.牧野谦次郎,被美籍华人、著名墨学研究家李绍崑称为日本的孙诒让[1],1911年出版他的著作《墨子国字解》。此书集训释、翻译、研究于一体,分上、下两册,凡1000余页。在该书上册,分八章探讨以下问题:《儒墨为周秦诸子二大统宗》、《墨子以前及当时之中国社会》、《墨子的事迹》、《墨子学说之由来及其各篇之要旨》、《墨学传授之弟子后学及其对社会之影响》、《墨学衰废之原由及近代中国学界对墨学之研究》、《墨学对诸学派之批评》以及《有关研究墨子之资料及书籍》等。对《墨子》原文的注释,分为"大意"、"通

[1] 李绍崑:《墨子:伟大的教育家》,第119页。

释”、“解义”三部分，又在正文旁加日文注音，其体例堪称完备。

2.松本雅明，为日本现代的墨学研究者，他于20世纪60年代发表《墨家与尚书》一文，多有创见，补正了中国学者的许多观点。近年来中国大陆出土的一些商周文物，证实了他的某些观点。①

3.赤塚忠，20世纪50年代撰写《关于墨子的天志——墨子的思想体系之复元》，就天志的起源以及天志在墨子思想体系中的作用作了广泛探讨，认为墨子把天志当做他全部思想的灵魂，构造起一个体系，但墨子所讲的天与上帝是有不同内涵的，墨子的上帝也不是西方基督教的上帝。他还认为墨子“以天志作为宗教肯定论，以非命为宗教否定论”，其内在体系上存有不可克服的矛盾。②

高田淳在《研究》杂志上连续发表《墨经思想》长文，不仅引用了几十年前梁启超、胡适的专著，而且还引述了20世纪50年代出版的谭戒甫、高亨的新著，试图说明《墨经》上下篇之间的发展关系，阐述了《墨经》的特征。

渡边卓是发表墨学论文最多的一位日本汉学家。1957年他发表了《墨家的兵技巧书》，反驳了朱希祖的墨子《备城门》以下20多篇系汉人伪书的说法；1962年发表了《墨学论篇之著作年代——有关十论二十三篇部分》，补充和纠正了俞曲园“十论出于墨家三派”的简单论断，进而证明了“十论二十三篇乃墨家于两百年内经过四个阶段的活动而写成的著作”③。1964年，他又发表《墨家的守御城邑》一文，将《备城门》以下各篇作了深入的比较研究，指出墨家在不同时期的不同活动，以及他们活动的不同范围。

吉川哲夫（美籍日人）认为，日本武士道的经典《叶隐》，其说多与墨子精神相雷同，武士道与墨家思想关系密切。④

①日本财团法人古代协会主办：《古代学》1962年11卷1期。
②日本神户大学文学部主办：《研究》1955年第6期。
③日本神户大学文学部主办：《研究》1955年第28期。
④李绍崑：《墨子：伟大的教育家》，第123页。

二、墨学在韩国

(一)关于墨学在韩国的传播

1. 墨学传入时期

韩国与中国同属世界之东方，地理相连，文脉相同。在中国产生与流行的思想，几乎都很快地传播到韩国。因而，墨学也一定很早就传播到韩国，这是考察墨学在韩国传播与发展的大前提。

众所周知，儒学大约在公元前 4 世纪已经对韩国社会起了功能性的作用[1]，这个时期正是中国的战国时期，儒墨俱为当时显学；因此有理由做这样的假定，可能墨学与儒学同时，或近乎同时传入韩国。墨学的平民思想有可能是阻碍其发展的一个重要因素，因为韩国当时的文化知识基本上掌握在贵族手中，这些贵族是当时文化传播的主要媒介，他们绝对不会情愿让这种思想传播到平民手里。另外，《墨经》作为墨家自身学习的经典，文体独特，文字简约，外人很难懂得其微言大义，这也是阻碍其传播的因素。后来，汉武帝"罢黜百家，独尊儒术"的政策阻碍了墨学在中国的发展，也一定阻碍了墨学在韩国的发展。以上只是从逻辑上推断墨学传入韩国的时间，若要确定这一时间，仍需学者进一步作调查研究。

2. 墨学对古代韩国社会的影响

从三国时代到高丽时代，韩国学术界的学风发生了变化，由儒、佛两家并行转变为儒、佛、道教的三足鼎立。即使在这种比较自由的环境中，仍然无法发现墨学的痕迹。到了朝鲜时代，儒学被置于显赫的地位，尤其是宋明理学。李珥(号栗谷，1536—1584)在给明使臣黄洪宪的《克己复礼说》中写道："小邦之人所见孤陋，只守程朱之说，更无他道理可以敷衍，虽欲不落窠臼，不可得也。"这正是阳明学向韩国传播之时，李珥阐述了阳明学不能兴盛于韩国学

❶韩国学术界一般认为，佛教传入韩国，是高句丽小兽林王二年(372 年)，佛僧顺道带着佛像和佛经而来；道教是在高句丽婴阳王、宝藏王时传入的，当时唐朝遣送道士携带天尊像而到高句丽。

术界的原因。参照其原文能看出，在朝鲜时期由于国内外的刺激和关心，增加了解读其他学派的欲望，但这仅仅是一厢情愿而已。墨学在这种情况之下，要想登入文化的庙堂是不可能的，但是墨学还是对一些学者产生了一定的影响。

朝鲜时代，据李珥《圣学辑要》记载："安民者，为之兴利除害，使乐其生之谓也。"李珥认为，"兴利除害"乃实现"安民"的方法。这里"兴利除害"正与墨子在《兼爱下》、《明鬼下》等篇中的"兴天下之利，除天下之害"的说法相同。我们还可以发现李珥的改革社会现实思想当中有一些部分与墨子思想很接近。对此，需要继续研究，并对其做出准确的评价。

另外，朝鲜时代著名的实学家丁若镛（号茶山，1762—1836）的哲学思想也有许多是和墨子相似的，他的科技思想、军事思想也与墨子相似。他批判儒学的某些观点，似乎是墨子思想的再现。丁若镛是否读过《墨子》，目前还没有证据，但是，他很可能受到了墨子思想的影响。

墨学思想在古代韩国的影响只是散见于各处，这种状况一直持续到现代韩国。现在，程朱之学或儒学在韩国仍然占据统治地位，韩国的墨学就是在这种困境下发展的。李云九、朴文铉、尹武学等都取得了很大的成绩。

（二）当代韩国的墨学研究

1.李云九对墨学研究的贡献

现任韩国成均馆大学教授，曾任该校附设大东文化研究院院长的李云九，生于1933年，韩国忠南全道人。他用很长时间研究中国传统文化中的诸子百家思想，在韩国已成为这方面的专家。他引导墨学研究进入了一个新的阶段。

(1)李云九的主要著作及论文

李云九的代表性著作有:《中国的批判思想》,骊江出版社 1978 年出版;《墨家哲学研究》,成均馆大学和大东文化研究院,1995 年出版。他关于墨学的研究主要有:《墨子的战争哲学批判》、《墨家的技术特点和科学意识》、《墨子经济思想的当代意义》等篇。《中国的批判思想》以中国思想中的批判社会现实意识为其主要内容,全书分为 11 篇和两部附录,其中用了很多的篇幅来介绍墨家的批判仪式。在该书《序》中作者写道:“在学问的世界,没有圣域。任何名分不能桎梏批判的自由。只有怀疑和批判,并通过进行讨论,才能够保障发展。”即没有批判,社会就不能发展,批判意识是社会发展的原动力。从此出发,李云九高度评价了墨家对中国先秦社会、经济、政治、其他学派等的批判意识。

《墨家哲学研究》是对墨家研究成果的综合。此书是他与弟子尹武学合作写成,这是韩国第一本介绍墨学思想整个体系的学术著作。他在《序》中说:“与其说个人的研究(对墨学的研究),不如说需要广大学者的关心。”每一个传统思想都具有其长处和短处,因此研究传统文化之时,从发扬传统文化的共同立场出发,重新对待祖先留给后人的宝贵的精神财产,需要放弃偏见,积极关心以前所未注意的思想,这才是对传统文化的真正态度。

(2)李云九关于墨学研究的主要特点

从李云九的著作与论文来分析其贡献与特征,可以看出,李云九对墨家的研究可以说是现代韩国第一人,这种开创性的作用是无可代替的。他与尹武学合著的《墨家哲学研究》,系统地介绍了墨家思想的各个方面,从总体上分析和研究了墨家思想。

另外,他注重墨学在未来世界里的作用。墨学是一门古老的学问。这种思想,在今日社会和未来世界有什么影响呢?李云九认为,批判意识是社会发展的原动力,而墨学的批判反映在政治、哲学、科技、军事等诸多领域。这种针砭时弊的做法虽有一定的时代背景,但就其通用性而言,今日社会不就是对昨天的批判而发展的吗?由此,我们可以推断,未来世界也是批判现实世界而发展的,墨学一定会对未来世界产生作用,这种作用不是具体地针对某一事物或现象,而是针对整个世界。李云九对于墨学在未来世界的作用阐发详尽透彻,具有深刻的预见能力。

一部韩国思想史,也就是儒教思想的发展史。正因为如此,李云九对墨学的研究成果,可以说是现代韩国研究墨学的开始,也是今后研究墨学的基础。

2.朴文铉与尹武学的墨学研究

(1)朴文铉对墨家经世思想的研究

继李云九之后,朴文铉将韩国墨学的研究推向了深的层次。朴文铉毕业于釜山大学哲学系,后于东国大学研究生院取得了博士学位(1989年)。他的博士论文的题目就是《墨子的经世思想研究》。后来他与李俊宁合译《墨子》一书。该书对于韩国学者了解《墨子》大有裨益。

朴文铉在其博士论文《墨子的经世思想研究》中认为,墨子的经世思想就是墨子为消除阶级矛盾与国家战争而阐发的救世学说,尚贤、尚同、兼爱、非攻、节用、节葬、天志、明鬼、非乐、非命十大条目就是此学说的具体展开,墨子最终要达到实现和平共处的大同世界的目的。墨子的这些经世思想,就构成政治、经济、国际关系、教育等理论的体系化,这就是在天鬼观的基础上,追求大同世界。从此出发,朴文铉得出结论,认为墨子的经世思想的现代价值在于它的平等精神、勤俭精神、和平精神等三个方面。

此外，朴文铉第一次将《墨子》原典完整地翻译成朝文。在他之前，也有人尝试过，他们并非研究墨学的专家，而是汉文学家，翻译的效果并不理想[1]。遗憾的是，朴文铉的《墨子》一书未翻译《墨经》，原因在于，中国学术界对于《墨经》的现代汉语翻译还有许多分歧。

(2)尹武学关于墨家逻辑的研究

如果说，李云九与朴文铉研究墨学方向集中于墨家的哲学部分，那么尹武学研究墨学的方向则重点在墨家的逻辑思想。他于1992年在韩国成均馆大学取得博士学位，其论文题目就是《墨家名学之研究》。

以此篇博士学位论文为主体，尹武学与其师李云九合著了《墨家哲学研究》一书。此书系统地阐述了对墨家逻辑的见解。

尹武学在《墨家名学之研究》中详细地分析了中国逻辑的产生背景、墨家在中国逻辑史上的重要位置等。揭示了前期墨家的逻辑范畴与后期墨家《墨经》中的逻辑范畴的相互关系，认为前后期墨家在逻辑上并未断裂，而是前后贯通的，前后之间是继承和发展的关系，而不是分离的。

《墨家的古今之辩》一文，是尹武学进行墨家思想研究的另一个成果。此论文提出了《墨子》通篇所见的三表法中的先王观或古今之辩，与儒、道等其他学派不同。墨家的先王观是体现“兼相爱、交相利”理念的理想型，所以不可能只停留在尚古主义上，这在《墨经》中更加具体化。“五行相胜说”是批判循环史观的典型例子。由此，他进一步认为，墨家在“述古作今”的基础上肯定古今变化而表现出较为先进的历史观。

[1] 还有一些学者也翻译了《墨子》原典，如李元燮：《新译墨子》，玄岩社出版；金学主：《新译墨子》，明文堂出版。

3.其他学者有关墨学的研究

从普及墨学方面来说,非墨学专家关心和研究墨学,是令人鼓舞的事情。韩国西江大学的郑仁在于1992年参加了首届墨学国际研讨会,并发表了《墨子的和平思想》一文。此文认为,墨子的"非攻兼爱"思想不但为了防止个人之间的斗争,而且是为了制止国际间的战争。墨子不但在人类历史上最早提出了和平理论,而且最早进行了和平活动的实践。

李海英在1986年东洋哲学研究会主编的《东洋哲学研究·第七集》上发表《墨家的批判意识》。他于1989年在韩国成均馆大学取得了博士学位,其题目是《先秦组织的批判意识之研究》,该文分为五章,他在第四章中专门介绍了墨家的批判意识。

奇世春曾经编纂了《天下莫非亲人》、《我们为什么选择墨子》等书。并且他也参加了第二届墨学国际研讨会,发表了《墨子与主体思想的对话》一文。

此外,尚有一些韩国学生到中国研究墨学。中国人民大学哲学系博士研究生黄晟圭,在导师孙中原的鼓励和帮助下,撰写了《孔墨人本学探微》、《中国逻辑在韩国》、《墨子人本思想研究》、《墨子军事思想及其现代意义》等。在专著方面有《听听墨子怎么说》出版。

韩国墨学研究的学者不断增加,其研究水平也在不断提高,而且他们研究的方法较新。可以预见,在现在的基础上继续前进,墨学在韩国的前景是广阔的,墨学给予未来韩国社会的影响将是深刻的。

### 三、墨学在欧洲

欧洲人研读《墨子》，始于清朝中后期来华传教的英国圣公会牧师理雅格（James Legge 1815—1897）。理雅格在香港传教几十年。他认为要使中国人归化上帝，首先要了解中国的本位文化，所以他下大工夫翻译和解释儒家经典，其中一些译著涉及墨学。他在早期作品《中国人的天道与鬼神观》中，介绍了墨子的“天志”和“明鬼”思想。在《中国经典》第二卷《孟子》译文前，用30多页篇幅讨论杨墨学说，并选译《兼爱》三篇附后。他详细地阐述了基督博爱的道理，并用来比附墨子的“兼爱”学说，并断定“我以为真正存在的兼爱和博爱，都会带给上帝的光荣，而又促进世界的和平”[①]。

19世纪末，欧洲人所发表的墨学论文，大多从传教士的立场出发，讨论《墨子》书中的宗教问题，如艾肯斯（Toseph Edkins）在英国皇家亚洲学会中国分会会刊发表《墨翟之人格及其作品的评介》，哈培尔（Andrew Happer）撰写《中国典籍中的上帝是否即圣经中的耶和华》，以及达昧夫人（Mme.Alexander Darid）著《墨子哲学与互惠主义》，差不多都是把墨子“天志”、“明鬼”与西方的基督教教义进行对比研究，肯定二者有许多共同之处。

进入20世纪后，欧洲学者才摆脱传教士的立场，而专从学术观点看待《墨子》。20年代德国汉学家福尔克（Alfred Torke）费十多年精力，依孙诒让《墨子间诂》原本，把《墨子》全书译成德文，从而为西方掀起研究墨学的风气创造了条件。30年代，德国著名诗人、戏剧家布莱希特（1898—1956）著成《墨子成语录》，起到了普及作用。50年代以来，英国汉学家李约瑟博士（Doc.Toseph Needham）分次出版了巨著《中国科学技术史》，共七册，其中第二册第11卷，专门讨论了墨家的宗教实证论和科学方法论；第四册第26卷，详细

①詹姆士·理雅格：《中国经典》第2卷，第122页。

介绍评论了墨家的测量学、力学、光学等知识，影响很大。

20世纪上半叶，欧洲学者发表的墨子研究论文还有：亨利·马斯波罗的《墨子伦理学译注》（巴黎，《董报》，1927年8月）；H·威廉姆斯的《墨子——中国的异教徒》（济南，1927年）；克利弗德·席姆普森的《墨子与宿命论》（巴黎，《中国实录》，1931年10月）；威伦斯·韦斯特伍德的《墨子著作中的宗教因素》（巴黎，《中国实录》，1931年9月）；韦尔伯·H·龙的《墨子——宣扬兼爱的中国古代哲学家》（北平，1934年8月）。80年代，当代著名历史学家、哲学家，英国的汤因比和日本的池田大作在关于墨子的对话中，给墨子思想以高度评价。汤因比认为，“把普遍的爱作为义务的墨子学说，对现代世界来说，更是恰当的主张，因为现代世界在技术上已经统一起来，但在感情方面还没有统一起来。只有普遍的爱，才是人类拯救自己的唯一希望”。池田大作也认为，“墨子的爱，比孔子的爱更为现代人所需要”。[1]

### 四、墨学在美洲

《墨子》在美洲被人注意，只是近80年的事。对墨学较有贡献者，首推留美华人或美籍中国学者，其次就是美国人的研究。

1960年，美国学者顾立雅（H.G.Greed）发表《孔子及中国之道》，在文中曾提到墨子40多次。1963年，华成（Burton Watson）出版了他选译的《墨子》，只译其中11篇。1967年，卜德（Derk Bodde）发表《中国哲学中的调和与冲突》，论及墨子的兼爱思想。60年代后期，威廉士（Eleuthere Winance）在《国际哲学季刊》上发表《被遗忘了的中国思想家——墨子》，较全面地介绍了墨子思想。

1919年，胡适在美留学期间用英文写成博士论文《中国古代逻

[1] 秦彦士：《墨学的当代价值》，中国书店1997年第1版，第58页。

辑方法之发展》,对《墨经》进行了深入研究,给予《墨经》和《墨经》的作者以高度评价,打破了西方学术界关于中国自古无逻辑体系的错误观点,影响深远。

1929年,留美学人梅贻宝选译《墨子》中36篇文章,冠以《墨子的道德政治作品》书名出版。此书保存了中国语言风格和《墨子》原书的特色,有较好影响。1934年,梅贻宝出版了专著《墨子:孔子的冤家》,详细介绍墨子的生平和学说,在第四章着重阐述了墨子的方法论。

1965年,天主教神父周幼伟出版了《墨子伦理哲学》一书;同年成中英在《东西哲学季刊》上发表《中国古典逻辑》新探,主要讨论了《墨经》中的逻辑问题。1967年,周策纵发表《墨家起源新说》,就墨家起源问题,提出了与传统提法不同的新观点。

近三十年来,在美国研究墨子最有成就的是旅美中国学者李绍崑教授。李绍崑原籍湖南,现为美国宾州爱丁堡大学教授,其著作有:《墨子:伟大的教育家》,原为英文,1985年译成中文在国内出版,共七章。1990年,李氏在台北出版《墨学十讲》,该书是作者1989年6月在南开大学的讲稿。作者认为《亲士》等七篇属于墨子早期作品,《墨经》作者是墨子,《备城门》以下诸篇是墨子的晚期作品。全书各章将墨学与西方哲学及马克思主义相比较。此外,李氏还著有《墨子研究》、《墨子的教育心理学》等书,并发表墨学论文几十篇。

此外,李绍崑教授还是20世纪中国墨学再度复兴的直接参与者、重要支持者和见证人。他参加了1991年以来历次国际墨学研讨会,并在大会上宣读论文,成为海外华人中研究墨学的一面旗帜,对于促进墨学走向世界,发挥了积极而重要的作用。

# 附：

## 20世纪中国墨学重要学术著作

**墨子注** 七十一篇 429页 清·王闿运

清光绪三十年(1904年)江西官书局刊《湘绮楼全书》本。

《墨子集成》本。

**墨子笺** 十五卷 274页 清·曹耀湘

清光绪三十二年(1906年)湖南官书局排印本。

《墨子集成》本。

**墨子经说校正集解** 二卷 320页 清·沈湛钧

清光绪年间《知非斋丛书》本。

**点勘墨子读本** 十六卷 清·吴汝纶

清宣统元年(1909年)北京衍星社排印线装本。

《墨子集成》本。

清宣统二年(1910年)重庆启渝公司排印线装本。

**子墨子学说** 一卷 清·梁启超

清宣统(？)年《墨学微》坊刊本。

1936年上海中华书局排印本。

《墨子集成》本。

1941年上海中华书局三版排印本。

1956年台湾中华书局台一版影印本。

**墨商** 三卷 清·王景曦

清宣统二年(1910年)永嘉王氏刊本。

《墨子集成》本。

1929年黄群辑《敬乡楼丛书》排印本。

**墨子尚书古义** 二卷 清·胡兆鸾

清宣统间湖南官书报局排印本。

**墨子引书说**　一卷　孙国仁

稿本(上海图书馆藏)。

砭愚堂丛书。

**墨子佚文**　一卷　王仁俊

稿本(上海图书馆藏)。

**原墨**　一卷　15页　张采田

1912年刊本。

《墨子集成》本。

**墨子精华**　一卷　50页　侯应琛

中华书局1914年版。

**墨子新释**　三卷　348页　尹桐阳

1914年衡南学社石印本。

1919年《起圣斋丛书》再版排印线装本。

1924年三版排印线装本。

《墨子集成》本。

**读墨子杂记**　清·王绍兰

1915年排印本(台湾“国立中央研究院”藏)。

**原名**　一卷　15页　章炳麟

1917年浙江图书馆刊“章氏丛书”本。

1924年上海古书流通处影印“章氏丛书”本。

《墨子集成》本。

**评注墨子菁华录**　一卷　50页　张之纯

1918年上海商务印书馆初版排印线装本。

1970年台北宏业书局翻印本。

《墨子集成》本。

1924 年五版排印线装本。

**墨子与别墨** 胡适

1919 年上海商务印书馆初版排印本。

1919 年上海商务印书馆再版排印本。

1929 年上海商务印书馆《万有文库》改称《中国古代哲学史》排印本。

1958 年台湾商务印书馆《中国古代哲学史》台一版影印本。

**墨子学案** 一卷 183 页 梁启超

1921 年上海商务印书馆初版排印本。

1929 年五版排印本。

1975 年台北新文丰出版公司影印本。

1936 年上海中华书局初版排印本。

1957 年台湾中华书局一版影印本。

**新考正墨经注** 一册 114 页 张之锐

1921 年河南官书局排印本。

**墨子经说新解** 一卷 16 页 张煊

《墨子集成》本。

**墨子评议** 三卷 133 页 清·俞樾

1922 年李氏念劬堂刊本。

**墨经校释** 一卷 242 页 清·梁启超

1922 年上海商务印书馆初版排印本。

1926 年上海商务印书馆四版排印本。

《墨子集成》本。

1975 年台北新文丰出版公司影印本。

1957 年台湾中华书局台一版影印本。

**新校正墨经上篇**　徐廷荣

民国铅印本。

**墨辩新诂**　二卷　伍非佰

1922 年成都石印本(四川省图书馆藏)。

**儒墨之异同**　一卷　238 页　王桐龄

1922 年北平高等师范大学图书馆排印本。

《墨子集成》本。

**墨子间诂笺**　一卷　318 页　张纯一

1922 年上海定卢初版排印本。

《墨子集成》本。

1975 年台北新文丰出版公司影印本。

1962 年台北世界书局影印本。

1975 年台北艺文印书馆增订排印本。

**墨辩解故**　一卷　208 页　伍非佰

1923 年中国大学晨光社排印本。

**墨辩论文集**　一卷　62 页　伍非佰

1923 年排印本。

《墨子集成》本。

**墨学分科**　一卷　103 页　张纯一

1923 年上海定卢排印本。

《墨子集成》本。

**墨子政治哲学**　一卷　136 页　陈顾远

1923 年上海泰东图书局初版排印本。

1926 年三版排印本。

1975年台北新文丰出版公司影印本。

**墨子学说** 一卷 28页 胡韫玉

1923年国学研究社初版排印线装本。

《墨子集成》本。

1924年再版排印线装本。

**墨子精华** 一卷 50页 无名氏

1924年上海中华书局初版排印线装本。

《墨子集成》本。

1924年(?)版排印本。

1931年十一版排印线装本。

**墨子哲学** 一卷 82页 郎擎霄

1924年排印本。

1969年台南市大东书局影印本。

《墨子集成》本。

**墨子经说浅释** 一卷 41页 胡韫玉

1924年国学研究社初版排印线装本。

《墨子集成》本。

**定本墨子间诂校补** 二卷 306页 李笠

1925年上海商务印书馆初版排印线装本。

《墨子集成》本。

1936年国难后第一版排印线装本。

**续墨子间诂** 四卷 237页 刘昶

1925年上海扫叶山房石印线装本。

《墨子集成》本。

1957年台湾艺文印书馆影印本。

**墨子哲学**　一卷　200页　王治心

1925年金陵神学出版社排印本。

**墨经新释**　一卷　104页　邓高镜

民国(？)年北京朴社排印本。

民国(？)年北京大学出版部排印线装本。

1931年上海商务印书馆初版排印本。

《墨子集成》本。

1933年国难后第一版排印本。

**名墨论集**　一卷　26页　章士钊

《墨子集成》本。

**墨经诂义**　二卷　叶瀚

稿本(上海图书馆藏)。

1931年(？)排印本。

**墨说要旨**　一卷　叶瀚

晚学庐丛稿本(稿本上海图书馆藏)。

**墨子学术起源考**　一卷　叶瀚

晚学庐丛稿本(稿本上海图书馆藏)。

**墨学派衍考证**　一卷　叶瀚

晚学庐丛稿本(稿本上海图书馆藏)。

**墨辩释要札记**　附墨辩释词拟目　一卷　叶瀚

晚学庐丛稿本(稿本上海图书馆藏)。

**墨辩注**　一卷　叶瀚

晚学庐丛稿本。

**墨辩**　一卷　叶瀚

晚学庐丛稿本。

**墨守要义**　一卷　叶瀚

晚学庐丛稿本。

**墨子经济思想**　一卷　83页　熊梦

1925年北京佩文斋排印本。

**墨子综释**　一卷　支伟成

1925年上海泰东图书局初版排印本。

1927年再版排印本。

《墨子集成》本。

**墨子选粹**　刘永济

1925年上海亚东图书局再版排印本。

**新式标点墨子注**　高岳岱

1925年上海扫叶山房排印本。

**墨辩校勘记**　二卷　伍非佰

1926年成都石印本(四川省图书馆藏)。

**墨子选注**　一卷　唐敬杲

1926年上海商务印书馆初版排印本。

《墨子集成》本。

1930年再版排印本。

1934年赣县第一版排印本。

1964年台湾商务印书馆台一版排印本。

1933年《万有文库》初版排印本。

1970年台湾商务印书馆《人人文库》缩印本。

**墨辩讨论**　一卷　178页　栾调甫(编)

1926年子学社排印本。

**读墨札记**　二卷　清·陶鸿庆

1927 年北京文字同盟社排印线装本。

《墨子集成》本。

1957 年台北艺文印书馆影印单行本。

1959 年中华书局排印《读诸子札记》本。

《墨子集成》本。

**点句墨子注** 陈益

1927 年上海扫叶山房石印本。

1975 年台北新文丰出版公司影印本。

**名经注** 一卷 栾调甫

稿本(据《墨辩讨论·温子培序略》)。

**墨子治要** 张文治

1928 年上海扫叶山房《国学经史子集大纲·诸子大纲》排印本。

**墨学通论** 一卷 84 页 孙思仿

1927 年油印排印本。

《墨子集成》本。

**墨学十论** 一卷 232 页 陈柱

1928 年上海商务印书馆初版排印本。

《墨子集成》本。

1931 年再版排印本。

1930 年《万有文库》初版排印本。

1934 年《国学小丛书》初版排印本。

1934 年《国学小丛书》再版排印本。

**墨子刊误** 二卷 134 页 陈柱

1928 年上海中华书局初版排印线装本。

《墨子集成》本。

**墨子读本**　一卷　158 页　朱公振

子学社刊本。

**杨墨哲学**　一卷　蒋维乔

1928 年上海商务印书馆排印本。

《墨子集成》本。

**墨经易解**　一卷　304 页　谭戒甫

1929 年(？)国立武汉大学排印线装本。

《墨子集成》本。

1935 年上海商务印书馆《万有文库》排印本。

**墨子**　一卷　84 页　钱穆

1930 年上海商务印书馆《万有文库》排印本。

**墨子举正**　孙人和

1930 年北平师范大学国文会排印本。

**墨经通解**　五卷　272 页　张其锽

1931 年桂林张氏独志堂排印线装本。

《墨子集成》本。

1960 年台北长春图书文具公司影印独志堂本。

**儒墨之异同**　236 页　王桐龄

1931 年北平文化学社初版本。

**墨经及后期墨家**　冯友兰

1931 年上海神州国光社上卷初版排印本。

1934 年上海商务印书馆上、下全卷排印本。

1956 年香港太平洋图书公司翻印本。

1967 年台湾改称《中国思想史》翻印本。

**墨经及前期墨家**　冯友兰

1931年上海神州国光社上卷初版排印本。

1934年上海商务印书馆上、下全卷初版排印本。

1956年香港太平洋图书公司翻印本。

1967年台湾改称《中国思想史》翻印本。

**墨子集解** 张纯一

1932年上海医学书局初版排印本(917页)。

1936年上海世界书局修正排印本(686页)。

《墨子集成》本。

1971年台湾文史哲出版社影印本。

1988年成都古籍出版社据世界书局1936年初版影印本。

**墨子辨** 一卷 胡怀琛

民国(？)年自刻本。

**墨子哲学** 一卷 200页 王治心

民国(？)年排印本。

**墨辩疏证** 七卷 159页 范耕研

1934年上海商务印书馆《国学小丛书》。

1967年台湾商务印书馆《人人文库》缩印本。

**老墨哲学之人生观** 蔡尚思

1934年上海商务印书馆初版排印本。

**墨子大义述** 202页 伍非佰

1935年新亚会排印本。

**墨经悬解** 二卷 259页 陈无咎

1935年上海医药书局排印线装本。

《墨子集成》本。

**墨子拾补** 二卷 62页 刘师培

1936 年宁武南氏排印《刘申叔先生遗书》线装本。

《墨子集成》本。

1957 年台北艺文印书馆影印单行本。

**墨辩新注** 二卷 196 页 鲁大东

1936 年上海中华书局排印线装本。

《墨子集成》本。

**墨子辩经讲疏** 六卷 284 页 顾实

1936 年南京至诚山卢出版部初版排印本。

《墨子集成》本。

**白话译解墨子** 二卷 234 页 叶玉麟

1936 年(?)上海广益书局排印本。

《墨子集成》本。

1966 年台北华联出版社影印本。

1969 年台北华联出版社重印本。

**墨学源流** 一卷 347 页 方授楚

1937 年上海中华书局初版排印本。

1989 年中华书局、上海书店初版影印本。

《墨子集成》本。

1957 年台湾中华书局台一版影印本。

**墨子新证** 四卷 206 页 于省吾

1938 年《双剑诸子新证》石印线装本。

《墨子集成》本。

1957 年台北艺文印书馆影印《双剑诸子新证》本。

1962 年中华书局《双剑诸子新证》再版排印本。

**墨家伪书通考** 张心澄

1939 年上海商务印书馆《伪书通考》初版排印本。

《墨子集成》本。

1954 年上海商务印书馆再版排印本。

1964 年上海商务印书馆改版横行排印本。

**墨经哲学**　一卷　211 页　杨宽

1942 年正中书局初版排印本。

《墨子集成》本。

1947 年沪三版排印本。

1959 年台湾正中书局台一版排印本。

**墨子校注**　十五卷　吴毓江

1944 年重庆独立出版社排印线装本(854 页)。

《墨子集成》本。

**墨子**　一卷　78 页　陆世鸿

1947 年上海中华书局排印本。

《墨子集成》本。

1962 年台湾中华书局影印本。

1988 年中国书店据中华书局 1947 年版影印本。

**墨子选注**　七篇　张默生

1947 年上海东方书社再版排印本。

1957 年重庆人民出版社排印本。

《墨子集成》本。

**墨子及墨者**　蒋建侯

1948 年正中书局《诸子通考》初版排印本。

1953 年台湾正中书局台一版排印本。

1957 年台湾正中书局台二版排印本。

**墨家之书**　蒋伯潜

1948 年正中书局《诸子通考》初版排印本。

1953 年台湾正中书局台一版排印本。

1957 年台湾正中书局台二版排印本。

**墨子城守各篇简注**　一卷　171 页　岑仲勉

1948 年北平古籍出版社初版排印本。

《墨子集成》本。

1971 年台湾世界书局影印本。

**墨子引得**　一卷　哈佛大学燕京大学引得编纂处，聂筱珊等

1948 年燕京大学引得编纂处《引得》特刊二十一号，横行排印本。

1961 年东方学研究日本委员会影印本。

1966 年台北成文出版社重影印本。

1986 年上海古籍影印本。

**墨子读本**　一卷　谭正璧

1949 年上海中华书局初版排印本。

《墨子集成》本。

1973 年台湾华正书局放大影印本。

**孔墨的思想**　一卷　120 页　杨荣国

1950 年三联书店初版排印本。

**墨辩新诂**　四篇　胡适

1953 年台湾远东图书公司排印《胡适文存》本。

《墨子集成》本。

**墨子救宋**　胡征

1953 年华东人民出版社排印本。

**墨学新论** 一卷 王寒生

1953年台北《民主宪政》杂志社初版排印本。

**墨子和墨家** 顾德辉

1954年四联出版社排印本。

**先秦诸子的若干研究** 杜国庠

1955年三联书店版。

**墨子救宋** 周慕白

1956年上海人民出版社排印本。

**墨学概论** 一卷 高葆光

1956年中华文化事业出版委员会十一月初版排印本。

1956年再版排印本。

**墨家的形式逻辑** 一卷 139页 詹剑峰

1956年湖北人民出版社横行排印本。

《墨子集成》改直行排印本。

**墨子** 一卷 76页 任继愈

1956年上海人民出版社横行排印本。

**墨子研究论文集** 一卷 172页 栾调甫

1957年北京人民出版社排印本。

《墨子集成》本。

**墨辩发微** 一卷 510页 谭戒甫

1958年科学出版社排印本。

1964年中华书局再版排印本。

《墨子集成》本。

1971年台北宏业书局影印本。

1972年台北红叶书店影印本。

**墨子考索** 罗根泽

1958年北京人民出版社横行排印本。

《墨子集成》改直行排印本。

1970年台北泰顺书局影印本。

**墨经校诠** 五卷 216页 高亨

1958年科学出版社排印本。

1962年中华书局排印本。

1958年台北世界书局翻印本。

1972年台北乐天出版社影印本。

《墨子集成》本。

1972年台湾广文书局影印本。

**墨子** 罗根泽

1958年(诸子索引)人民出版社排印本。

**儒道墨三家评介** 一卷 胡耐安

1958年台北“中央文物供应”社排印本。

**墨子** 一卷 王叔岷

1959年《历史语言研究所集刊》第三十本横行抽印本。

1965年台湾世界书局《诸子斠证》横行影印本

**墨子新笺** 一卷 49页 高亨

1961年山东人民出版社《诸子新笺》排印本。

1962年《诸子新笺》再版排印本。

《墨子集成》本。

**墨子引得** 洪业主编

1961年哈佛燕京学社引得编纂处校订重印。

**墨辩的逻辑科学思想分析** 一卷 汪奠基

1961年中华书局初版排印本。

《墨子集成》本。

**墨子**　北京一中语文、历史组编

1961年中华书局排印本。

**墨子非乐译注**　一卷　吉联抗

1962年北京音乐出版社横行排印本。

《墨子集成》改直行排印本。

1980年重印。

**墨子非攻上注**　一篇　芦荻

1962年中国青年出版社排印本。

**墨子译注**　五篇　朱伯崑

1962年中华书局初版排印本。

1963年三版重印本。

《墨子集成》本。

**墨辩译注**　三篇　朱伯崑

1962年中华书局初版排印本。

1963年三版重印本。

**墨子间诂补正**　阮廷卓

1963年《大陆杂志语文丛书》第一辑第二册影印本。

**墨子假借字集证**　一卷　周富美

1963年"国立台湾大学"文学院初版排印本。

**墨子的科学(力学与光学)**　一卷　陈奇猷

1963年上海中华书局排印本。

《墨子集成》本。

**墨子译注**　十一篇　吴则虞

1964年中华书局初版排印本。

《墨子集成》本。

1971年台北西南书局翻印本。

**墨学研究　一卷　陈拱**

1964年私立东海大学挑印本。

**墨子虚字研究　一卷　周富美**

1966年“国立台湾大学”《文史哲学报》第十五期排印本。

**墨子小取篇论《辩》辨义　唐君毅**

1966年香港人生出版社排印本。

**墨子学说研究　一卷　谢湘**

1967年香港上海印书馆初版排印本。

**三民主义与儒墨正名思想　一卷　张铁君**

1967年台北三民主义研究所排印本。

**墨辩新注　四卷　李渔叔**

《大学丛书》本。

1968年台湾商务印书馆初版排印本。

**墨子简编　一卷　严灵峰**

1968年台湾商务印书馆初版排印本。

1970年二版排印本。

**墨子研究　一卷　(美)李绍崑**

1968年现代学苑月刊社初版排印本。

**墨子知见书目　140页　严灵峰**

1969年台湾学生书局印行本。

**墨子政治思想之研究　一卷　孙广德**

1971年台湾中华书局排印本。

**墨经哲学**　正中书局编审委员会

1974 年台湾正中书局第四版印行本。

**墨辩发微**　谭作民

1974 年台湾世界书局再版本。

**墨子今注今译**　一卷　李渔叔

1974 年台湾商务印书馆排印本。

1979 年第三版。

1988 年天津古籍出版社影印本。

**墨子思想之研究**　周长耀

1974 年中华伦理科学教育协会排印本。

**墨子思想体系与各篇内容分析**　一卷　严灵峰

1975 年台北文史哲出版社集成本。

**墨学探微**　一卷　256 页　史墨卿

1976 年学生书局排印本。

**墨家的哲学方法**　一卷　钟友联

1976 年东大图书公司排印本。

**墨学新论**　一卷　钱王倜

1976 年台北县元杰书局排印本。

**墨子大取篇校释**　一卷　阎崇信

1977 年台北文史哲出版社排印本。

**墨子研究**　一卷　陈癸淼

1977 年台湾学生书局初版排印本。

**墨子小取篇集注及其辩学**　一卷　173 页　姚振黎

1978 年台北文史哲出版社排印本。

**墨子哲学**　一卷　223 页　蔡仁厚

1978 年东大图书公司排印本。

**墨子析义** 一卷 王企萦

1979 年台中市金市公司排印本。

**墨辩逻辑学** 380 页 陈孟麟

1979 年山东人民出版社初版本。

1983 年齐鲁书社修订本。

**墨子的思想体系研究** 398 页 冯成荣

1979 年台北文史哲出版社初版本。

**墨经的逻辑学** 沈有鼎

1980 年中国社会科学出版社初版本。

1982 年中国社会科学出版社再版本。

**墨子新探** 一卷 王冬珍

1980 年台湾世界书局初版排印本。

**墨经分类译注** 205 页 谭戒甫

1981 年中华书局初版本。

**墨子的哲学和科学** 156 页 詹剑峰

1981 年北京人民出版社初版本。

**墨子:救世的苦行者** 317 页 周富美

1981 年台北时报文化出版事业有限公司初版本。

**墨学新探** 王冬珍

1981 年台湾世界书局再版本。

**墨子虚词用法诠释** 谢德三

1982 年台湾学海出版社初版本。

**先秦七子思想研究** 童书业

1982 年齐鲁书社初版本。

**墨经中的数学和物理学**　方孝博

1983年中国社会科学出版社初版本。

**墨子校释**　一卷　407页　王焕镳

1984年浙江文艺出版社横行排印本。

1987年浙江古籍出版社再版本。

**墨子:伟大的教育家**　124页　(美)李绍崑著　张志怡译

1985年湖南教育出版社初版本。

**中国古代思想史论**　李泽厚

1985年安徽文艺出版社初版本。

**墨子校释商兑**　299页　王焕镳

1986年中国社会科学出版社初版本。

**墨子的人生哲学**　薛保伦

1986年台湾正中书局初版本。

**墨子的教育思想研究**　一卷　陈维德

1987年台北文史哲出版社排印本。

**墨学之省察**　三卷　陈问梅

1988年台湾学生书局初版排印本。

**墨子今注今译**　397页　李渔叔

1988年天津古籍出版社初版本。

**墨子菁华**　夏景尧

1989年上海教育出版社初版本。

**墨学十讲**　(美)李绍崑

1990年台湾水牛出版社初版本。

**墨子选译**　182页　谭家健　郑君华

1990年上海古籍出版社初版本。

**墨子选译** 刘继华

1990年成都巴蜀书社初版本。

**中国古代思想史论** 蔡尚思

1990年广东人民出版社初版本。

**墨子研究论丛第一辑** 439页 张知寒主编

1991年山东大学出版社初版本。

**白话墨子** 451页 梅季 林金宝

1991年岳麓书社初版本。

**墨子思想评论** 406页 谭家健

1991年文津出版社初版本。

**墨子导读** 水渭松

1991年巴蜀书社初版本。

**墨子新论** 394页 杨俊光

1992年江苏教育出版社初版本。

**墨子白话今译** 331页 吴龙辉等

1992年中国书店《先秦诸子今译丛书》本。

**墨子的传说** 117页 王祥裕

1992年三环出版社初版本。

**墨子研究论丛第二辑** 610页 张知寒主编

1993年山东大学出版社初版本。

**墨经数理研究** 155页 杨向奎

1993年山东大学出版社初版本。

**墨子评传** 422页 邢兆良

1993年南京大学出版社初版本。

**墨经训释** 412页 姜宝昌

1993年齐鲁书社初版本。

**墨学通论** 360页 孙中原

1993年辽宁教育出版社初版本。

**墨子及其后学** 164页 孙中原

1993年新华出版社初版本。

**墨子:兼爱人生** 188页 陈伟

1993年长江文艺出版社初版本。

**孔子仁爱与墨子兼爱比较研究** 228页 吴进安

1993年台北文史哲出版社初版本。

**墨学思想新探** 黄世瑞

1993年台北水牛出版社初版本。

**墨子新论** 213页 秦彦士

1994年成都电子科技大学出版社初版本。

**墨子全译** 769页 周才珠 齐瑞端

1995年贵州人民出版社初版本。

**墨者的智慧:墨子说粹** 281页 孙中原

1995年三联书店初版本。

**墨子研究论丛第三辑** 695页 张知寒主编

1995年山东人民出版社初版本。

**墨子研究** 511页 谭家健

1995年贵州教育出版社初版本。

**兼爱非攻的墨家思想** 163页 王思义 谢丹

1995年辽宁古籍出版社初版本。

**墨子与社会问题透视** 333页 邓英树 向宝云

1995年四川人民出版社初版本。

**墨子里籍考论**　198页　张知寒等

1996年山东人民出版社初版本。

**中国墨家**　352页　李亚彬

1996年宗教文化出版社初版本。

**苦行救世——墨子的智慧**　253页　舒大刚

1996年四川教育出版社初版本。

**救世才士——墨子**　184页　王易　王文东

1996年中国华侨出版社初版本。

**墨子**　339页　王讚源

1996年台湾东大图书公司股份有限公司初版本。

**墨子:苦行救世**　314页　张永义

1996年广东人民出版社初版本。

**墨学的当代价值**　132页　秦彦士著　张知寒主编丛书之一

1997年中国书店初版本。

**墨学与当代政治**　172页　吴晋生　黄历鸿　吴薇薇著

张知寒主编丛书之一

1997年中国书店初版本。

**墨学与当代经济**　119页　杨爱国著　张知寒主编丛书之一

1997年中国书店初版本。

**墨学与现代科技**　113页　姜宝昌著　张知寒主编丛书之一

1997年中国书店初版本。

**墨学与当代军事**　122页　李殿仁著　张知寒主编丛书之一

1997年中国书店初版本。

**墨学与当代教育**　128页　李广星著　张知寒主编丛书之一

1997年中国书店初版本。

**墨学与新伦理道德** 124页 郑杰文 黑琨著 张知寒主编丛书之一

1997年中国书店初版本。

**墨学与思维方式的发展** 137页 庄春波著 张知寒主编丛书之一

1997年中国书店初版本。

**墨学与新文化建设** 128页 颜炳罡著 张知寒主编丛书之一

1997年中国书店初版本。

**墨学与世界和平** 张斌峰著 张知寒主编丛书之一

1997年中国书店初版本。

**历史·墨子·张知寒** 320页 焦世瑜

1997年山东文艺出版社初版本。

**显学重光——近现代的先秦墨学研究** 崔清田

1997年辽宁教育出版社初版本。

**墨子答客问** 252页 陈雪良

1997年上海人民出版社初版本。

**墨子谋略纵横谈** 杨一民

1997年蓝天出版社初版本。

**墨子研究论丛第四辑** 459页 张知寒主编

1998年齐鲁书社初版本。

**墨家智谋** 292页 高卫华 郭化夷

1998年武汉测绘大学出版社初版本。

**墨学与现代文化** 351页 孙中原

1998年中国广播电视出版社初版本。

**墨子与墨家** 任继愈

1998年商务印书馆初版本。

**读墨余论** 510页 张知寒

1999年山东友谊出版社初版本。

**墨子鲁阳人考论** 郭成智

1999年黄山书社初版本。

**墨子与现代管理** 176页 熊礼汇 熊江华

1999年学林出版社初版本。

**墨子大传** 562页 姚思源

1999年天津人民出版社初版本。

**墨子兵书** 王玉玺主编并书写 李广星译

2000年国防大学出版社初版本。

**墨子直解** 459页 水渭松

2000年浙江文艺出版社初版本。

**墨子全译** 496页 孙以楷 甄长松

2000年巴蜀书社初版本。

**《墨子一日一语》** 21.5万字 施炎平

2000年浙江人民出版社初版本。

**《墨子兵书》** 2万字 王玉玺

2001年国防大学出版社。

**《墨子研究论丛》(五)** 34.2万字 王裕安

2001年齐鲁书社出版发行。

**《墨子科技真言》** 106页 王裕安

2004年北京图书馆出版社初版本。

**《墨子研究论丛》(六)** 78万字 王裕安 李广星

2004 年北京图书馆出版社。

**《墨子研究论丛》(七)** 742 页　王裕安　李广星

2006 年北京图书馆出版社。

**《墨子大全》** 60000 页　任继愈　李广星

2004 年北京图书馆出版社。

**《王玉玺八体书古今名人评墨子》** 170 页　王玉玺

2002 年齐鲁书社出版。

2005 年齐鲁书社再版。

**《王玉玺书墨经》** 118 页　王玉玺

2004 年西泠印社出版。

**《墨子名言》** 43 页　王裕安

2005 年山东文艺出版社。

# 第六篇　遗存　纪念物

# 第一章 遗迹 遗存

## 第一节 遗 迹

### 目夷亭

坐落在木石镇墨子纪念馆内，为一层六角重檐阁，六柱托起阁顶，给人以凌空高耸之感，造型端庄挺拔。亭内立着由著名墨学专家、北京图书馆馆长任继愈教授题写的“目夷亭”和“墨子故里”碑。

相传目夷子与太子兹父是兄弟，目夷子为兄。兄弟二人仁爱、贤德，在民众的心目中威望齐名。目夷子认为“能以国让，仁孰大

山东滕州墨子纪念馆内的目夷亭

焉”，最大的仁莫过于让国。他被分封后，一直想把国家让给弟弟，但太子兹父坚决不受。一天，目夷子心生一计，他对弟弟太子兹父说：“我们一起去寻找修筑城池的地方。”二人催马来到一片三面环山、碧水环绕、背风向阳、田地修平的地方（即今木石镇安上村），目夷子问：“这是什么地方？”随从答以地名。目夷子说：“此地为安。”又说：“这地方无侵无扰，可以安家。”看了一会儿，目夷子转身对弟弟说：“你帮我再仔细看看，我到前面一会就回来。”说罢跃马扬鞭，转过一个山头就不见了。其后，太子兹父再也找不到哥哥目夷子了，知道哥哥已将其国家让给自己，于是只好在此建城安家，并治理得国家富强，百姓富裕。但他时时不忘哥哥目夷子的仁德，当他查访到哥哥就在附近时，准备前去迎接，可哥哥已不在人世。太子兹父悲痛万分，为缅怀哥哥的仁德，就建亭树碑，亲笔题写了“目夷永固”的匾额。后人为目夷亭题楹联是：“兄让弟弟让兄父命天伦千古重，圣称贤贤称圣顽廉儒立百世师。”原“目夷亭”因历经千年沧桑，毁于民国初年。1991年，滕州市委、市政府在木石镇墨子纪念馆内重建。

**微子墓和目夷墓**

微山湖碧波万顷，其“微湖夜月”景色，被誉为古滕八景之一。墨子的先祖，商代名臣微子和目夷国君目夷子就安葬于著名的微山岛上。

微子墓　位于微山岛西北部谢楼村正南方400米处的凤凰台上。其墓呈圆形，高10米，底径75米，墓前有石碑4幢。主碑树立时间不详，其余3块分别为微子墓碑、微子墓记碑和微子墓诗碑。微子墓碑位于微山岛微子墓前，碑为长方形，高2.23米，宽0.88

米，厚0.18米。其正面碑心刻有“殷微子墓”四字，碑额横题“仁参箕比”四字。微子墓记碑位于微山岛微子墓右侧稍前5米处。碑为长方形，高2.06米，宽0.89米，厚0.3米。碑额刻文已缺。正面碑心题刻：“殷微子墓记。”殷微子墓诗碑位于微山岛微子墓前，碑为长方形，圆头，高2.25米，宽0.85米，厚0.12米。三块碑原系清初所立。微子墓为省级重点保护文物。

目夷墓　位于微山岛东部山头上，春秋时葬墓为圆土堆。墓前有宋熙宁五年（1072年）徐州知州傅尧俞所立石碑一幢。其正面碑心刻有：“宋贤目夷君墓”，篆文，阴刻。碑长方形抹角，高2.30米，宽0.9米，厚0.4米。虽经千年风雨侵蚀，但篆体碑文清晰可见。1987年，微山县人民政府在墓侧另立一碑，置于护亭之内。碑文曰：“目夷，字子鱼，春秋宋人，微子十七世孙，宋襄公庶兄，襄公以目夷为相，与楚争霸……目夷卒，因其素仰微子之贤，死后就葬于微山。”

微山岛目夷子墓碑(1072年立)

**目夷桥和一步两井**

目夷桥　沿木石镇化石沟村东登龙山，须经一座小型石桥。其桥全石结构，精巧美观，融实用与观赏为一体。站在小桥上，心旷神怡，令人叫绝。此桥叫“目夷桥”，是后人为纪念墨子而建。

一步两井　位于落凤山井子峪的化石沟村，距墨子纪念馆两公里。过了目夷桥就是“一步两井”。两口井仅有一步之隔，井台相连，当地群众称为“一步两井”，也叫“墨子井”。相传当年墨子正准备率领众弟子周游列国，宣传他的救民主张，忽有一弟子报告说：

墨子故里一步两井

外地来山城避难的人很多，还有一些粗脖子（中医称为“瘿病”）甚是可怕，有的人已经病死了。墨子听后非常难过，即决定暂不外出游说，吩咐弟子拿出衣物、粮食救济难民，但对难民的粗脖子病却一筹莫展。有一天，他突发奇想：山里的泉水清冽甘甜，或许能治粗脖子病。他带领弟子日夜开凿，先挖一井，可井水苦涩难喝。于是墨子带领弟子们在这口井一步之隔的西边，又挖一井，井水透凉甘甜。墨子就让有粗脖子病的难民饮用，他们喝后长瘿的脖子竟奇迹般地不医自愈，而且西井四季不涸。人们为纪念墨子的功绩，故将化石沟又称为“化瘿沟”。

## 第二节 遗 存

台(目夷)戈 铜铸兵器,1979年11月墨子故里(今山东省滕州市)出土。戈援背平直,中起脊,前锋呈三角形,内中一字,栏边三穿,有铭文一行7字:虘台(似)丘子休之艁。据专家考证,"虘台"即"目夷"。此器为战国时期目夷国遗物,已定为一级文物藏品,现存于滕州市博物馆。

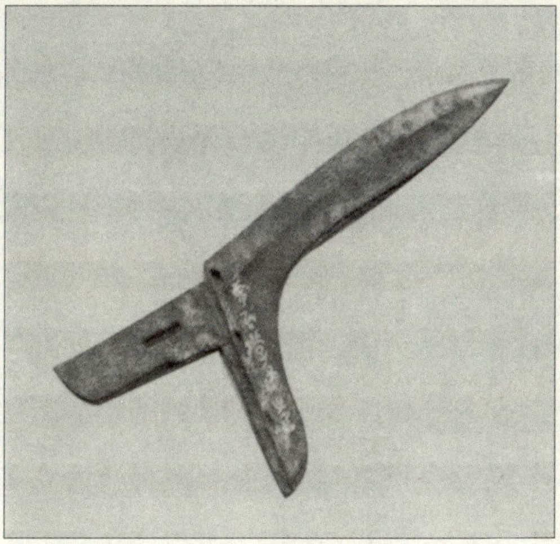

目夷戈

# 第二章　墨子国际研究中心

## 第一节　概　况

墨子国际研究中心位于滕州市市区龙泉塔下，1993 年 5 月奠基兴建，1994 年 8 月竣工，是一座集办公、收藏、展览、会议、旅游于一体的墨子研究场所。整个建筑平面采用传统四合院布局，台、廊环绕，亭、楼相间，由东、西相连的两个四合院组成。院内有中外名人书法墨迹碑廊，刻有刘华清、迟浩田、宋健、费孝通、楚图南、胡绳、臧克家、姚雪垠、蔡尚思、任继愈、匡亚明、张岱年、王学仲、刘艺、李铎等名人墨迹。东院环廊四周镶嵌《墨子》全文小楷书法石刻，是中国历史上第一部石刻《墨子》。院内由汇文堂、图书楼、圣迹堂、科技堂等建筑组成，西院有办公楼、迎宾楼及目夷亭。墨子科技堂展示墨子在军事、科技方面的成就。由图画、文字、模具、模型、实物等组成，生动形象，直观性强，可动手演示，从中领悟到中国古代军事、科技的真谛，也可印证墨子作为“科圣”和伟大军事家的历史地位。墨子国际研究中心和墨子纪念馆是世界上第一个也是唯一的多功能、现代化、园林式的研究墨学和纪念墨子的圣地，既是墨学研究的坚实稳定的大本营，又是滕州市重要的人文景观和对外开放的窗口。

2008年，滕州市为大力推进旅游业的发展，以墨子旅游为龙头,进一步发掘墨子旅游资源,发挥地理和人文优势,投巨款对墨子纪念馆进行了升级改造:仿古的墨子纪念馆大门,庄重素雅;展室古香古色,图文并茂,增添了大量的展品、模型,游客可借助声、光、电等现代手段,动手演绎;增设了墨子名言篆刻碑廊,墨砚馆等景观。升级改造后的墨子纪念馆以崭新的姿态和全新的面貌对世人开放,2008年10月被评为AAAA级旅游景区。它和墨砚馆、王学仲艺术馆、新建的汉画像石馆与内涵丰富的文化广场及千年龙泉古塔,形成“一场一塔四馆”的文化新景观,成为滕州文化和旅游的新亮点。

## 第二节 《墨子》石刻

位于墨子国际研究中心院内。《墨子》一书是墨家学派的著作汇编,由墨子及弟子和墨家后学所作。原有71篇,散失18篇,现存53篇。《墨子》石刻由著名书法家马永云先生历时半年书写而成。全文小楷,布局匀称,疏密有致。嘉祥石雕厂雕刻,共83块石碑。1994年7月墨子国际研究中心落成后,将《墨子》石刻全文镶嵌在东院环廊四周。《墨子》全文小楷书法石刻,是中国历史上第一部石刻《墨子》。

## 第三节 中外名人书法碑廊

位于墨子国际研究中心院内。1994年7月墨子国际研究中心落成后，滕州市人民政府、中国墨子学会发出了“关于为墨子国际研究中心碑廊碑林征集题词的信”，得到了国内外名家名人的大力支持。时约一年，墨子研究中心共收到中央、省、市领导和国内外专家学者、书法家题词千余件。墨子研究中心将其中的精品刻成石碑，镶嵌在西院环廊内，成为一道引人注目的景观。中外名人书法碑廊刻有刘华清、迟浩田、宋健、费孝通、楚图南、胡绳、臧克家、姚雪垠、蔡尚思、任继愈、匡亚明、张岱年、王学仲、刘艺、李铎等名人题词；此外，还有美、韩、日、新加坡等国的专家友人、海外侨胞、知名人士的墨宝；为推动墨学研究、弘扬民族优秀文化发挥了重要作用。1998 年 12 月，墨子研究中心将这些墨迹整理成《墨子国际研究中心名家题词》，由山东文艺出版社出版发行。

## 第四节　墨子圣迹堂

墨子圣迹堂位于墨子国际研究中心院内。为表达对墨子的怀念和崇敬之情，墨子研究中心组织人员创作了大型壁画《墨子圣迹图》，并将此图绘制在墨子国际研究中心东院北大厅内；“墨子圣迹堂”五字由著名书法家李铎题写。

《墨子圣迹图》由 62 幅画面组成，分布于展厅四壁之上。壁画高 2.35 米，呈带状绕展厅一周，总长度 85 米，总面积 200 平方米，每幅画配以简短的文字说明。通过画面与文字，展示了墨子平凡而伟大的一生，让世人了解墨子，从中受到启发和鼓励，为振兴中华和维护世界和平而贡献力量。《墨子圣迹图》在制作上吸取敦煌壁画的传统绘画技法，构图精炼，造型完美，形象逼真，生动传神，既反映墨子伟大的思想情操与业绩，又具有较高的艺术欣赏价值。

## 第五节　墨子科技堂

墨子科技堂位于墨子国际研究中心院内。当代著名墨学专家杨向奎认为，一部《墨经》无论在自然科学哪一方面，都超过整个希腊，至少等于整个希腊。为再现墨子作为“科圣”、伟大军事家的光辉形象，墨子研究中心设置了墨子科技堂，供游人参观、欣赏、操作、演示。

墨子科技堂展览了墨子在科技、军事方面的成就。科技成就展分为“时间与空间”、“数学”、“力学”、“光学”四个部分，军事成就展分为“军事思想”、“武器装备”、“城防工程”、“防御设施”四个部分。内容全部由图画、文字、模具、实物等组成，生动形象，直观性强，可动手演示，能使参观者从中领悟到中国古代科技、军事的真谛，加深对墨子思想学说的理解。

## 第六节　墨子研究展室

墨子研究展室位于国际墨子中心院内，展室分为两大部分：一、墨学研究展览。二、墨子十大思想主张展览。墨学研究展览一方面介绍了墨子研究机构的建立，充分展现了 1990 年 12 月 29 日山东大学与滕州市联合成立“山东大学、滕州市墨子研究中心”的会议场面。另一方面介绍了六次墨学国际研讨会议的盛况、古今中外研究机构以及研究概况。墨子思想涉及领域十分广泛，故展览重点介绍了墨子的十大主张及中外名家评墨子。通过展览，向世人充分展示了墨子这位圣哲博大精深的思想内涵。

## 第七节　墨子讲学石雕像

墨子石雕像位于国际墨子研究中心东院的中轴线上，高2米，用青石雕刻，重3吨，矗立于3米高的黑色大理石基座之上。四周是方形的花池，遍植矮松短柏，四季常青，庄严肃穆。雕像抓住墨子讲学的瞬间表情进行形象的刻画，通过线条优美的起伏和细腻石块的凹凸，表现了墨子庄严慈祥的神态，突出了墨子以天下为己任、“上说下教”的教育家特征，刻画了墨子“自苦为极、以身行道”和“赴汤蹈刃，死不旋踵”的光辉形象。艺术家通过精湛的创作手法，忠实、严谨地反映了墨子这位古代圣贤平凡而伟大的风貌。这尊雕像由山东大学、山东工艺美院的专家、教授集体商讨定稿，由嘉祥县石雕厂工艺师设计、创作，数十人历时半载方告完成。该墨子讲学雕像由滕州市人民政府于1994年在国际墨子研究中心树立。

# 第三章 现代纪念物

## 第一节 墨子塑像

墨子塑像位于商业繁华地段的市区中心火车站广场。墨子塑像由著名雕塑家王昭善设计,他呕心沥血,三易其稿,在其病危之际终于定稿。王昭善病逝后,由弟子挥泪完成其遗作,于 1992 年 9 月首届墨学国际研讨会前夕竣工。10 月 6 日,前来参加会议的全国人大副委员长费孝通、山东省人大常委会副主任苗枫林为墨子像揭幕。

墨子像总高 11 米,其中像高 8 米。头为铜铸,颈下采用钢筋铜皮。底座呈方形。在形象塑造上,作者以墨子"止楚攻宋"这个最典型最广为人知的背景情节为依据,着力表现墨子"坐不暖席"、"突不得黔"的那种心急如火、风尘仆仆的典型精神风貌,抓住其典型的瞬间动势——在翻山越岭征途中,墨子身背行装、扶着手杖、提腿迈步攀登的瞬间神态,同时采用希腊雕塑传统的"湿衣褶"表现手法,以明快流畅、变化有韵的整体线条,塑造出一个既饱含伟大思想家、政治家的精神气质,又具有劳动人民特有的高大魁梧、筋肉强健的体魄所产生的坚韧不拔的气势的鲜活形象。

## 第二节　墨子故里纪念馆

墨子故里纪念馆坐落在距滕州市区 15 公里的木石镇驻地，是一座建筑面积为 1000 多平方米的仿古式建筑。滕州市委、市政府于 1991 年 5 月兴建，纪念馆朱墙青瓦，苍松翠柏，清幽典雅，古朴壮观。正门向西，门两边雄狮盘踞，门楼上高悬著名学者、历史学家杨向奎题写的“墨子纪念馆”金字朱匾。馆内有曲径回廊、水榭亭台、假山、喷泉、石桌、石凳等，景色宜人。花间曲径连接着东西两个院落。西院为纪念馆的主建筑，内有目夷亭和墨子故里碑、兼爱石等。十间展室采用仿古建筑特色，雕梁画栋，内部装修一新，展出了墨子的部分业绩。进入展厅，首先映入眼帘的是当代墨学专家张知寒先生撰文、滕州籍著名书法家马世晓书写的“商族摇篮自古即称君子国，墨子故里迄今犹传兼爱风”的对联。展室内容分为“生平事迹”、“科技成就”、“墨学研究概况” 三个部分。展出图片资料百余幅，实物模型数十件，还有栩栩如生的墨子塑像、墨子出生地的复原微缩沙盘等。东院展室为书、诗、画展室。展出上至明清时期、下至当代的墨学论著二十余部。墨子纪念馆于 1993 年被枣庄市委宣传部、枣庄市教委定为“枣庄市学生社会实践基地”。

## 第三节　墨子故里森林公园

墨子故里森林公园位于距滕州市区 15 公里的木石镇，依托落凤山建成。落凤山是一座起伏不断、长达十多华里的山峦。“落凤山”原名叫“龙山”。相传墨子的父母当时就住在山的西侧，据《娜嬛记》记载与滕州民间传说，墨子出生前，“其母梦日中赤乌飞入室中，光辉照耀，目不能睁，惊觉生墨子”。乌即翟，是凤凰的别名，因而取名墨翟。传说墨子出生时，凤凰落于此山，后来人们就把“龙山”改为“落凤山”了。

滕州市墨子故里森林公园

墨子故里森林公园依山而建，山的最高点海拔 262.5 米，登山远望，重峦叠翠，峰奇林茂，云雾缭绕，气象万千。素有“日晒三里不见面，雨天五里不撑伞”之称。相传早年墨子及其弟子常到此山读书习文，遇旱年，草木枯萎，墨子就率弟子挑山泉浇灌，因而荒山渐绿，草木葱茏。

森林公园从整体上又可分为三个景区：墨子祠景区、园中湖景区、目夷沟景区。这些景区不仅风光绮丽、神奇，而且很多的名胜古迹和人文景观分布其中，有玄帝庙、墨子井、聚宝盆、大峪庙、曹王墓等。墨子讲学石刻壁画、墨子祠、凤凰台、观景阁等为墨子祠景区主要的人文景观。墨子阁计划建于风景独秀的落凤山之巅；设计面积1000 平方米，为仿古式建筑，坐北朝南，二进院落，皆碧瓦青墙，飞檐画栋。后院设计为主祠，内塑墨子像，供人瞻仰，东西厢房，塑其弟子像；前院为小祠，祠内有墨子“救世济民”的彩塑群。

## 第四节　墨子砚

青铜砚台，由王玉玺策划铸造。王玉玺，字宝斋，原任山东省副省长、省人大副主任，现任中国墨子学会名誉会长、中国书法协会理事、山东省书法协会名誉主席，酷爱书法，喜爱收藏砚台。墨子砚长 4.6 米，宽 2.6 米，高 1.76 米，重 2.6 吨，由著名书法家启功生前亲笔题名，由著名艺术家石可、石盾设计、监制。墨子砚有三大特点：一是特大，是目前世界上最大的铜砚，荣获大世界基尼斯之最；二是纪念与宣传墨子，弘扬墨学文化；三是观赏，该砚构思巧妙，设计精美，名人、名言与名砚构成一体，气势磅礴，震撼人心。2006 年 6 月 25 日，王玉玺将墨子砚连同他珍藏的 442 方藏砚捐给滕州市墨子研究中心，现存滕州市墨砚馆。

# 编 后 记

《墨子志》原为《山东省志·诸子名家系列丛书》之一。滕州市人民政府根据山东省地方史志编纂委员会的部署，组成“墨子志编纂委员会”，具体组织编写工作，并聘请山东大学教授张知寒担任主编。山东省工会管理干部学院教授张希宇经过一年多的紧张撰写，初稿于 1997 年完成，主编张知寒教授进行了统稿。是年 8 月召开了审稿会议，除有关部门领导和全体编纂人员外，还邀请了中国社会科学院研究员谭家健、山东大学教授王学典、山东大学教授吴晋生、曲阜师范大学教授陈克守等专家参加评审。与会人员对讨论稿给予较高评价，同时就志书体例、墨子的生平、自然科学成就进行了热烈讨论，提出了中肯的修订意见。遵照这些建议和意见，主编张知寒等编撰人员就志稿进行了修改和补充。1998 年7 月 16 日，张知寒教授不幸病逝，给修改工作带来很大困难。张希宇教授不辞辛苦，根据省史志办领导和专家的修改意见，在原稿的基础上进行了大幅度的修补，2003 年底完成了送审稿，送山东省史志办公室审定。2004 年，滕州市委、市政府为进一步继承和弘扬优秀民族文化，深化墨学研究，也使世人更加认识滕州，了解滕州，决定在第六届墨学国际研讨会召开之前出版《墨子志》。至此，历经八个寒暑，《墨子志》终于付梓。2008 年，山东人民出版社将《墨子志》纳入《齐鲁诸子名家志丛书》重新出版，张希宇教授通校了全书，并作了适当修订和补充。

撰写过程中，参考和引用了许多海内外专家学者的研究成果，在此表示诚挚的谢意，并期盼着读者的批评指正。

编　者

2009年3月

**图书在版编目(CIP)数据**

墨子志/张知寒主编．—济南：山东人民出版社，2009.4
(2011.4 重印)
(齐鲁诸子名家志/王兆成，刘秋增总主编)
ISBN 978-7-209-04761-6

Ⅰ．墨…　Ⅱ．张…　Ⅲ．墨翟(前 480～前 420)—人物研究　Ⅳ．B224.5

中国版本图书馆 CIP 数据核字（2009）第041009号

责任编辑：王海玲　李宝元
装帧设计：蔡立国　武　斌
制　　作：侯地霞

**墨子志**
张知寒　主编

山东出版集团
山东人民出版社出版发行
社　址:济南市经九路胜利大街39号　邮　编:250001
网　址:http://www.sd-book.com.cn
发行部:(0531)82098027　82098028

新华书店经销
山东新华印刷厂印装
规　格　16 开(184mm×260mm)
印　张　23.5
字　数　260 千字　插页 10
版　次　2009 年 4月第1版
印　次　2011 年 4月第2次
ISBN　978-7-209-04761-6
定　价　160.00 元